La voix des gardiens

Revenir auprès d'elle

Stéphanie Blanchard

Edition originale parue en décembre 2016 sous le titre
La voix des gardiens – Revenir auprès d'elle
par Stéphanie Blanchard.
Publié par
AmazonPublishing, Amazon Media EU SARL
5 rue Plaetis, L-2338, Luxembourg
Copyright © Edition original décembre 2016
par Stéphanie Blanchard
Tous droits réservés
Conception de la couverture : ©Anthony Godet
Photos : © rdonar ; © Holly Kuchera / Shutterstock
Correction © inaliis
Imprimé par Createspace, Etats-Unis
ISBN : 9782955710111

Dépôt légal : décembre 2016

À L, A et M

À Rose

À ce peuple, gardien de la terre

« Mitakuye Oyasin – nous sommes tous reliés »

Sioux Lakota

Prologue

Los Angeles
Juillet 2006 – 1 h du matin

La nuit régnait depuis quelques heures dans le quartier de Santa Monica. À l'heure où les fêtards regagnaient leurs véhicules, près d'un grand parc où scintillaient de nombreux jeux de lumière, la 3rd Street Promenade se vidait doucement. Cette avenue piétonne regorgeait de restaurants, cafés et boutiques en tout genre. De nombreux spectacles de rue attiraient les touristes venus du monde entier. C'était l'une des plus bourdonnantes avenues des États-Unis où l'on pouvait croiser artistes du septième art, musiciens de renom, animateurs adulés et jeunes jet setters, cette station balnéaire était aussi bordée d'une large plage sablonneuse où Bimbos siliconées et sauveteurs bombant le torse se pavanaient.

Une douceur agréable venant de l'océan se glissait doucement sur la plage, dont le ponton légendaire offrait une vue imprenable sur la côte ouest de Los Angeles. Malgré l'heure tardive, la brise légère invitant à la détente, certains vacanciers déambulaient encore les pieds dans l'eau en profitant du spectacle. Alors que l'on entendait au loin des klaxons et des cris d'effervescence, conséquences d'une nuit trop arrosée, Samantha regagna sa voiture garée quelques mètres plus loin. Le bruit de ses talons claquait jusqu'à l'autre bout de la rue. Ses pieds lui faisaient mal. Elle n'avait qu'une hâte, enlever ses chaussures ! Ses amis l'attendaient dans un prestigieux pub pour qu'elle paye sa tournée. Ils avaient bu,

dansé, flirté. Ils étaient jeunes, ils fêtaient leurs vacances !
C'était les bons moments !

Elle roula quelques minutes à la recherche d'un distributeur
puis se gara sur un petit parking à l'écart de toute festivité. Elle
aimait particulièrement cette ville, elle se voyait bien vivre ici !
Cachée par d'imposants immeubles luxueux au détour d'une
ruelle, elle sortit à la hâte de sa Ford Thunderbird 2002 dont
elle avait hérité à la mort de son père. Avec trente-deux
soupapes pour quatre litres et sa boîte automatique cinq
vitesses, ce petit bolide noir pouvait franchir de jolis records de
vitesse. Arrivée devant le distributeur d'une banque, ses pieds
écrasèrent des débris de verre. Elle leva la tête et aperçut une
vitrine brisée. Attendant machinalement les billets qu'elle avait
demandés, Samantha était perdue dans ses rêves. Elle venait de
rencontrer un surfeur australien venu pour les vacances. Mike.
Grand blond de plus d'un mètre quatre-vingt avec des yeux
bleus à faire tomber ! Il l'avait draguée toute la soirée. Au
début, elle avait été distante, puis l'alcool aidant, elle s'était
laissé aller. Elle avait commencé par répondre à ses sourires. Il
la dévorait des yeux. Elle avait accepté un verre, deux verres…
une danse… un baiser… il l'attendait au pub en ce moment
même. Elle ne devait pas, ne pouvait pas… Mais dans sa vie
trop sage et bien rangée, elle avait envie de se laisser aller…
Songeuse, elle ne prêtait plus attention à rien et elle ne perçut
pas le petit bruit derrière elle.
— Ne bouge pas, murmura soudainement une voix tout
contre son oreille.
Un objet dur s'appuya sur l'une de ses côtes, la paralysant
de peur. Son sang ne fit qu'un tour. Son pouls s'accéléra
dangereusement. Son corps se figea. Elle tenta un lent

mouvement qui fut stoppé par une nouvelle pression contre sa peau.

– Remets ta carte dans le distributeur…

Il parlait avec un ton saccadé qui trahissait son angoisse. Malgré la douleur qu'elle éprouvait, Samantha leva douloureusement le bras.

– Dépêche-toi, jura l'inconnu entre ses dents.

Elle crut sentir ses jambes défaillir lorsqu'un bruit étranger se fit entendre. L'instant dura quelques dixièmes de seconde lorsqu'elle perçut un relâchement de la part de son agresseur, un instant court qu'elle sut saisir… Sans réfléchir, elle empoigna vigoureusement son sac à main. Comme si son destin ne tenait qu'à ce banal objet, elle le fit voler de toutes ses forces en plein visage de cet homme. Grand, il portait un sweat à capuche dissimulant ses traits et d'où s'échappaient quelques longues mèches de cheveux noirs. Sa mâchoire, que l'on devinait dans le noir, paraissait crispée. Ce n'était pas un Blanc, pas plus qu'un Latino ou Afro-Américain, il ressemblait à un Amérindien. Déséquilibré, l'homme vacilla un instant puis il se jeta sur sa proie. Dans une lutte effrénée, Samantha tomba violemment sur le sol, face contre terre. Elle resta un instant immobile, assaillie par une vive douleur, avant de découvrir autour d'elle les débris de vitres qui l'entouraient. Fébrile, elle se redressa et ôta le morceau de verre planté dans son ventre en gémissant. Sa main était couverte de sang.

Son agresseur contempla la scène un court moment, comme paralysé par la tournure des événements. Elle en profita et courut aussi vite qu'elle le put. Elle actionna le bip de sa voiture à distance et s'empressa d'ouvrir la portière. Elle n'osait pas se retourner de peur qu'il ne soit juste derrière elle. La main tremblante, elle ne parvenait pas à mettre la clé dans la serrure de contact. « Dépêche-toi ! » raisonnait une petite voix. Elle ressentit une vive excitation lorsqu'elle enclencha le contact. Dans son affolement, elle tenta un rapide coup d'œil dans son rétroviseur... personne ! Elle écrasa son pied sur l'accélérateur tout en regardant derrière elle pour s'assurer qu'il n'était pas là. Lorsqu'elle se retourna face à la route, elle n'eut pas le temps de freiner. Un bruit assourdissant retentit et une masse inerte s'écrasa contre son pare-brise pour retomber violemment sur le sol.

La jeune femme resta un instant sur le qui-vive, dans l'attente d'un éventuel geste de son agresseur. Il ne bougeait plus. Après un moment qui lui parut être une éternité, elle sortit. D'un pas lent et hésitant, elle s'approcha. Son agresseur était étendu au sol, sur le ventre. Ses cheveux lui cachaient le visage. Elle mit un genou à terre, elle tremblait de tout son corps. Sa blessure au ventre la faisait de plus en plus souffrir. Ses jambes allaient la lâcher d'une minute à l'autre. Respirait-il encore ? Elle ne percevait pas de pouls. Une photo dépassait de la poche arrière de son jeans, elle s'accroupit et l'attrapa d'un mouvement sec. Une jeune femme souriait. Avec ses longs cheveux noirs et ses yeux bleus, elle était superbe. Elle retourna la photo et lut. *« Pour que chaque jour tu penses à moi ! Lena. »* Samantha se relevait lorsqu'elle aperçut du sang au sol, autour de l'homme, au niveau de son cœur. Elle crut défaillir, la panique la gagnait. Elle ne savait pas quoi faire. Soudain, elle entendit du bruit, y avait-il quelqu'un ? Un témoin ?

Cette nuit-là, c'était à son tour de payer l'addition... mais elle n'avait pas vu le distributeur à l'angle du pub où ils avaient bu un verre, pourtant si proche… Cette nuit-là, elle n'était pas retournée auprès de ses amis. Elle avait roulé des heures pour rentrer chez elle et s'enfermer à double tour. Elle avait pris une longue douche chaude et ne répondit pas aux nombreux appels que lui laissait Abby. Cette nuit-là, elle pansait une profonde entaille qui saignait abondamment au niveau de son ventre. Une blessure qui la liait à jamais à son agresseur.

Cette nuit-là, elle avait tué un homme…

PREMIÈRE PARTIE

1

Deux ans plus tard...
Sacramento

Les rues du quartier Downtown de Sacramento grouillaient de centaines de personnes malgré l'heure matinale. Pour certains hommes d'affaires courant après le temps, la journée était déjà bien entamée. Coup de fils animés, slaloms entre les voitures et regards furtifs sur les mails du dernier smartphone à la mode, chacun paraissait absorbé dans sa propre spirale. Tentant tout juste un bref coup d'œil avant de traverser la grande rue menant au parc d'affaires, Samantha Mandchers regarda sa montre : 7 h 50... il ne lui restait que dix minutes.

Sacramento s'éveillait doucement malgré l'agitation grandissante. Le Tower Bridge, célèbre pont-levis sacré au cœur des habitants de la ville, semblait déjà saturé. La musique sur les oreilles, elle écoutait la voix entraînante de Bono crier « El-e-va-tion ». Ce matin, l'énergie de U2 lui donnait des ailes. Elle avançait à vive allure, comme si aujourd'hui rien ne pouvait l'atteindre. Un regard aguicheur la dévisagea un instant. Son sourire la rendait plus belle encore. Elle redécouvrait et s'autorisait depuis peu ce genre de nouvelles distractions qui lui faisaient un bien fou.

Parvenue au Sacramento Bee, la jeune femme poussa énergiquement la lourde porte d'entrée du bâtiment. Elle enleva ses écouteurs et plongea instantanément dans un silence angoissant. Depuis sa création en 1857, le journal était le plus grand de Sacramento. Il avait gagné des centaines de prix de journalisme au fil des ans, dont plusieurs prix Pulitzer.

Samantha y travaillait depuis cinq ans en tant que journaliste à la rubrique « livres et médias », mais son dernier article intéressant remontait à bien longtemps. C'était une époque où elle était reconnue, une époque où elle avait un assistant qui lui apportait son café chaque matin, une époque où elle adorait son travail… Reléguée au second plan depuis quelques mois, sa mission consistait désormais à mettre des chroniques de faits divers en ligne en collaboration avec d'autres collègues.

Avec son quatrième mug de café à la main, qu'elle venait de prendre à l'angle de la rue, elle attendait l'ouverture de l'ascenseur. À côté d'elle, un grand miroir lui renvoyait son reflet. Ses longs cheveux châtains, relevés en chignon, dégageaient un cou fin et délicat. Pour l'occasion, elle avait choisi un tailleur noir, veste et pantalon, agrémenté d'une paire d'escarpins à talons hauts. Sobre et classique, comme autrefois… Ayant rejoint le bureau qu'elle partageait avec deux autres chroniqueurs, elle posa son café pour s'emparer d'une pile de courriers qui l'attendait. Elle s'était absentée deux semaines, du moins, elle y avait été obligée. Malgré son retour enjoué après une année sabbatique, ces derniers temps, ses angoisses revenaient. Elle alluma sa messagerie qui semblait regorger de messages lorsque la porte s'ouvrit brusquement.

– Sam, Johnsson t'attend dans son bureau.

George, jeune recrue d'une trentaine d'années, arborait fièrement son nouveau costume de chez Calvin Klein. Avec un parcours impressionnant, il avait tout naturellement été pressenti pour assister le rédacteur en chef. Vif et polyvalent, il avait tout pour lui.

C'est parti ! Le moment qu'elle redoutait tant était arrivé. La jeune femme ajusta sa veste et lui emboîta le pas. Cela faisait plusieurs mois maintenant que Samantha était sur la sellette.

Plusieurs mois qu'elle n'avait rien produit, hormis de brèves chroniques. Après deux rappels à l'ordre par le sous-directeur de son service, c'était aujourd'hui son rédacteur en chef qui souhaitait s'entretenir avec elle. Allait-il lui demander de partir ? Elle s'attendait à cette situation depuis longtemps maintenant. Peu importe ! Ses brillantes années étaient loin derrière elle désormais.

– Mademoiselle Mandchers, asseyez-vous s'il vous plaît ! annonça Johnsson le dos tourné, face à la vitre.

Arthur Johnsson était un homme de pouvoir. Élégant sans trop en faire, il bénéficiait d'une classe naturelle avec ses cheveux grisonnants, d'épais sourcils noirs et un regard sombre. Allant sur ses soixante ans, il ne paraissait pas prêt à passer la main malgré les nombreux candidats qui se bousculaient à sa porte. C'était le genre d'homme à faire passer le travail en premier, à rester au bureau après le passage de l'équipe de ménage et à demander toujours plus à ses employés. Arthur Johnsson était craint de beaucoup de personnes, mais c'est aussi ce qui faisait sa grande réussite.

Il se retourna lentement et scruta la jeune femme. Actionnant à maintes reprises le ressort de son stylo de grande marque, il dit d'une voix ferme et posée.

– Je ne vais pas y aller par quatre chemins, Mademoiselle. Je vous laisse jusqu'à lundi, première heure, pour rédiger un article de votre choix. Si d'ici là, je n'ai rien sur mon bureau, je vous demanderai de bien vouloir vider le vôtre. Suis-je clair ?

Sa requête tomba sèchement, appuyée d'un regard froid et autoritaire. Ne souhaitant pas s'avouer vaincue, Samantha acquiesça. Pourquoi ne pas la licencier sur-le-champ ? Avait-il néanmoins un semblant de sensibilité ?

– Bien, alors au travail, dit-il en lui montrant la porte.

Quelques jours pour rédiger un article alors que cela faisait des mois qu'elle essuyait des petites chroniques de faits divers ! Des mois qu'elle n'avait plus le goût d'écrire, plus d'intérêt pour quoi que ce soit...

C'était sa dernière chance ! Elle devait s'y accrocher avant de sombrer définitivement.

Il était midi. Après avoir fait le tri dans ses dossiers, ses mails en attente et sa pile de courriers, Samantha se rendit au Spataro, un restaurant élégant et contemporain situé à quelques rues du journal, où l'attendait Angela.

– Alors ? Qu'a dit le boss ?

Angela Mc Adams était éditrice. La cinquantaine, les cheveux châtains mi-longs, elle arborait toujours un brushing impeccable. Malgré un style vestimentaire relativement strict, remonté par une paire de lunettes aux larges bordures noires, Angela possédait un regard très compatissant et un sourire facile. Après avoir travaillé des années pour une grande maison d'édition de Sacramento, elle avait un jour décidé de monter sa propre société avec Jade, la mère de Samantha. Amies d'enfance, les deux femmes avaient consacré toute leur énergie dans leur projet, un résultat qui paya. Au fil des années, elles avaient su se faire une place et intervenaient à travers tout l'ouest des États-Unis. En mémoire à Jade disparue d'un cancer trois ans plus tôt, elle avait souhaité prendre Samantha sous son aile.

Lorsqu'elle l'avait vue en automne dernier, repliée sur elle-même, à deux doigts de ficher sa vie en l'air, Angela lui avait proposé un travail : « Tu ne vas pas rester à te morfondre chez toi comme ça Sam ! Tu pourrais utiliser cette année sabbatique pour renouer avec ton premier amour... » Samantha avait fait des études littéraires à l'université d'État de Californie à

Sacramento. Aidée par des parents qui n'avaient pas de problèmes d'argent, la jeune femme avait pu réussir brillamment son master sans avoir à travailler à côté ni à devoir s'endetter. Directeur d'une grande entreprise informatique, son père, Ashton, compta rapidement une trentaine d'employés sous ses ordres. Sa mère, quant à elle, travaillait dans une grande maison d'édition avant de rejoindre Angela. Samantha avait grandi avec une cuillère en argent dans la bouche et ne s'en était jamais cachée. L'automne dernier, Angela avait de nombreux dossiers à boucler et c'est les yeux fermés qu'elle avait confié à Samantha l'élaboration du budget marketing dont elle avait besoin pour la promotion du roman de Robin Callagan. Ce jeune auteur américain publiait son premier roman. Ce fut au prix de beaucoup de persévérance et d'une bonne relation qu'Angela avait réussi à le faire signer chez eux. Samantha avait dû entreprendre la publicité éditoriale de cet auteur. Il s'agissait d'un travail colossal qui mettait en lien plusieurs professionnels tels que libraires, publicitaires, imprimeurs, journalistes... Ce jour-là, Angela était arrivée toute joyeuse avec la toute première ébauche de l'affiche du roman de Callagan. « C'est du très bon travail Sam », avait confirmé Angela en agitant le papier entre ses mains. « Je savais que tu étais prête pour cette responsabilité. »

Elle se souvenait de cette journée passée avec un publicitaire reconnu de Sacramento, ce qui avait été un véritable challenge. Elle avait passé la journée et une bonne partie de la nuit à travailler, et cela avait porté ses fruits, lui redonnant confiance en ses capacités.

Samantha commanda une salade et alluma une cigarette.
– J'ai quelques jours pour faire un article...

– Eh bien, tu vois, ça s'arrange, s'enthousiasma Angela qui tentait de décortiquer une petite crevette rose.

– Cinq jours ! gémit-elle. Cinq jours pour sortir de mes faits divers et lui pondre quelque chose que je n'arrive plus à faire… sinon il me vire.

Picorant quelques morceaux de sa salade, elle but une gorgée de vin avant de reprendre.

– J'ai tellement envie de lui prouver que je peux encore en être capable…

Angela voyait son désarroi. Pourtant, elle décela un sursaut de motivation et essaya de l'encourager.

– Tu en es capable Samantha ! Ne te sous-estime pas comme ça. Tu as juste eu un petit passage à vide, ça arrive.

– Qui dure depuis deux ans maintenant, murmura-t-elle pour elle-même.

Angela ne releva pas la remarque et, maintenant ses encouragements, annonça d'une voix sereine en ajustant ses lunettes (elle faisait toujours ce geste lorsqu'elle voulait changer de ton) :

– Si tu veux te sortir des chroniques qui ne te passionnent pas, c'est le moment. À croire que l'on t'a entendue, car j'ai justement reçu une invitation à ton nom la semaine dernière pour la première dédicace d'un nouvel auteur. Si tu le souhaites, tu y vas et tu fais ton papier.

La jeune femme fit la moue, elle ne semblait pas très enthousiaste à cette idée. Pour tenter de la convaincre, Angela lui tendit le carton d'invitation.

– Réfléchis tranquillement à tête reposée, se contenta-t-elle de répondre.

Samantha répondit par un large sourire.

– Je dois te laisser, j'ai rendez-vous avec Cole, annonça-t-elle en se levant.

– Encore ! Mais quand allez-vous arrêter ? Vous ne vous êtes pas assez fait souffrir ?

Samantha baissa les yeux, ennuyée par les remarques pourtant si juste de son amie.

– Il ne va pas bien, je veux juste m'assurer qu'il n'est pas en train de faire une bêtise.

– Et toi, qui va s'inquiéter que tu ne replonges pas encore une fois ?

Samantha fit la route jusqu'à West Sacramento, là où elle avait vécu les cinq dernières années de sa vie. Elle arriva devant la petite maison pavillonnaire qu'ils avaient achetée un peu avant leur mariage. Cole ouvrit la porte vêtu d'un simple peignoir. Brun aux yeux verts, il avait un look plutôt intello. Mais aujourd'hui, il ne ressemblait à rien. À en voir sa barbe de plusieurs jours et le désordre qui régnait dans la maison, ça ne s'arrangeait pas. Paperasses qui débordaient, vaisselle sale, vêtements qui traînaient partout… Samantha respira profondément avant de dire le plus calmement possible :

– Il faut qu'on arrête ça, Cole.

L'homme, fébrile et nerveux, avait tenté de nombreuses provocations suicidaires à l'attention de son ex-femme. Au début, elle accourait, mais elle savait maintenant qu'il ne s'agissait que de tentatives désespérées pour tenter de la récupérer. Aujourd'hui, après des mois d'agonie et d'hésitation, elle avait compris qu'il ne fallait pas s'arrêter à ce qu'un juge avait consenti quelques mois plus tôt. Cole plongea son regard dans celui de Samantha.

– Arrêter comme tu as arrêté ma vie !

Sa phrase ne fit qu'un tour dans la tête de la jeune femme. À en juger par le ton de sa voix, il n'était vraisemblablement pas dans son état normal. Soudain, prise de tremblement, elle fouilla machinalement dans son sac à main à la recherche de calmants, pour en sortir une boîte d'anxiolytique.

– C'est ça, continue ! fuma-t-il. Détruis-toi comme tu l'as détruit avec tout ce que tu prends !

Il tenta de lui prendre ses tranquillisants des mains. Faisant un geste brusque de repli, la jeune femme trébucha sur son ex-mari. Il la poussa alors violemment pensant qu'elle repartait dans ses crises d'autrefois. C'est en essayant de la maintenir dos à lui qu'il noua ses mains pour éviter toute tentative d'évasion. Samantha se débattait. Dans une colère indescriptible, il finit par l'attraper par les cheveux pour la forcer à le regarder. C'est cet instant qu'elle choisit pour lui asséner un violent coup de genou à l'entre-jambes. Perdant tout équilibre, ils tombèrent ensemble dans leur chute. Essoufflés, ils se regardèrent un instant… Ils ne comprenaient pas comment ils avaient pu en arriver là…

2

Sacramento — septembre 2004

Samantha travaillait au Sacramento Bee depuis maintenant un an. Vivement remarquée par la pertinence de ses articles, elle venait de décrocher une interview exclusive avec un auteur californien très en vogue et qui ferait sa première dédicace dans une petite librairie indépendante du centre-ville de Sacramento. Ce jour-là, elle avait rencontré un jeune libraire du nom de Cole... Il l'avait aperçue au fond de la salle avec son bloc-notes et ses longs cheveux ondulés qu'elle tentait d'attacher avec un stylo. Leurs regards s'étaient croisés un instant, un court instant, le temps d'échanger un long sourire. Il avait pris sur lui pour l'aborder. Lui, le timide libraire, toujours le nez plongé dans les livres. Elle avait dit oui à son offre de boire un verre, de nouveau oui lorsqu'il l'avait invitée le lendemain, puis le surlendemain... Elle en avait parlé à sa meilleure amie Abby. C'était un gentleman... Elle était douce... Ils étaient en train de tomber amoureux...

Avril 2005

Samantha emménageait chez Cole dans un petit appartement du centre historique de Sacramento. Ils vivaient d'amour et d'eau fraîche. Il lui lisait les romans de Proust, les poésies de Verlaine. Elle buvait ses mots en dégustant un grand vin français. Sa carrière décollait. Elle voyageait entre Los Angeles et New York, il l'attendait dans leur petit nid douillet. Ils se retrouvaient. Ils s'aimaient...

Parfois, ils se rejoignaient au parc du Capitole où ils s'allongeaient sur l'herbe chaude en refaisant le monde pendant des heures. Parfois, ils invitaient Abby à manger et riaient toute la soirée. Parfois, ils restaient enfermés des jours entiers, seuls au monde.

Décembre 2005

Samantha et Cole se retrouvaient chaque matin pour boire un chocolat chaud au café près du Sacramento Bee, avant qu'il entame sa journée et qu'elle reprenne la sienne. Elle riait de sa maladresse. Il adorait la voir dévorer avec enthousiasme son énorme muffin au chocolat. Ils faisaient leur premier sapin de Noël lorsqu'il lui donna une boule à accrocher où il était inscrit : « *Je t'aime ! Veux-tu m'épouser ?* »

Mars 2006

Elle lui lisait ses articles, il lui donnait son avis. Il lui racontait avec entrain le nouveau roman qu'il avait dévoré, elle l'écoutait allongée tout contre lui. Il admirait sa détermination et son engouement pour son travail. Elle aimait sa sensibilité pour l'art et la littérature… Il l'avait consolée lorsqu'elle fit une fausse couche…

Septembre 2006

Ils venaient d'avoir leur première dispute. Elle avait claqué la porte, il avait dormi sur le canapé. Depuis son retour de vacances en juillet dernier, elle n'était plus la même. Il ne la reconnaissait plus. Elle ne voulait plus sortir, elle sursautait au moindre bruit, elle avait un geste de recul lorsqu'il la touchait.

Il en avait parlé à Abby sans espoir. Elle avait commencé à fumer. Ils devaient se marier en novembre, elle n'était plus sûre...

Novembre 2006

Après avoir tenté d'apprivoiser la peur qu'elle éprouvait, il la rassura par de douces promesses. Ils se marièrent. Il était le plus heureux des hommes, elle était envahie par ses angoisses...

Elle semblait déjà distante et tourmentée, comme rongée de l'intérieur. Elle avait décidé de faire une pause d'un an dans son travail. Elle s'énervait pour un rien, il ne savait pas quoi faire. Elle faisait toujours le même cauchemar, il tentait de la calmer, elle était en sueur, il était rejeté. Elle prenait des calmants...

Elle voyait une nouvelle amie avec qui elle passait toutes ses journées, elle paraissait lui attacher une grande importance. Ça semblait lui faire du bien...

Octobre 2007

Ils allaient fêter leur an de mariage... Elle mélangeait toute sorte d'antidépresseurs, anxiolytiques, antalgiques, sous le regard désabusé de son mari. Elle ne voulait pas de son aide, elle ne souhaitait pas parler, elle se détestait. Il était totalement impuissant... Elle venait de perdre le deuxième bébé qu'elle attendait, elle sombrait.

Après l'avoir emmenée une semaine à l'hôpital pour overdose de médicaments, il ne savait plus quoi faire. Il ne savait pas ce qu'elle faisait de ses journées ni ce que devenait tout l'argent dont elle avait hérité à la disparition de ses

21

parents. Ils passaient leur temps à se disputer, ils atteignaient doucement un point de non-retour. Ce fut durant les fêtes de fin d'année qu'il la plaça de force dans un centre de désintoxication avec l'aide d'Angela et Abby. Elle lui en voulait, il pensait que ça passerait... Elle voulait le quitter.

Mars 2008

Elle avait repris son travail deux mois auparavant. Elle vivait chez Abby et avait demandé le divorce. Désemparé, il l'avait menacée et traitée de vulgaire droguée. Il était en train de perdre la femme qu'il aimait, tout lui échappait.

Ils s'étaient croisés devant le tribunal. Il était recroquevillé sur lui-même, elle semblait s'accrocher à la vie. Ils repartirent chacun de leur côté avec une vie à reconstruire.

3

Sacramento – juin 2008

Assise sur son canapé, les jambes en tailleur, Abby épluchait la pile de courriers déposés devant l'entrée lorsqu'elle fut intriguée par une petite enveloppe cartonnée.

– Faut pas te gêner !

Samantha sortait de la douche. Recouverte du peignoir rose fuchsia de sa colocataire, elle frictionnait énergiquement ses longs cheveux mouillés dans une serviette.

– Tu nous avais caché ça ma belle, lui avait lancé son amie.

Abby Kartis, sa fidèle amie d'enfance, travaillait depuis plusieurs années dans le même journal que Samantha. Unies comme les deux doigts de la main, Abby avait toujours répondu présente à chaque étape de la vie de Samantha. La trentaine également, elle essuyait les défaites amoureuses depuis quelque temps et avait tout naturellement accepté l'idée que son amie vienne s'installer avec elle, provisoirement. Samantha semblait encore fragile et ne devait pas se retrouver seule sous peine de replonger. Avec un léger sourire, la jeune femme ouvrit l'enveloppe, son sourire se figea, elle sortit la photo que l'enveloppe contenait.

– Ton prétendant t'a visiblement laissé un petit mot, déclara Abby lorsqu'elle vit un petit papier cartonné tomber à terre.

Samantha n'avait pas bougé, son regard ne pouvait se défaire de cette photo. Abby s'approcha et contempla la photo. Les yeux plissés, elle regarda à tour de rôle son amie et l'image avant de demander.

– C'est magnifique. Tu connais ?

La photo représentait une de ces grandes bâtisses construites au siècle dernier, d'un blanc immaculé ; elle était entourée par un bois verdoyant et ornée de nombreuses terrasses couvertes et balcons.

– La lettre provient de l'Oregon, elle a été postée à Coos Bay, intervint Abby en admirant les timbres. Tu connais quelqu'un là-bas ?

– Non, personne...

Mais ce manoir ! Lorsqu'elle le vit, elle le reconnut instantanément. Comment cela était-il possible ? Ce manoir était celui qu'elle voyait dans son rêve... Un rêve qu'elle faisait inlassablement depuis maintenant plus de trois mois... Abby ramassa le papier cartonné et le lui tendit.

« Vous êtes invitée pour la promotion du roman de Cheveyo Black Wolf : C'était écrit *le lundi 23 juin 2008, au Mc Poll manor, au nord de Coos Bay en Oregon*

Nous comptons sur votre présence !

PS Pour tout empêchement, veuillez nous appeler au numéro ci-dessus.

Cordialement Mrs Rellow »

– Tu connais cet homme ?

Samantha secoua la tête, les yeux rivés sur la carte.

– Vu son nom, il doit être indien, commenta Abby.

Elle savait qu'en disant cela, elle commettait une erreur. Trop tard ! Sa phrase fit mouche. Samantha déchira le carton et le mit à la poubelle.

Une vague de souvenirs douloureux faisait de nouveau surface dans sa mémoire. Des souvenirs qu'elle tentait d'effacer depuis deux longues et interminables années. Des cris... une peur incontrôlable... une course poursuite angoissante... Déjà, son esprit voguait vers ce moment de sa vie où tout avait basculé... vers ce moment qui fut le début des jours les plus sombres qu'elle avait vécus.

*

Juillet 2006 – quelques jours après l'agression

Abby tapait à la porte de l'appartement de Cole depuis maintenant cinq bonnes minutes. Cela faisait deux jours que Samantha était partie, deux jours qu'elle l'avait attendue avec ses amis dans ce pub qui allait fermer, deux jours qu'elle ne lui donnait plus signe de vie. Cela ne ressemblait pas aux habitudes de son amie qu'elle connaissait depuis toujours. Abby avait compris qu'il se passait quelque chose et décidé de venir s'assurer que tout allait bien.

– Samantha, je sais que tu es là ! S'il te plaît, ouvre-moi !

Toujours aucune réponse, elle persista.

– Au nom de notre amitié, laisse-moi entrer !

La porte s'ouvrit timidement et Abby aperçut son amie comme elle ne l'avait jamais vue. Vêtue d'un vieux jogging noir, ses cheveux lui cachant la moitié du visage, elle semblait tétanisée et tomba instantanément dans ses bras. Ce soir-là, Samantha était revenue sur le récit de son agression, sur l'impression qu'elle avait eue de vivre ses derniers moments, sur ce qu'elle avait ressenti lorsqu'elle avait entendu ce bruit sourd contre son capot et découvert le corps de cet homme gisant sur le sol.

– Tu es vraiment sûre de l'avoir tué ? tenta la jeune femme.

– Je suis allée voir ce que j'avais fait. Je pensais qu'il pouvait y avoir encore un espoir. J'essayais de trouver son pouls… expliquait-elle fébrilement. Il y avait tant de sang. Je ne voyais pas son visage… il était couché sur le ventre… il y avait cette plaie sur sa tête… une plaie dans laquelle ses cheveux baignaient… Je ne sentais pas de pouls…

La jeune femme s'agitait et tremblait de tout son corps. Son regard dans le vide, elle semblait revivre cette horrible scène.

– Et tu as appelé la police ?

– Non… avoua-t-elle honteuse. J'ai eu peur… avec tout l'alcool qu'on avait bu…

– C'est un accident Sam, tu ne voulais pas le tuer…

– Mais je l'ai fait ! et maintenant, je dois vivre avec…

Elle se leva nerveusement et sortit un cliché d'un placard.

– Il y avait une photo qui dépassait de la poche de son pantalon, dit-elle en tendant l'image en question.

Abby s'en empara et découvrit une jeune femme en train de servir un café avec une blouse arborant le nom de L. A. café. Une jeune femme aux longs cheveux noirs qui souriait radieusement.

– Tu crois que c'est sa petite amie ?

– Regarde derrière.

Abby lut le mot à voix haute.

– Je dois la retrouver… annonça Samantha.

*

Sacramento – juin 2008

Seule dans sa chambre, Samantha retournait le carton d'invitation dans tous les sens depuis plusieurs minutes. Le nom de cet auteur la troublait. Elle cherchait des réponses aux nombreuses questions qu'elle se posait. Cette invitation ne pouvait être qu'une coïncidence, il fallait qu'elle arrête de se sentir persécutée.

Les jours suivant l'agression, elle avait cherché sur Internet si on parlait de l'accident, mais elle n'avait rien trouvé ! Les autorités californiennes avaient probablement pensé qu'il s'agissait d'un règlement de comptes. Il n'y avait visiblement aucune caméra de surveillance et aucun témoin permettant de remonter jusqu'à sa trace.

Sceptique et à la fois intriguée, Samantha finit par se décider et saisit le téléphone pour appeler l'expéditrice de ce courrier.

– Madame Rellow ? Samantha Mandchers, je vous appelle au sujet de votre invitation.

– Samantha… murmura la femme au bout du combiné.

– Nous nous connaissons ?

Un silence rendit la jeune femme que plus nerveuse.

– Non, je n'ai pas encore eu ce plaisir, Mademoiselle.

– Je vais devoir décliner votre invitation…

– Avez-vous aimé la photo ? s'empressa de demander la vieille dame.

Samantha trembla soudain à cette question, elle repensa au manoir.

– Qui êtes-vous, Madame ?

– Le roman répondra à toutes vos questions. Ouvrez la porte sur votre passé.

4

– Sam ! Regarde…

Abby était adossée contre la fenêtre du salon. Elle regardait dans la rue. Alors que Samantha était en train de faire des recherches sur les Mc Poll, ce qui n'avait pas donné grand-chose, elle referma le petit ordinateur portable et rejoignit son amie. Il était encore là ! Cole avait pris l'habitude de stationner dans la rue de leur appartement. Les phares éteints, il pouvait rester des heures.

– Ça devient de l'obsession, Sam !

Abby commençait à perdre patience. Depuis le divorce de son amie, Cole avait changé et elle n'aimait pas ce qu'il devenait. Il devait passer à autre chose au plus vite. Tout en se frictionnant vigoureusement les mains dans son torchon, elle retourna en cuisine. Des odeurs de poissons grillés embaumaient les quatre coins de l'appartement. Abby avait aussi cette qualité que Samantha n'avait pas. Ses plats, bien que sortant souvent de son imagination, étaient délicieux.

– Tu vas où ? demanda-t-elle en voyant passer son amie devant elle.

– Lui parler.

– Samantha !

– J'en ai pour cinq minutes.

– Non, Sam, attends !

Elle avait les doigts pleins de pulpe de tomates et laissa échapper un juron lorsqu'elle répandit quelques gouttes au sol.

– S'il pète un câble…

Mais la jeune femme était déjà dans le couloir.

Samantha arriva rapidement près de son ex-mari. Un homme qu'elle avait aimé, qu'elle avait admiré… mais qu'aujourd'hui, elle ne reconnaissait plus. Il avait toujours sa barbe de plusieurs jours et les yeux piqués de rouge. Il semblait éreinté.

La voyant arriver, il s'approcha lentement. Sa démarche semblait lourde, ses épaules étaient légèrement voûtées comme si elles portaient un lourd fardeau. Il leva un regard honteux dont elle eut pitié.

– Sam, je suis désolé, bredouilla-t-il. Je n'aurais pas dû…

La jeune femme le voyait, là juste à ses côtés, si faible.

– Marchons un peu, proposa-t-elle.

À cette heure de la soirée, quelques passants se promenaient pour profiter d'une température plus supportable. Une vieille dame, sortant un petit chien blanc, les salua pendant qu'un jeune adolescent passait à toute vitesse à quelques centimètres d'elle. « Attention ! » cria Samantha au cycliste, bien trop loin maintenant pour l'entendre, avant de tenter un furtif coup d'œil vers Cole qui semblait devenu un étranger à ses yeux.

– Qu'attends-tu de moi ?

– Je voudrais tant que tout soit comme avant… dit-il avec une soudaine lueur d'espoir dans les yeux avant de laisser retomber son regard sur le sol.

– Je ne voulais pas t'accuser de la perte du bébé.

La phrase résonna dans l'esprit de Samantha. De douloureux souvenirs remontaient. Cette nuit où elle avait été seule. Cette nuit où elle avait ressenti ces horribles douleurs dans le bas-ventre. Alerté par ses cris, le voisin avait appelé une ambulance. Elle était en train de perdre son bébé. Enceinte de six mois, ils avaient dû provoquer un accouchement.

L'accouchement d'un bébé déjà mort… probablement tué par toutes les saletés qu'elle avait prises durant sa grossesse.

Elle avait tué son bébé ! Elle le savait. Elle avait dû apprendre à vivre comme ça, se détestant chaque jour davantage, jusqu'à ne plus pouvoir se regarder dans une glace. Jusqu'à vouloir en finir avec la vie. Sa chute, elle la devait à toutes les drogues qu'elle prenait. Les mois qui avaient suivi lui paraissaient flous, comme irréels. Agonie dans sa chambre. Séjour à l'hôpital. Elle avait survolé ces épisodes-là de sa vie, comme une spectatrice. Elle se souvenait d'une énième dispute avec Cole lui demandant de se faire désintoxiquer. Elle ne savait pas pourquoi elle s'était laissé faire lorsqu'il l'avait conduite dans un centre de désintoxication un soir de décembre. Elle se rappelait la fraîcheur vivifiante de la neige sur son visage, comme un rappel à la réalité.

Samantha ressentit une douleur au fond de sa poitrine comme à chaque fois qu'elle repensait à tout ce qu'elle avait vécu. Cole faisait taper maladroitement ses chaussures contre le rebord d'un trottoir avant d'annoncer dans le vague.

– Je me suis fait virer…

Samantha le regarda tristement. Elle avait bousillé sa propre vie et ça continuait avec celle de Cole. Elle voulait tant fuir tout ça…

– Je n'ai plus rien… Il faut que tu m'aides Sam… Je suis à deux doigts de faire une connerie…

Elle avait entendu cette phrase des dizaines de fois. Parfois suppliantes, d'autres fois accusatrices ou encore provocatrices. Mais ça n'avait toujours été que des mots.

– Crois-tu qu'on pourrait essayer de devenir amis ? Qu'on pourrait se confier comme avant ? Partager nos états d'âme ?

– Je ne sais pas… murmura-t-elle.

– En souvenir de ce que l'on a vécu…

Samantha ressentait une boule au creux du ventre, une boule qu'elle ne connaissait que trop bien…

5

Abby goûta la sauce qu'elle venait de mettre à mijoter et se laissa aller au gré de ses souvenirs. Elle passa sa main dans ses courts cheveux blonds, elle pensait à sa vie. Elle venait d'avoir trente ans. Elle avait démarré une belle carrière professionnelle. Attirée par la littérature depuis sa plus tendre enfance, elle avait passé toute son adolescence dans les livres. Préférant s'enfermer dans sa chambre plutôt que de flirter comme ses copines, elle avait préparé jour après jour la voie qu'elle voulait suivre. Née dans les beaux quartiers de Los Angeles, Abby avait toujours eu beaucoup de chance. Elle n'avait jamais manqué de rien et faisait partie de cette élite à la vie facile, de ceux qui bénéficiaient d'une scolarité dans des lycées privés grâce à la réussite et à l'argent de leurs parents.

Brillante élève, elle marchait sur les traces de son père, grand journaliste à Los Angeles et qui n'avait pas manqué d'exercer une grande pression sur sa fille unique. Abby lui devait tout, elle le savait. Elle avait eu cette chance ! C'est à vingt et un ans qu'elle avait souhaité voler de ses propres ailes. Elle avait poursuivi ses études en Angleterre et pris très vite goût à la vie londonienne. Rapidement consciente de son pouvoir de séduction, elle en avait abusé quelque temps, multipliant des conquêtes sans lendemain. Son franc-parler et sa spontanéité semblaient plaire à la gent masculine. Le goût du voyage s'était fait rapidement de plus en plus présent, l'invitant alors à parcourir l'Europe, l'Australie ou encore l'Inde. C'était comme une quête d'elle-même, comme si elle cherchait à comprendre quelque chose, à trouver la paix. Elle était rentrée aux États-Unis deux ans après et avait achevé ses études. Puis son père l'avait ensuite aidé à trouver son emploi au Sacramento Bee.

Depuis qu'elle vivait avec Samantha, ça se passait très bien, mais elle commençait à aspirer à quelque chose d'autre. Les années semblaient être passées trop vite... Elle avait encore voyagé pour le travail, elle avait eu de nouvelles aventures, parfois légères, parfois sincères ou pleines de fougue, mais toujours éphémères... Éphémères, c'est ce qu'elle s'était toujours efforcée de faire. Elle ne voulait pas s'attacher et devoir un jour parler mariage, bébé... Elle ne voulait pas avoir à confier qu'elle ne pourrait jamais être mère...

La porte d'entrée claqua et Abby s'empressa d'essuyer ses larmes avec le revers de sa manche. Samantha ne l'avait jamais su et lorsqu'elle avait perdu son bébé, elle s'était murée dans le silence, mais Cole l'avait bien compris. Il avait eu les mots justes ce jour-là et avait promis de ne jamais en parler...

– Alors, ce repas ? demanda Samantha.

Elle passa derrière le plan de travail pour soulever le couvercle de la poêle chaude. Une délicieuse odeur d'aneth et de romarin recouvrait celle du riz baigné dans un coulis de tomate.

– Sam ?

Elle semblait détendue.

– Ça sent bon !

– Allez, ne me fais pas languir.

Samantha leva son regard vers son amie et sourit.

– Tu crois qu'il a compris ?

– Je pense que ça va aller mieux...

Cole, de son côté, avait roulé jusqu'à chez lui dans cette nuit paisible, la fenêtre ouverte pour laisser entrer la douceur extérieure. Bercé par la musique de Beethoven, il se sentait léger. Il tourna la clé dans sa serrure. La maison était silencieuse. Bien trop depuis quelque temps. Il alluma les lumières et alla se préparer un café chaud. Il se sentait nostalgique. Nostalgique d'un passé qu'il avait perdu. Il se dirigea dans le salon et attrapa un coffret en haut de la bibliothèque. Cette petite boîte, il la connaissait par cœur et la consultait au moindre coup de blues, mais ce soir, elle lui semblait différente. Elle contenait tout ce qui lui restait de son histoire avec Samantha. Des photos communes, des objets offerts et même quelques mots dérobés.

Il saisit les clichés qu'il avait réussi à sauver et contempla ce visage aux yeux clairs, ces longs cheveux châtains ondulés qui s'agitaient au vent. C'était le bon vieux temps, Samantha amoureuse, admirative, heureuse. Il se souvenait de ce jour-là comme si c'était hier. Ils étaient partis sur un coup de tête au Mexique. Ils étaient bien ! Une autre photo où elle sirotait un cocktail sur une terrasse de San Francisco. Ou encore, l'annonce de superbes retrouvailles après ses inexorables déplacements. C'était le début de leur histoire. Tout était si parfait ! Le basculement avait été soudain, lorsqu'elle était rentrée de ses vacances avec Abby. Il n'avait jamais su ce qui s'était passé, et ce n'était pas faute d'en avoir parlé. Il avait harcelé Abby d'une foule de questions, en vain ! Elle ne semblait rien savoir non plus. Depuis ce jour-là, Samantha avait changé. Son regard, ses attitudes, ses gestes, sa tendresse, tout s'était envolé. Il saisit alors le petit agenda noir. C'était un carnet que Sam tenait secret, comme un journal intime, du moins c'est ce qu'il croyait, car il ne l'avait jamais ouvert. Sam disait toujours que c'était son jardin secret. Puis, quand elle commença à se droguer, elle le laissa tomber. Alors qu'elle n'était plus que l'ombre d'elle-même, elle oublia vite son existence. Lui aussi l'avait oublié… L'ouvrir, ne pas l'ouvrir ? Il n'hésita pas longtemps. Il retira l'élastique et le découvrit d'une main hésitante.

« Bonne résolution pour l'année 2006 :
Me remettre à courir
Trouver un mec pour Abby
Réduire les voyages entre Los Angeles et New York
Arrêter la pilule…»

Il s'arrêta. Ce n'était pas bien, il n'avait pas le droit… Mais la tentation était énorme, il avait comme l'impression d'être un peu avec elle… La deuxième page et les suivantes regorgeaient de photos : paysages, bord de mer, lui-même ! Son attention soudain s'identifia. De nouvelles pages semblaient porter sur Los Angeles, des adresses y figuraient, des noms également. Sans savoir ce qu'elle pouvait représenter, une date l'intrigua : 10 juillet 2006 ! Date de son voyage, période où tout avait basculé…

6

Juin 2008 — Au milieu de la nuit

Samantha marchait d'un pas serein à travers le long couloir. Il faisait sombre, mais elle percevait plusieurs portes qu'elle longeait grâce aux reflets de la lune. Le couloir était meublé de consoles en bois sur lesquelles reposaient des bouquets de fleurs. Elle arriva devant de larges escaliers en marbre blanc qu'elle descendit lentement. Elle ne savait pas où elle allait, mais ne voulait pas s'arrêter. Un hall majestueux s'offrait devant ses yeux. De couleur pastel, il était agrémenté de poutres en boiserie blanche. Une décoration minutieusement travaillée ajoutait une note précieuse et romantique. De fins détails sculptés révélaient un travail artisanal subtil et authentique.

Samantha se sentait comme guidée. Son regard se sentit irrésistiblement attiré vers un guéridon. Monté sur un joli pied galbé, ce meuble en bois de couleur crème rendait hommage au charme d'autrefois. Dessus était posée une sculpture en terre cuite représentant un couple enlacé.

– Vous aimez ?

Surprise, Samantha se retourna subitement. Personne ! Elle regarda autour d'elle… Il n'y avait personne ! Elle posa de nouveau son regard sur l'œuvre. D'une précision incroyable, elle ressentit les frissons d'un amour incroyable.

– C'est vous et moi, dit une voix qu'elle ne connaissait pas.

Samantha s'éveilla brusquement. Encore ce rêve !

Depuis quelques mois, elle ne cessait de songer à une demeure bourgeoise. Elle se leva pour sortir de sa chambre et traversa le petit salon. La bouteille vide d'un grand Gevrey-Chambertin traînait sur la table basse. Elle avait découvert le vin français avec Cole pour son plus grand plaisir et Abby avait également vite adopté ces petits rituels. Samantha cogna son orteil sur un pied du canapé. Il était trois heures du matin, si elle réveillait son amie, elle serait bonne pour se faire réprimander. Attrapant doucement son sac à main, elle sortit l'enveloppe qu'elle avait reçue. Photo à l'appui, il n'y avait pas de doute, ce manoir s'apparentait d'un peu trop près à son rêve…

*

Après avoir sonné maintes et maintes fois, le réveil de Samantha avait fini par terre. La porte de sa chambre s'ouvrit soudain avec fracas.

– Sam ! C'est pas vrai ! Tu le fais exprès ou quoi ?

Abby tira énergiquement les rideaux pour ouvrir les volets, ce qui donna lieu à un merveilleux juron de la part de son amie.

– Abby… mais quelle idée d'avoir accepté d'être ta coloc… marmonna Samantha.

– Ta coloc est peut-être en train de te sauver la vie ! Il est 7 h 30 ma vieille, à quelle heure tu commences déjà… 8 h ?

Samantha soupira fortement.

– C'est bien ce qui me semblait, ajouta Abby.

Sept heures trente ! Il lui restait trente minutes pour se préparer et prendre le métro. Autant dire mission impossible. Depuis qu'elle avait repris son travail, les réveils s'avéraient très durs. Durant son année sabbatique, elle avait immanquablement été habituée aux grasses matinées et il était dur de revenir en arrière…

Soudain, ses pensées se mirent en place. *Cole ! Zut !* Elle l'avait oublié ! Il devait être en train de boire son café seul… Samantha se leva d'un bond à la recherche de quelque chose à se mettre.

Cole en était à son troisième café. Il jeta un œil sur sa montre : 7 h 50 ! Elle ne viendrait plus, mais il ne put s'empêcher d'espérer. Allez, encore cinq minutes !

Il tourna la page de l'agenda noir de Samantha.

« 13 juillet 2006,
Nous sommes à Death Valley depuis deux jours ! Encore quatre jours de randonnée à travers cette immense étendue désertique. Ces dunes de sable qui s'étendent à l'infini, ces points de vue à couper le souffle et ses nombreux canyons. Je suis épuisée, il fait chaud à mourir, mais c'est tellement beau et je me sens si bien. »

Les jours suivants ne disaient pas grand-chose, hormis un ou deux noms de sites à ne pas manquer. Elle devait rentrer le 18 juillet. À cette date figurait un numéro de téléphone sans nom… puis plus rien ! Cole arrêta sa lecture. Il régla sa note et sortit lorsqu'il manqua d'entrer en collision avec… son ex-femme !

– Je suis désolée ! se contenta-t-elle de dire, essoufflée.

Il paraissait passablement énervé.

– Disons que tu viens de gâcher notre premier rendez-vous.

– Premier rendez-vous ?

Ils se regardèrent un instant incrédule. Chacun énervé par l'autre.

– Cole, tu dis avoir besoin d'une oreille attentive en ce moment, je suis là...

– Non, tu n'es pas là ! s'énerva-t-il. Je constate que je ne peux toujours pas compter sur toi. Rien n'a changé !

– Je n'aurais pas dû accepter ta proposition, s'agaça-t-elle. Je le savais. Je voulais juste être... sympa...

– Sympa ? Je n'ai pas besoin que tu sois sympa, je veux que...

– On ne sera plus jamais ensemble Cole ! Ouvre les yeux ! Si tu espérais reprendre notre histoire, tu te trompes !

Voyant son visage se refermer, elle reprit d'une voix plus douce.

– On a changé, j'ai changé !

Un instant de silence s'imposa.

– Que s'est-il passé le 18 juillet ? finit-il par demander.

Cette question la bouleversa.

– Tu devais rentrer ce jour-là, tu m'as appelé pour me dire que vous fêtiez la fin de vos vacances. J'étais en déplacement pour le travail, je revenais le 20, mais tu ne m'as jamais appelé. J'ai laissé des dizaines de messages sur notre téléphone fixe, sur ton portable ! Quand je suis rentré fou d'inquiétude, tu n'étais pas là !

Il s'arrêta pour reprendre son souffle et planta un regard noir sur celui de son ex-femme.

– J'ai longtemps cru qu'il t'était arrivé quelque chose d'horrible... Mais aujourd'hui, je te le demande, Sam, avais-tu un amant ?

7

Quelque part en Oregon
Vendredi 27 juin 2008

Samantha avait quitté Sacramento quelques heures auparavant et avait traversé plusieurs kilomètres au beau milieu de cette terre rouge très aride. Il n'y avait aucune végétation, aucune habitation. Progressivement, le décor changeait pour laisser place à un paysage entièrement boisé où des hectares de sapins recouvraient le territoire. De la fenêtre de sa voiture, elle s'extasiait devant toute cette splendeur. Cela faisait maintenant quelques heures qu'elle longeait les côtes et le paysage était tout simplement magnifique.

Ce fut près de la ville de Green qu'elle avait changé de route. Après avoir traversé Winston et quelques autres villes, elle arrivait à Coos Bay. C'est ici qu'elle avait décidé de passer la nuit. « Celui-là sera parfait ! » s'était-elle dit en voyant le Bay bridge motel un peu à l'écart de la ville. En arrivant à la réception, elle découvrit une vaste salle de restauration dans un petit renfoncement.

– Servez-vous encore à cette heure-ci ? demanda-t-elle.

Il était bientôt près de 23 h et elle ne se sentait pas si affamée que ça.

– Bien sûr, Madame.

La pièce semblait spacieuse. Dans une atmosphère tamisée et romantique, un style moderne se mariait avantageusement au décor typiquement américain. Au fond de la pièce, un jeune couple terminait son café, main dans la main. Regards amoureux et sourires timides laissaient penser au début d'une histoire. Que ce temps lui semblait lointain... Machinalement, Samantha chercha son portable dans le fond de son sac. Comme la plupart des femmes, elle conservait tout un tas de paperasses inutiles. Brosse à cheveux, maquillage, livre... Lorsque sa main toucha un paquet de forme rectangulaire — cela faisait des mois qu'elle essayait d'arrêter de fumer, mais rien n'y faisait —, elle saisit son portable d'un geste vif, agacée, et remarqua qu'elle n'avait reçu aucun appel. « Pourvu qu'il ait compris ! » Depuis leur dernière discussion, Samantha n'avait pas reparlé à Cole. Elle était restée évasive sur un éventuel adultère de sa part. Après tout, peut-être, était-ce mieux ainsi... Cela pouvait expliquer son changement si brutal. Cole l'avait très mal pris, lui renvoyant d'anciennes photos de leur couple à la figure. Ce même matin, Samantha était, une fois de plus, arrivée en retard à son travail au grand dam de son supérieur. Elle avait annoncé son départ pour l'Oregon afin de réaliser une interview sur un nouvel auteur. « Il me faudrait quelque chose de plus pertinent, Mademoiselle Mandchers. Quelque chose de nouveau, d'accrocheur ! », avait froidement prévenu Johnsson.

– Avez-vous choisi ? demanda le serveur.

Plongée dans ses pensées, Samantha avoua à l'employé du motel ne pas avoir encore prêté attention à la carte.

– Apportez-moi quelque chose de frais, s'il vous plaît.

Ce fut au bout de quelques minutes qu'elle monta dans la chambre qu'elle venait de réserver pour s'affaler sur son lit.

Après une bonne nuit de sommeil, elle avait repris la route tôt le lendemain. Elle avait traversé le Mc Cullough Memorial Bridge ainsi que les villes de Lakeside, Reedsport et les nombreux lacs qui bordaient l'océan. Par cette fin de mois de juin, l'air était chaud, la jeune femme voulut s'arrêter un instant pour contempler la vue qui s'offrait à elle. Elle avait beau vivre à Sacramento, elle ne prenait guère le temps de s'octroyer un peu de repos. Un ciel clair, une mer paisible. L'air entrait généreusement dans ses poumons. Elle savourait cet instant ! Un vieillard promenait son chien à quelques mètres d'elle, la ville de Reedsport se trouvait à seulement quelques mètres en arrière. Il devait être bon de vivre ici, pensa-t-elle. Il était maintenant temps de repartir, elle avait encore quelques kilomètres devant elle. L'excitation qu'elle éprouvait face à ce nouveau décor lui faisait oublier l'anxiété qu'elle ressentait. Sans savoir pourquoi, elle avait accepté cette invitation. Mais à présent, elle souhaitait faire marche arrière. Cheveyo Black Wolf ! Jamais entendu parler... Un auteur amérindien, voilà qui changeait de tous ces auteurs qu'elle avait interviewés depuis toutes ces années. Perdue dans ses pensées, Samantha ne s'était pas rendu compte qu'elle arrivait à Florence. Contrairement à ce qu'elle pensait, cette ville paraissait grande. Il y avait tout sur place : écoles, magasins, cinéma, banques, hôtels, et même un petit aéroport. Un passant lui indiqua que le manoir se trouvait à dix minutes d'ici, elle n'avait qu'à continuer sur la 101 qui longeait la côte. Ce fut au détour d'un petit chemin de terre qu'elle s'arrêta, à l'entrée d'un grand portail.

Une rangée de sapins traçait un sentier terreux et offrait une vue imprenable sur le manoir. Splendide ! La bâtisse paraissait digne des films hollywoodiens. Samantha respira profondément, ne pouvant détacher son regard du manoir, elle continuait de rouler très lentement. Elle semblait littéralement fascinée et émerveillée par sa prestance. Le plus spectaculaire était la tour qui paraissait transpercer cette masse verte pour s'élever à travers le ciel. Une bonne dizaine de fenêtres hautes de plus d'un mètre comprenaient chacune de nombreux carreaux faits de verres feuilletés. Tout cet éclat emplissait le cœur de la jeune femme. Mais le plus incroyable était cette sensation si étrange qui montait en elle dès qu'elle regardait cette demeure avec insistance. Aussi invraisemblable que cela puisse paraître, elle percevait alors une forte énergie se dégager de ce lieu qui ressemblait beaucoup à celui de son rêve. Samantha gara sa voiture à quelques mètres de l'entrée, de toute évidence, elle semblait être la seule invitée déjà présente.

– Je vous attendais ! s'exclama une voix derrière elle.

Surprise, elle se retourna et aperçut une femme âgée descendre les quelques marches du patio. Son visage, quelque peu ridé, semblait doux. La jeune femme contempla tout ce qui se trouvait à la portée de sa vue. Cette longue terrasse couverte, faite entièrement en bois, présentait un charme tout à fait particulier. Toutes les poutres étaient minutieusement sculptées, témoignant d'un travail très recherché. Un petit banc suspendu aux poutres meublait timidement le décor.

– Soyez la bienvenue, Mademoiselle Mandchers !

Samantha sourit en guise de remerciement. La vieille dame appela un employé qui s'empressa d'accourir.

– Veuillez prendre les bagages de mademoiselle, s'il vous plaît ! lui demanda-t-elle.

Gênée, Samantha n'osa pas l'en empêcher. Déjà, la propriétaire remontait les quelques marches d'escalier en se retournant discrètement pour voir si son invitée suivait. Subjuguée par tant de beauté, Samantha profitait de furtifs coups d'œil autour d'elle.

– Entrez, je vous en prie ! annonça Madame Rellow, satisfaite du regard ébahi de son hôte.

– Où sont les autres invités ? demanda Samantha.

– Vous êtes la première, ils n'arriveront que dans la soirée.

Lorsqu'elle ouvrit la lourde et grande porte d'entrée, Samantha ne put retenir son souffle. Ce hall ! Ces poutres ! Ce blanc ! Ces fleurs ! Son rêve ! Comment cela était-il possible ?

Un grand hall se dressait devant ses yeux jusqu'à la galerie du deuxième étage ornée d'un immense lustre. De chaque côté de la salle s'élevaient deux escaliers en granit blanc qui se rejoignaient au centre du deuxième niveau. Une employée de maison du nom de Carmen l'attendait dans un recoin pour lui souhaiter la bienvenue.

Samantha accepta la proposition de la vieille dame et la rejoignit dans la salle de réception pour partager un thé. Cette pièce encore lui apparut somptueuse. Dans les tons blanc crème, elle était éclairée par une lumière éclatante provenant des trois grandes portes vitrées qui donnaient accès à une terrasse. Plusieurs sofas agrémentaient le centre et dans un renfoncement se trouvait un endroit plus intime où se dressait une magnifique cheminée. Carmen arriva avec un plateau d'argent dans les mains où se trouvait tout le nécessaire pour un service parfait.

– Avez-vous fait bon voyage ? demanda Madame Rellow en s'asseyant.

Samantha se contenta de hocher la tête, abasourdie par ce qu'elle découvrait.

– C'est calme pour le moment, mais dans quelques heures, ce sera l'effervescence.

Pourquoi l'avoir invitée si tôt ? Face à son trouble grandissant, Samantha tenta de faire distraction.

– Pourriez-vous me parler de l'auteur ?

– Cheveyo Black Wolf est un nouvel auteur, il publie son premier roman. Il est Amérindien et vient spécialement du

Dakota du Sud. Ce n'est pas un écrivain de profession. Disons que son roman est une parenthèse dans sa vie ou peut-être une reconversion...

– Pourquoi faire la promotion de son livre ici ?

– Son histoire est pour le moins atypique, commença la vieille dame. Il est venu il y a quelques mois frapper à ma porte. Il m'a parlé du roman qu'il était en train d'écrire. Selon lui, il a été inspiré par un endroit comme celui-ci. Il m'a alors proposé une idée pour le moins surprenante, ajouta-t-elle avec un sourire, un hébergement contre du travail. Puis pendant cinq mois, il est donc venu vivre ici, il travaillait le jour et écrivait la nuit. Cet homme ne dormait jamais. Il était comme fasciné par le manoir, puis il est parti une fois son travail achevé.

La vieille femme s'arrêta un instant pour boire une gorgée de son thé.

– Il m'a appelée il y a deux semaines, pour me prévenir de la publication de son roman. Et comme rien de tel qu'une promotion dans le lieu même où se déroule son roman...

Toute cette histoire intriguait de plus en plus la jeune femme.

– Quand arrive-t-il ?

– En fin de journée.

Étonnée, la jeune femme interrogea Madame Rellow.

– Pourquoi m'avoir invitée ?

– Il faudra poser cette question à l'auteur, c'est lui qui gère tout cela. Je ne suis qu'une parenthèse dans toute cette aventure.

La vieille dame posa sa tasse sur la petite table basse et fit un hochement de la tête destiné à son employée qui attendait discrètement à l'embrasure de la porte.

– Je vais vous laisser prendre vos quartiers, Carmen va vous montrer votre chambre.

À cet instant cette dernière se rapprocha, prête à escorter Samantha.

– Si vous souhaitez vous promener et profiter de ce bel après-midi, nous avons un grand jardin qui entoure la propriété. Faites comme chez vous. On sert le thé à 17 h si vous le souhaitez, mais je ne pourrai me joindre à vous pour cause de préparatifs. Si vous avez la moindre question, Carmen est à votre disposition.

Madame Rellow se releva péniblement avant d'ajouter.

– Nous nous retrouverons un peu avant le début de la cérémonie pour effectuer les présentations avec Monsieur Black Wolf. Maintenant, je vous prie de m'excuser, je suis attendue en cuisine.

Elle fit quelques pas puis se retourna.

– Mon cuisinier va en ville dans l'après-midi pour commander les produits dont il a besoin, vous restez bien jusqu'à demain matin ?

Samantha acquiesça. Pour éviter tout retour en pleine nuit, Madame Rellow lui avait proposé, par téléphone, de ne repartir que le lendemain.

– Très bien !

La vieille dame franchit la porte.

– J'allais oublier ! Je vous ai laissé un exemplaire du roman sur votre lit.

8

Suivant la femme de chambre, Samantha contemplait la décoration du premier étage. Un grand couloir débouchait sur quelques portes. Une voûte permettait d'accéder à un petit salon où une deuxième cheminée agrémentait cet endroit très intime. La rapidité de la servante ne lui laissa pas le temps d'en voir davantage. Elles longèrent cet étage très agréable, aux couleurs chaudes et inspirant le calme, pour arriver à un autre escalier en bois, beaucoup plus petit que le précédent. À première vue, le deuxième étage paraissait identique au premier. Il y avait au milieu de l'allée une arcade qui débouchait sur un troisième escalier, mais la visite s'arrêta ici.

– Voici votre chambre, annonça Carmen.

Un léger sourire s'inscrivit sur ses lèvres. Tout cela semblait si incroyable ! En l'espace de quelques minutes, elle se sentait totalement dépaysée et ça lui faisait tellement de bien. Il n'y avait aucun bruit ! Pas de télévision ni de téléphone, juste un magnifique secrétaire, un énorme lit recouvert de draps marron, une armoire en bois, ainsi qu'une petite banquette, le tout dans un décor romanesque. Enfin, dans un petit coin, une somptueuse coiffeuse datant sans doute du siècle dernier. Sa valise était posée à côté de la porte. Épuisée, elle se laissa tomber sur le lit et poussa un grand soupir, lorsqu'un objet la gêna. Le livre !

Intriguée par ce qu'il pouvait contenir, Samantha le saisit pour l'observer. La couverture était sombre et classique. Sur un fond noir, on lisait l'inscription élégante en lettres dorées du titre : « *C'était écrit* ». La quatrième de couverture expliquait brièvement le début de l'histoire d'un couple qui s'était aimé et déchiré en plein milieu des guerres indiennes, une longue histoire à suivre dans un deuxième roman. C'était le début de l'après-midi et elle avait plusieurs heures devant elle. Samantha s'empressa de prendre son téléphone portable et se mit à pianoter rapidement un texto à Abby : « Je suis bien arrivée, je t'appelle en fin d'après-midi bisous. » Puis elle ouvrit le livre. La première page contenait une dédicace : *« À celle qui se reconnaîtra... »* Elle tourna la fine feuille dans ses doigts et lut : « Mandy Mc Poll ! » Il ne fallut pas plus de cinq minutes pour que la jeune femme se plonge intensément dans la lecture du livre.

Mandy Mc Poll était née en 1856, elle avait vécu depuis sa naissance à l'intérieur du manoir que ses parents avaient fait construire après leur mariage. Katherine, sa mère, était alors âgée de vingt-trois ans, son père, Georges, en avait dix de plus. Mandy avait accordé très rapidement beaucoup d'importance à sa sœur, Eileen, âgée de deux ans de plus qu'elle. Ensemble, elles découvraient le monde et se rapprochaient au point de vite devenir inséparables. Au fil des années de la vie de cette jeune femme, Samantha s'identifiait doucement au personnage. Quelque chose d'étrange se passait progressivement en elle, quelque chose de bouleversant, une émotion si forte qu'elle ne se l'expliquait pas. Les heures s'égrenaient tandis que Samantha découvrait les jeunes années de Mandy, ses premières émotions, ses premiers rêves, ses chagrins, ses joies… Mais ses paupières devenant de plus en plus lourdes, elle lutta quelques instants pour finir par sombrer dans un sommeil agité.

Où était-elle ? Était-ce un parc, un grand jardin ? Il y avait à côté d'elle une petite mare entourée de roseaux. Que faisait-elle ici en pleine nuit ? Ses longs cheveux châtains se débattaient contre un vent fort.

– Mademoiselle Mandchers ?

Non... Ce n'était pas elle. Sa longue robe blanche flottait, elle aussi, dans les airs. Elle attendait quelqu'un, mais qui ? Subitement, la jeune femme fit volte-face. À sa grande surprise, cette fille au visage pâle et torturé n'était autre qu'elle-même...

– Mademoiselle Mandchers, vous êtes là ?

Samantha put reconnaître la voix de la femme de chambre au bout d'un instant. Ce n'était qu'un rêve... Elle jaillit hors du lit et alla ouvrir.

– Madame Rellow vous attend à 18 h pour un café, lui annonça Carmen.

Samantha regarda sa montre, il était 17 h 50... Elle n'avait pas vu le temps passer... Après une douche rapide, la jeune femme dégota de sa valise un jeans couleur bleu foncé et un chemisier vert qui se mariait très bien avec ses yeux de même couleur. Un rapide maquillage releva la clarté de son regard. Un peu de gel dans les cheveux pour modeler quelques mèches, et le tour était joué.

Parvenue dans le hall, Samantha cherchait Madame Rellow dans le hall, quand soudain un objet que Samantha n'avait pas vu à son arrivée attira son attention. Cherchant dans sa mémoire où elle aurait pu rencontrer cette statuette en marbre, elle s'arrêta. Samantha paraissait comme paralysée et n'avait d'yeux que pour cette sculpture. Oui, ça lui revenait doucement... Son rêve... Il émanait une force incroyable de cette sculpture représentant deux amants enlacés dont les corps se confondaient pour ne faire qu'une seule et même personne.

– Vous allez bien, Mademoiselle Mandchers ? demanda Madame Rellow au bout d'un instant.

La jeune femme se retourna brusquement et confia, intriguée :

– Je ne me rappelle pas où j'ai déjà pu voir cette statue…

– Nulle part, c'est une œuvre unique. Elle n'a jamais quitté le manoir. Le roman vous plaît-il ? demanda Madame Rellow lorsque Samantha la rejoignit dans le vaste salon.

Tout en essayant de cacher son trouble, la jeune femme admit porter un vif intérêt à cette histoire. Les deux femmes regagnèrent le vaste salon et s'y installèrent, les invités n'étaient attendus que pour 20 h, mais d'après la vieille dame, Cheveyo Black Wolf, qui avait du retard, devait arriver d'une minute à l'autre.

Une question intriguait Samantha depuis quelques heures…

– Madame Rellow…

– Lily, s'il vous plaît, demanda-t-elle d'une voix douce.

– Lily… Le roman de Monsieur Black Wolf décrit l'histoire d'un manoir semblable au vôtre. Il évoque sa construction en Oregon également…

– Il s'agit effectivement de ce manoir, consentit la vieille dame.

– Mandy Mc Poll a-t-elle existé ?

Elle acquiesça et ajouta qu'elle avait bien vécu ici même.

– Êtes-vous parente ?

– Oui, s'amusa la vieille dame. Je suis la petite fille de la sœur de Katherine, Mary. Ma grand-mère avait dix ans de moins de Katherine et fut enceinte de ma mère à trente-six ans.

Les deux femmes passèrent quelques minutes à parler du manoir, de son histoire. La maîtresse de maison raconta la difficulté pour sa mère de garder le manoir durant la guerre de 14-18.

– Mon père est parti combattre en France et il n'est jamais revenu. Ma mère a dû m'élever seule. À la fin de la guerre, je fêtais mes dix ans.

Samantha s'intéressa sans effort et Lily se livra en lui racontant une partie de sa vie. C'est à vingt-cinq ans qu'elle avait rencontré son mari, William Rellow, alors médecin à l'hôpital de Coos Bay. Toute jeune infirmière, Lily avait eu le coup de foudre et décidé de s'installer à Coos Bay où ils vécurent d'ailleurs toute leur vie ensemble. C'est à la mort de son mari qu'elle s'était décidée à retourner vivre au manoir, inhabité depuis des années. Elle avait dû entreprendre de vastes travaux pour faire revivre ces murs. Depuis maintenant une dizaine d'années, elle y vivait seule, mais sa fille venait régulièrement la voir.

– Je vais devoir vous laisser Samantha. Il est temps pour moi de me préparer.

Samantha sortit quelques instants sur le perron. L'air était bon. Elle ne savait pas encore pourquoi elle était venue ici, mais étrangement, au milieu de ces murs, elle oubliait tout. Depuis plusieurs heures, elle n'avait même pas éprouvé le besoin de regarder son portable…

9

Le manoir possédait un parc somptueux. Samantha se promena un instant à travers les allées de fleurs puis s'engouffra dans un petit bois. De plus en plus dense, elle tentait de s'y frayer un passage. Des branches s'accrochaient à ses vêtements... Soudain, elle s'arrêta net. Le regard fixe, elle se trouvait devant une petite mare... La mare de son rêve... Troublée, Samantha s'empressa de faire demi-tour. Elle ne maîtrisait pas ce qui se passait et toutes ses ressemblances avec le rêve qu'elle faisait souvent l'agaçaient. Dans ce rêve, elle s'était vue face à cette eau stagnante, le regard errant et si triste. Était-il prémonitoire ? Marchant d'un pas rapide, elle manqua de tomber sur un vieux tronc mort. Son pied heurta violemment la souche coupée, lui procurant une vive douleur. Elle regarda autour d'elle, il y avait un banc à quelques mètres. En boitant, elle se rapprocha pour s'asseoir et examina son pied. Perdue dans ses pensées, Samantha n'entendit pas les quelques pas venant derrière elle.

– Vous êtes blessée ? demanda une voix qu'elle ne connaissait pas.

La jeune femme se retourna brusquement. En une fraction de seconde, Samantha sentit son cœur battre à tout rompre, prêt à exploser. Des scènes du passé lui revinrent brusquement en tête... Un soir de juillet, il y a deux ans... La même silhouette, la même taille... Elle plongea dans le regard de cet inconnu et comprit rapidement qu'il ne lui voulait pas de mal. Peu à peu, la vision de l'homme qui se trouvait devant elle la fascina. D'une taille incroyable, vêtu d'un jeans et d'un large pull noir fin laissant deviner une forte musculature, il dégageait un charisme impressionnant. Il se pencha en avant pour éviter une branche et une masse de longs cheveux noirs vint couvrir ses yeux. Il releva de sa main ses quelques mèches et Samantha aperçut plus nettement son visage. Un petit front, un nez marqué, une mâchoire carrée, une peau mate et des yeux aussi noirs que l'ébène. Un regard perçant, rassurant et à la fois inquiétant. Un regard saisissant qui la dévisageait au point qu'elle se sentit mise à nue.

Voyant sa gêne, l'homme s'approcha de la jeune femme.

– Cheveyo Black Wolf.

Sa voix semblait chaude... Hypnotisée, Samantha hésita un instant et se présenta à son tour.

– Laissez-moi jeter un coup d'œil, dit-il en regardant son pied.

– Non, merci, ce n'est rien !

Aussitôt, Samantha remit sa chaussure et s'empressa de se relever. Elle avança et ne put retenir une grimace de douleur. Il s'approcha pour se retrouver à quelques centimètres d'elle. Sans comprendre pourquoi, le cœur de Samantha se mit à battre plus rapidement.

– Venez, rentrons examiner ça...

Il la saisit délicatement par le bras. Elle se mit à trembler de tout son corps, comme si elle venait de ressentir une décharge électrique la parcourir toute entière.

– Tout le monde vous cherche, ajouta-t-il avec un regard amusé.

Cheveyo Black Wolf ne cessait de la contempler. Jamais personne ne l'avait dévisagée comme cet homme, son regard noir brillait. Il semblait joyeux. Elle était bouleversée...

Ils repartirent enfin ensemble en direction du manoir. L'écrivain la devançant, elle jeta un regard furtif sur lui. D'une carrure impressionnante, ses longs cheveux noirs retombaient le long de son dos. Il était d'une virilité insolente. De retour au manoir, Lily s'exclama.

– Vous avez fait connaissance ? s'empressa-t-elle de demander toute excitée.

– Nous nous sommes trouvés, renchérit Cheveyo avec un sourire au coin de la bouche.

Ils échangèrent quelques mots, l'espace d'un instant. Lily et l'auteur s'entendaient visiblement très bien, la vieille dame paraissait si chétive à ses côtés. Mais elle riait de l'humour de cet homme. Ils vinrent à parler de la réception. Lily attendait quatre employés pour l'accueil d'une cinquantaine de convives : journalistes, chaîne de distribution, libraires, éditeurs et autres personnes invitées. La plupart d'entre eux venaient de Portland ainsi que d'Eugène, les deux principales villes de l'Oregon. Lily insista notamment sur deux personnalités qu'elle voulait que Samantha rencontre. Il y avait tout d'abord Monsieur Macdoguel, libraire de Coos Bay fort connu pour les documentaires qu'il écrivait sur la région. Il y avait également Mademoiselle Forlin qui venait du Dakota du Sud. C'était une journaliste que Cheveyo connaissait quelque peu. Elle avait rencontré l'écrivain un mois auparavant pour réaliser un article sur la prochaine édition de son roman. Cheveyo, qui ne cessait de dévisager la jeune femme, finit par lui demander.

– J'aimerais que ce soit vous qui me présentiez ce soir, Mademoiselle Mandchers !

Surprise, Samantha demanda.

– N'est-ce pas à votre éditeur de le faire ?

– Je lui en ai parlé, il n'y voit pas d'objection.

Étonnée, elle finit par accepter.

– Que diriez-vous de me rejoindre dans quelques minutes à la bibliothèque pour préparer le texte ?

Voyant son air inquiet, Lily ajouta.

– Ne vous inquiétez pas. Le temps que tout le monde arrive, vous avez encore deux bonnes heures devant vous.

– Et n'oubliez pas d'aller soigner votre pied, ajouta Cheveyo avec un large sourire.

Elle acquiesça et chacun prit congé.

Remontant dans sa chambre, Samantha s'aperçut qu'elle tremblait. Elle était nerveuse, était-ce cet homme qui exerçait ce trouble en elle ? En l'espace de quelques minutes, il avait redonné un nouveau souffle au manoir. Comme si celui-ci se réveillait après un long sommeil... Après s'être allongée quelques minutes, elle se découragea. La jeune femme tourna alors en rond avant de se décider à rejoindre Cheveyo Black Wolf. Elle consulta son téléphone pour constater qu'elle avait deux messages. Le premier était d'Angela, laquelle souhaitait s'assurer qu'elle était bien arrivée. Le deuxième d'Abby, qu'elle s'empressa de rappeler.

– Alors, raconte ! demanda son amie.

– C'est... dépaysant...

– Mais encore !

– J'ai rencontré Madame Rellow...

– L'auteur est comment ? coupa Abby

– C'est-à-dire ?

– Il te plaît ?

À cette question, les joues de Samantha s'empourprèrent, mais elle coupa court.

– Je ne suis pas venue pour ça, Abby. Mais il y a quelque chose d'étrange…

– Quoi ?

– J'ai comme l'impression d'être déjà venue ici, confia-t-elle.

– Ça fait des années que tu n'es pas sortie de Sacramento, Sam, ça doit être l'excitation, avait conclu son amie.

Elle raccrocha, saisit un bloc-notes et monta au troisième étage. Celui-ci semblait différent des deux autres. Plus petits, les escaliers débouchaient sur un grand salon. Cette pièce était un havre de paix, éclairé par de grandes fenêtres, avec une vue magnifique. Il y avait sur la droite une vieille porte délabrée. Un panneau en bois affichait : « Prière de ne pas entrer, plancher en décomposition ». Sur la gauche, une petite voûte abritait une somptueuse bibliothèque d'où l'on voyait une collection complète de nombreux écrivains de la littérature classique. Au milieu de cette salle étaient disposés quelques fauteuils. L'obscurité baignant, cette pièce ne faisait que refléter le confort et la sérénité qu'elle dégageait. Cheveyo Black Wolf se trouvait sur l'un de ses fauteuils, il s'arrêta d'écrire dès qu'il aperçut Samantha.

– Asseyez-vous, je vous en prie.

Samantha semblait avoir du mal à respirer. Ses jambes flageolaient, elle paraissait comme hypnotisée par le charisme qui émanait de cet homme. Face à face, ils commencèrent leur travail. Elle tenta d'abord de se renseigner sur la maison d'édition de l'écrivain, puis de savoir combien de représentants commerciaux seraient présents pour la diffusion du livre au grand public. Elle s'arrêta un instant et demanda.

– Pourquoi moi, Monsieur Black Wolf ?

– Appelez-moi Cheveyo, ajouta-t-il.

Gênée par cette demande, elle se mit à rougir.

– Que signifie votre prénom ? demanda-t-elle, après un instant de silence.

– Esprit guerrier.

Ils se regardèrent un instant puis il se décida à parler.

– Je suis issu de la tribu des Sioux Lakota, je vis dans le Dakota du Sud, dans la réserve de Pine Ridge qui nous est dédiée. Mes parents vivaient déjà sur ces terres à ma naissance.

– Comment est la vie dans une réserve ? se hasarda-t-elle à lui demander.

– Je crois que les gens ne se rendent pas compte des conditions de vie dans lesquelles nous vivons. Alcool, drogue, misère résument à peu près la situation... Notre réserve est bien connue pour être l'un des endroits les plus pauvres de l'Amérique du Nord.

L'auteur se mit à parler avec entrain, le regard alarmé et sévère, sur la situation préoccupante de son peuple. Alors que cette région comptait le taux de mortalité infantile le plus élevé de la zone occidentale, l'espérance de vie y était la plus courte de tout l'hémisphère nord avec une moyenne de quarante-huit ans pour les hommes et cinquante-deux ans pour les femmes. L'alcoolisme se révélait souvent le seul moyen de résistance à la dépression. Souffrant souvent de la faim, les Lakotas vivaient dans des conditions climatiques extrêmes, avec des habitations très sommaires et mal isolées. Le chauffage, rudimentaire ou trop cher, constituait un grave problème pour beaucoup. Même l'eau courante et le tout-à-l'égout étaient un luxe et 90 % de la population vivaient en dessous du seuil de pauvreté.

Devant tant de révélations et de consternations, Samantha voulut faire quelque chose. Rendre toutes ces informations accessibles au public ? Les faire remonter auprès d'importants politiciens pour les supplier de prendre le temps de réfléchir à des solutions ? Récolter des fonds pour leur venir en aide ? Plusieurs associations tentaient déjà de se battre pour eux et d'apporter leur lot de consolation à travers quelques cartons de nourritures, quelques bûches de bois ou encore quelques soutiens moraux.

– Que puis-je faire pour votre peuple ? demanda-t-elle timidement.

Cheveyo la regarda un instant, ses yeux brillaient d'un noir intense.

– Je crains que notre situation ne repose entre les mains de personnes inaccessibles.

Ils restèrent un instant silencieux. Elle essaya de reprendre le fil de son interview initial.

– Pourquoi écrire cette histoire en deux romans ?

– Je souhaitais prolonger les regards que l'on porte par la même occasion sur mon peuple afin, notamment, d'essayer d'ouvrir un centre pour les jeunes.

– Pourriez-vous me dire comment vous est venue l'idée de ce livre ?

– Dans notre culture, nous pratiquons de nombreux rituels. Il est courant d'avoir des visions au cours des rudes supplices corporels que nous nous infligeons. Il y a trois ans, j'ai vu cette femme, Mandy, sa vie… Son histoire d'amour… Elle m'est apparue au cours de mes visions. J'ai souvent rêvé de ce manoir sans savoir qu'il existait…

La tournure de son interrogatoire la mettant mal à l'aise, elle le coupa.

– Écoutez Monsieur… Pardon, Cheveyo, je suis honorée que vous m'ayez choisie pour cette présentation, mais je préfère refuser.

– Ai-je dit quelque chose qu'il ne fallait pas ? demanda-t-il soucieux.

Elle s'empressa de quitter les lieux et partit s'enfermer à double tour dans sa chambre.

Pourquoi une telle réaction ? La peur de ne pas y arriver ? De ne plus savoir quoi dire devant tous ces gens ? La peur de cet homme troublant, avec son regard insistant ?

Ou la peur de comprendre qu'elle n'était pas là par hasard ?

*

Le soleil se couchait progressivement, rendant la chambre de la jeune femme un peu plus sombre. Sa montre lui indiquait 20 h. Les invités devaient être en train d'arriver. Elle se sentit soudain nerveuse. L'ambiance avait changé depuis l'arrivée de ce Black Wolf, elle ne savait pas si elle devait s'en réjouir ou s'en inquiéter. Ne souhaitant pas déranger, Samantha décida de monter un moment à la bibliothèque du troisième étage. Cette pièce était très riche en ouvrages, elle possédait plusieurs copies des romans les plus importants de l'histoire. Après avoir fouillé un peu partout, elle découvrit une documentation concernant l'histoire du manoir.

Construit en 1853, l'édifice avait été réalisé par l'architecte Graig Sand et une trentaine d'ouvriers. De génération en génération, il fut habité par la famille Mc Poll. Le manoir avait résisté à de nombreuses catastrophes, en plus d'un incendie dont personne ne connut la cause. Par chance, le feu n'avait détruit que la partie basse de la tour ainsi qu'une partie du troisième étage où des rénovations avaient ensuite été entreprises. Samantha fut soudain interrompue dans sa lecture par la sonnerie de son téléphone. C'était Abby !

– Je ne veux pas te déranger, mais je voulais te parler d'un truc bizarre.

– Je t'écoute, répondit Samantha en fronçant les sourcils.

– Depuis hier, Cole ne cesse de patienter dans sa voiture au bas de l'immeuble. Tout à l'heure, il est venu me demander si tu voyais quelqu'un d'autre. Il semblait vraiment agité Sam !

Il ne comprendrait donc jamais ! pensa-t-elle en soupirant.

– Dis-lui que c'est le cas et que ça ne le concerne pas, d'accord ? s'impatienta Samantha.

– Comme tu voudras.

Cette fausse révélation paraissait peut-être idiote, mais elle ne savait plus comment se défaire de cette situation. Et aujourd'hui, tout ça lui paraissait si loin…

Samantha retourna dans la chambre pour prendre une bonne douche froide. Puis elle troqua son jeans contre une longue robe noire en soie, souligna son regard d'un léger maquillage et ajouta un fin collier assorti à sa robe. Elle releva ses cheveux dans un chignon parfait. Lorsqu'elle descendit les marches d'escalier, elle aperçut la maîtresse de maison avec quelques professionnels de l'édition. Les employés de maison s'activaient. De la musique classique résonnait dans la salle de réception. Des buffets entiers de hors-d'œuvre et des coupes de champagne garnissaient la pièce. Enfin, une table avec plusieurs exemplaires du roman et une chaise attendaient l'auteur pour la série traditionnelle des dédicaces. Lily entreprit alors de lui présenter quelques invités. Elle s'attarda sur certains membres de la maison d'édition de Cheveyo, et annonça deux, trois journalistes de Portland. Lorsqu'elle salua

Mademoiselle Forgin, Samantha fut surprise par sa jeunesse et sa beauté.

À cet instant, Cheveyo arrivait en compagnie de son éditeur. Samantha et lui se regardèrent un instant. Il avait revêtu un costume noir et blanc et noué ses cheveux dans une tresse. Sa beauté enivrante lui coupa le souffle.

– Vous êtes superbe, Samantha, murmura-t-il au creux de son oreille.

Déstabilisée, elle se retourna pour serrer la main d'un journaliste. Cheveyo s'approcha ensuite de Mademoiselle Forgin et lui baisa la main. Face à ce comportement, Samantha éprouva une gêne qu'elle n'aimât guère. Marie Forgin semblait être en admiration devant Cheveyo, elle lui faisait de petits sourires ridicules et ne cessait de se dandiner.

– Samantha ! Laissez-moi vous présenter ma fille Alyson, annonça Lily.

Alyson semblait relativement jeune, peut-être une dizaine d'années de plus que Samantha. Grande et élégante, des yeux d'un vert clair illuminaient agréablement son visage. Elle paraissait superbe. Se rapprochant de Samantha, elle lui demanda joyeusement.

– Alors c'est vous qui venez de Californie ?

– Oui, de Sacramento.

– Vous êtes journaliste, c'est bien ça ?

Samantha acquiesça tout en cherchant Cheveyo du regard.

– Vous paraissez tendue, tout va bien ?

Samantha se trouvait un peu perdue parmi toutes ces personnes qui semblaient se connaître.

– À vrai dire, je ne comprends pas ce que je fais ici.

– Apparemment, Cheveyo voudrait se faire connaître jusqu'en Californie. Il a vécu là-bas quelques années et je crois qu'il tient particulièrement à promouvoir son livre dans cet état. Mais il va sans doute vous en parler un peu plus tard.

Comme ça, il avait vécu en Californie ! Décidément, cet homme l'intriguait, elle avait envie de lui poser de nombreuses questions, d'en connaître plus sur lui… Mais tout ceci semblait tellement irréel. Pourquoi Samantha ? Comment avait-il trouvé son nom ? Elle ne travaillait même pas dans la maison d'édition d'Angela…

Voyant son air songeur et visiblement inquiet, Alyson murmura.

– Ne vous inquiétez pas, je reste près de vous, dit-elle avec un petit clin d'œil. Suivez-moi, je vais vous présenter Monsieur Macdoguel.

Cet homme semblait avoir près de soixante-dix ans. D'une allure très noble, il portait un costume gris qui allait à merveille avec son teint hâlé. Sous sa paire de lunettes se dissimulait un regard bleu ciel, tout à fait charmant !

L'homme lui parla quelques instants de sa librairie et du tout dernier documentaire qui semblait le passionner. Il s'agissait du retrait de l'épave du New Carissa échouée depuis presque dix ans sur une plage à plus de quatre kilomètres de Coos Bay. Samantha se souvenait de cette histoire. Elle avait tout juste vingt ans, elle était alors à la fac. De nombreux journalistes de la ville de Coos Bay avaient porté une attention internationale sur ce fait divers. Ce navire japonais avait déversé près de deux cent soixante mètres cubes de fioul.

– Ils ont commencé le découpage de l'épave en ce début de semaine, ajouta l'homme avec entrain. Malgré l'attrait touristique qu'il représentait, c'est mieux ainsi. Alyson a réalisé de nombreuses photos ces dernières années, j'en ai exposé quelques-unes dans la librairie. Passez à l'occasion !

Samantha ne l'écoutait plus que d'une oreille. Elle regardait de temps à autre la salle se remplir peu à peu et du coin de l'œil observait Cheveyo, toujours en compagnie de Marie Forgin. Ils paraissaient absorbés par une discussion que menait ardemment son éditeur. Alyson la rejoignit avec une coupe de champagne à la main. Le manoir était maintenant bondé. En une heure, de magnifiques robes et costumes raffinés avaient rempli les pièces. Des rires et de vives intonations résonnaient aux quatre coins de la pièce.

Lorsque l'éditeur fit tinter sa flûte pour attirer l'attention, Cheveyo s'approcha à ses côtés près de la petite table et le monologue du professionnel commença. Il présenta une partie de la vic de l'auteur, toujours tiraillé entre la ville et la réserve où il vivait. Il relata la difficile insertion à laquelle un Indien avait droit. Il semblait prendre une belle revanche sur la vie en sortant son tout premier roman. Samantha apprit qu'une partie de ses droits d'auteur seraient reversés en aide aux plus défavorisés de la réserve indienne.

Visiblement, l'assemblée éprouvait un vif intérêt pour cette culture, peut-être dû à la deuxième partie du roman portant sur le peuple amérindien, une partie qu'elle n'avait pas encore lue.

L'auteur prit ensuite la parole pour expliquer ce que son peuple affrontait au quotidien.

– Dans notre réserve, le taux de chômage approche les 87 %. Le taux de suicide chez les jeunes est alarmant, plus de trois fois plus élevé que la moyenne nationale et la mortalité infantile, elle, est cinq fois plus élevée.

Mais en dépit de ces conditions effroyables, il se fit plus optimiste.

– Nous nous attachons à conserver nos traditions pour préserver notre identité. Nous devons sauvegarder notre patrimoine culturel. La plus grande majorité d'entre nous conserve ses croyances et sa spiritualité. Certains Amérindiens ont réussi à s'intégrer socialement à la société américaine contemporaine. Des casinos s'ouvrent, ce qui va permettre à plusieurs tribus de s'enrichir et de se développer. Les Amérindiens restent aussi très organisés autour d'un chef et d'un conseil tribal. Ils savent organiser des référendums ou faire valoir leurs droits devant la justice fédérale. Certaines tribus, comme les Cherokee, disposent même d'une constitution. Les tribus perçoivent une aide fédérale proportionnelle au nombre de leurs membres. En vertu des traités signés au XIXe siècle, certaines reçoivent également un dédommagement pour la spoliation de leurs terres. Aujourd'hui, les réserves indiennes se mettent à publier leurs propres journaux, comme le Navajo Times, afin de rendre publiques les décisions du conseil tribal. Si les conditions de vie se sont globalement améliorées, les communautés souffrent toujours de nombreux problèmes : violence, alcoolisme, pauvreté et isolement sont des fléaux qui touchent particulièrement les Amérindiens. Pour reconstruire leur identité, les tribus organisent des chasses aux bisons, des ateliers de tissage, de poteries ou des cours de langue.

De nombreuses questions fusaient et relançaient la conversation. L'étonnement de plusieurs invités, apprenant la réalité de leur mode de vie, le surprit davantage.

— Il ne faut pas rester dans l'ignorance, il s'agit là de l'histoire des États-Unis d'Amérique. J'ai l'intention de poursuivre mon travail, d'étendre au maximum l'information, d'expliquer notre façon de voir les choses, de récolter un maximum de signatures pour la pétition sur les Black Hills, les terres sacrées qu'ils nous ont prises, de témoigner de la pauvreté de nos réserves et de créer une association pour épauler et encourager les jeunes.

Cheveyo développa un instant son projet associatif puis revint sur l'explication de son roman et répondit à un journaliste intrigué.

– L'histoire de votre roman est-elle inspirée de faits réels ?

– Les personnages de mon livre ont bien existé et ont vécu ici même.

De nombreuses questions fusaient de part et d'autre de la pièce.

– Seriez-vous pour une éventuelle adaptation au cinéma de votre roman ? s'enquit une journaliste avertie.

– Nous n'en sommes pas encore là, répondit-il prudemment. Nous verrons après la parution du livre au public.

– S'il vous plaît ! siffla une autre voix. C'est une belle victoire après votre incarcération, qu'auriez-vous envie de dire à ceux qui vous ont condamné ?

Cette question claqua en plein visage de Samantha. Après un rapide coup d'œil dans sa direction, il déclara sur un ton neutre.

– Je ne m'étendrai pas sur ce sujet.

Les questions durèrent une bonne heure, puis son éditeur décida d'y mettre fin en annonçant le moment des dédicaces. Quelques personnes vinrent questionner Cheveyo à titre personnel.

C'est au bout de quelques minutes supplémentaires que l'auteur put enfin respirer un moment et se diriger vers Samantha. Cette dernière était en train de se confectionner une petite assiette de toasts lorsqu'elle le vit approcher.

– Votre éditeur est à l'aise, je n'en aurais jamais fait autant, se contenta-t-elle de dire.

– Que diriez-vous de prendre l'air un instant ? Je n'ai pas l'habitude de voir tant de monde.

L'air frais fut le bienvenu dans toute cette effervescence. Ils se contentèrent de marcher un instant, l'air marin amenait quelques odeurs de l'océan.

– Quand repartez-vous ? demanda-t-elle.

– Dimanche soir.

Un long moment de silence s'installa. Lorsqu'il entreprit un geste vif pour enlever sa veste, Samantha recula. Lentement, il déposa le vêtement sur les épaules de la jeune femme.

– Excusez-moi, balbutia-t-elle le regard baissé.

– J'ai effectivement fait de la prison, mais ne me jugez pas sans savoir de quoi il s'agit, déclara-t-il quelque peu perturbé par sa réaction.

Rompant un court mutisme, il se décida à parler.

– Comme beaucoup de jeunes paumés, entre une vie recluse dans des réserves et le désir de s'aventurer de l'autre côté, j'ai longtemps cherché ma voie. J'ai enchaîné plusieurs petits boulots puis je n'ai pas rencontré les bonnes personnes. J'ai fait les mauvais choix. J'étais faible. Je n'avais jamais rien fait de bien dans ma vie…

La soirée se poursuivit tard dans la nuit avant que les invités ne repartent progressivement. Lily avait convié l'éditeur et son assistant à dormir au manoir, ainsi que Marie Forgin et une vieille amie venant de loin. Leurs avions décollaient le lendemain à la première heure. Alyson montra à chacun leur chambre. Samantha, épuisée, prit elle aussi congé. Lily avoua qu'elle allait en faire autant.

Sur son chemin, une main attrapa le bras de Samantha, à sa plus grande surprise.

– Cette soirée vous a plu ?

Cheveyo avait une manière de la regarder tout à fait enivrante, elle n'avait encore jamais ressenti pareil trouble en compagnie d'un homme. Une force magnétique semblait l'attirer vers lui. Il lui proposa de s'installer un instant sur la petite terrasse du troisième étage où un banc meublait l'endroit décoré de quelques plantes. C'était splendide ! Cachées par les quelques nuages qui recouvraient le ciel, les étoiles ne semblaient pas au rendez-vous. La légère brise arracha un frisson à Samantha.

– Il fait froid, rentrons, déclara Cheveyo en se redressant.

– Non ! s'interposa-t-elle. Restons encore un peu...

Cet endroit paraissait tout simplement féerique. Il surplombait de moitié toute la forêt. Le regard de Samantha ne cessait de s'orienter vers la tour qui se trouvait à quelques mètres de la terrasse. Voyant sa fascination, Cheveyo expliqua en montrant la fenêtre du doigt.

– Ce doit être plus beau vu de là-bas !

Leurs regards se croisèrent, les yeux de cet homme avaient changé. Si elle était sûre de ne jamais l'avoir rencontré, elle aurait juré connaître ce regard...

Une sensation étrange s'empara de la jeune femme, une insistante impression de déjà-vu. Son cœur se serra dans sa poitrine, une douleur désagréable la tiraillait. Son corps se mit soudain à trembler... De plus en plus fort... Lorsqu'il s'en aperçut, Cheveyo décida de rentrer. Ils descendirent un instant pour boire quelque chose de chaud. Le manoir était étonnamment calme, un silence incroyable régnait, mais Samantha resta dans le hall, figée devant la fameuse sculpture. Celle-ci la paralysait, elle semblait tellement expressive et dégageait une telle force, une énergie si intense.

– Vous aimez ? déclara Cheveyo qui venait de la rejoindre.

Sans cesser de fixer la statuette, la jeune femme murmura :

– C'est étrange. J'ai l'impression d'en connaître les moindres détails…

Il se rapprocha, comme intrigué par sa réaction et demanda, perché sur son épaule.

– L'aviez-vous déjà vue ?

– Non ! déclara-t-elle en se retournant brusquement comme rappelée à la réalité.

Ils s'installèrent dans la cuisine pendant que Cheveyo préparait deux cafés.

– Vous semblez être comme chez vous ici ? remarqua-t-elle.

– J'ai vécu ici quelques mois pour le roman.

– Et où viviez-vous avant ?

Il leva la tête, intrigué, pour la regarder.

– Dans la réserve de Pine Ridge dans le Dakota, comme je vous l'ai dit…

– J'ai entendu dire que vous aviez vécu en Californie.

– C'est vrai, j'y ai habité quelques années. Du sucre dans votre café ?

La jeune femme hocha la tête, déstabilisée par la curiosité qu'elle avait osé exprimer. Elle tenta d'orienter la conversation sur un domaine qu'il aimait.

– Je me demandais à quoi ressemblait la vie en réserve. De quoi vivez-vous ?

– Beaucoup d'entre nous ne travaillent pas malheureusement. Certains tentent d'élever quelques bêtes pour leur propre consommation. D'autres réussissent à trouver du travail en ville, parfois en réserve avec quelques commerces…

Ils parlèrent de la réserve durant plusieurs minutes. Cheveyo prenait soin de ne pas trop donner d'informations sur ce qu'il faisait avant d'écrire son roman. Au bout d'un instant, Samantha osa demander.

– Pourquoi suis-je ici ?

– Parce que je vous ai invitée…

– Non, je veux dire, pourquoi moi ?

– Et pourquoi pas ? Je cherchais une maison d'édition californienne pour…

– Je sais tout ça, coupa la jeune femme irritée. Mais je ne suis pas éditrice. Je suis journaliste, j'ai convenu d'un article avec vous pour la rubrique des parutions des lectures d'été auprès de mon patron pour pouvoir venir. Et pour couronner le tout, je ne sais même pas si c'est ce qu'il attend de moi alors dites-moi pourquoi…

– C'est parfait ! Je vois que vous étiez motivée à venir…

– Non, ce n'est pas…

– Écoutez, un ami californien m'a parlé d'une maison d'édition dont il connaissait très bien la gérante, une certaine Angela, je crois. Nous nous sommes entretenus au téléphone, et elle m'a parlé de vous, du fait que vous étiez journaliste et que cela pourrait jouer en ma faveur pour ce que je souhaitais faire.

Abasourdie, Samantha fut tout à coup mal à l'aise.

– Veuillez m'excuser, je suis un peu nerveuse ces derniers temps. Je ferais mieux de monter me reposer.

*

Il était très tard lorsque Samantha, ayant repris la lecture du roman de Cheveyo, décida de faire une pause. Elle descendit dans la cuisine pour boire quelque chose.

– Il semblerait que nous ayons eu la même idée, annonça Alyson en apercevant la jeune femme.

Samantha s'assit auprès d'elle et attrapa la bouteille de lait pour se servir à son tour.

– Alors comme ça vous êtes photographe ?

– À mes heures perdues, oui. En fait, après des études d'arts plastiques, j'ai décidé d'ouvrir ma propre galerie où j'expose mes toiles, mais aussi celles de collègues et amis.

Elles parlèrent un moment d'art. Cette femme était passionnante.

– Vous avez toujours vécu ici ? demanda Samantha.

– Non, j'ai longtemps travaillé à Portland pour d'autres galeries. J'y ai vécu une vingtaine d'années. Mais cette vie ne me convenait plus, j'ai décidé de retourner à mes racines il y a deux ans en m'installant à Coos Bay. Un peu aussi pour voir plus souvent ma mère qui vit seule dans cette grande maison...

Samantha repensa à Cheveyo qui avait vécu avec la vieille dame quelques mois.

– Vous connaissez bien Cheveyo ?

– J'ai eu l'occasion de partager plusieurs repas avec lui. J'apprécie beaucoup sa compagnie. Pourquoi cette question ?

Gênée, la jeune femme répondit confuse.

– Comme ça... Je me demandais juste...

– Il est impressionnant, je vous l'accorde et il ne parle pas beaucoup de lui. Malgré son lourd passé, ce n'est pas quelqu'un de méchant. Il a payé pour ce qu'il a fait et croyez-moi, aujourd'hui, il a changé.

– Savez-vous pourquoi il est allé en prison ?

– Ça, c'est à lui de vous le dire...

10

Pendant ce temps à Sacramento…

Cole ne parvenait pas à trouver le sommeil. Il ressassait sans cesse les derniers mois de sa vie avec Samantha. Depuis quelques jours, c'était devenu une obsession, à tel point que John, son patron, n'avait plus souhaité lui donner la moindre chance.

– Ça fait trois ans que ça dure, Cole, je sais que tu as eu des problèmes par le passé et que ton divorce t'a secoué, mais je ne peux plus compter sur toi…

John avait été très compréhensif pendant toutes ces années. N'étant que deux à travailler dans la petite librairie, ils avaient rapidement noué une bonne amitié. John fut présent au mariage de Cole, il avait aussi passé un coup de fil au centre de désintoxication dont il connaissait le directeur. John avait été là dans les bons moments, mais aussi, et bien malheureusement trop souvent, dans les mauvais. Il lui avait tout passé : ses retards, ses absences, ses étourderies dues à la fatigue, son manque de courtoisie parfois envers les clients lorsqu'il venait d'essuyer une nouvelle déception avec Samantha. Rattrapant souvent lui-même les heures perdues de son employé, John avait rapidement doublé les heures de ses journées. Il était parfois parti de son travail au beau milieu de la nuit pour terminer toute la paperasse qui s'accumulait. John s'était montré très patient. Seulement aujourd'hui rien n'avait changé et alors que son ami semblait sombrer dans la dépression, il n'avait pas d'autre choix que de se séparer de lui. « J'ai contacté mes relations, la librairie Chapman serait d'accord pour te prendre à l'essai, si tu n'fais pas l'con, ça serait un bon compromis », lui avait annoncé John, se sentant coupable de l'enfoncer davantage. Mais Cole n'avait pas encore été se présenter. À quoi bon ?

Il se leva et saisit l'agenda de Sam. Il passa ses doigts sur la fine écriture noire, humant l'odeur du papier… Après avoir cherché sur Internet à qui appartenait le numéro de portable figurant sur la page du 18 juillet, en vain, Cole avait osé appeler ce numéro, mais il n'était plus attribué… Plus rien n'avait été écrit jusqu'au 28 juillet 2006. Plusieurs adresses rayées avec toujours le même nom : L. A. Café ! Il y avait plusieurs adresses en Californie qui avaient été par la suite rayées. Les jours passaient jusqu'au 4 août où il était écrit « L. A. café – 639 South Spring Street – Los Angeles ». Ne comprenant pas en quoi cela pouvait lui être utile, il continua de tourner les pages. Visiblement agacé, il accéléra, ne relevant rien d'intéressant. De nombreux rendez-vous d'essayages de robe de mariée, traiteurs, locations de salles… jusqu'à la date du mariage ! Le 4 novembre 2006 ! Puis des nombreuses pages vierges, enfin, en juin 2007, une note attira particulièrement son attention :

« Spark – 19 h – café Mexicain, west Manchester boulevard, Inglewood, Californie. »

Puis la même adresse tous les vendredis du mois de juin, de juillet, août… Même heure, même lieu…

11

27 juin 2008
Au manoir… au milieu de la nuit…

Mon Dieu ! Il était partout ! Aussi brûlant que l'enfer, aussi puissant que le diable. Il se cachait et se multipliait à la fois. Dévastateur, mangeur d'hommes, il détruisait tout sur son passage. N'ayant ni pitié ni remords. Rien ne lui résistait !

Il n'y avait qu'un seul moyen de le combattre. C'était l'extermination !

Tout commençait par l'approche, lentement… L'adversaire n'étant pas dupe, il fallait faire preuve d'une grande intelligence. Venait ensuite le combat, un moment crucial. L'un tentait d'apprivoiser l'autre, tout en gardant une grande méfiance, car l'adversaire achevait son rival de la façon la plus lente, la plus cruelle, la plus impitoyable qu'il soit.

Après avoir détruit le premier niveau, les flammes gagnaient le bureau. Mon Dieu, non, pas le bureau ! Samantha essaya d'approcher cette pièce, il fallait qu'elle y arrive… Pour lui… L'air devenait irrespirable et le chemin était inaccessible. Elle réussit néanmoins à lui tenir tête un moment, mais une seconde d'inattention suffit pour que ce maudit feu ne reprenne le dessus.

– Dimitri ! cria-t-elle. Tu m'entends ? Réponds-moi, je t'en prie !

Aucune réponse ne vint. La jeune femme imagina le pire. Ce ne pouvait être possible ! Il était là, juste de l'autre côté des flammes, et attendait son aide. Elle entreprit une dernière tentative, seulement l'intensité de la chaleur ne lui permettait plus le moindre effort. À bout de forces, elle trébucha. Ce fut à demi consciente qu'elle s'entendit une dernière fois murmurer le nom de son amour… perdu…

Soudain, Samantha revint à la réalité.

Ce n'était qu'un rêve, juste un simple rêve, se dit-elle le visage mouillé de ses larmes. Il lui parut si réel qu'elle tremblait de tout son être.

Elle se leva, bien que ses jambes aient peine à la supporter, et partit en direction de la salle de bains. Elle vit le reflet de son visage dans le grand miroir et eut du mal à se reconnaître. Son regard était livide et décomposé. Quelques gouttes d'eau froide sur ses joues apaisèrent la fièvre qui habitait son corps. Ce rêve l'obsédait ! Elle avait l'impression de sentir la brûlure du feu sur sa peau. Un chagrin, grandissant de minute en minute, se transforma très vite en désespoir. Elle avait comme la sensation d'avoir perdu une partie d'elle-même.

– Samantha ?

Il s'agissait de la voix de Cheveyo. Elle ouvrit la porte.

– Ma chambre est en face de la vôtre, j'ai entendu du bruit…

Elle ouvrit la bouche pour tenter de répondre, mais aucun son ne sortit.

– Vous êtes livide, qu'y a-t-il ? dit-il en la dévisageant.

Comprenant qu'elle ne dirait rien, il se contenta de la prendre dans ses bras. Comme une automate, elle se laissa aller contre son torse, le regard dans le vide. À cet instant, elle reçut tout le réconfort qu'elle désirait. Elle éprouvait la sensation étrange de retrouver ce qu'elle croyait avoir perdu… L'autre partie d'elle-même.

Se rendant compte de la situation, ils se dégagèrent de leur étreinte.

– Il est encore tôt, retournez vous coucher, je vais vous chercher un verre d'eau.

Seule, elle tenta d'éclaircir son trouble. Son rêve parlait d'un incendie, elle recolla peu à peu les morceaux en se rappelant la forme du lieu, elle en déduisit qu'il s'agissait sûrement d'un donjon... D'une tour... Elle fit immédiatement le lien avec ce qu'elle avait lu un peu plus tôt au sujet du manoir. Avait-elle rêvé de l'incendie de la tour de ce manoir ? Que venait faire cette histoire dans sa vie ? Elle se souvint brusquement du prénom qu'elle avait prononcé : Dimitri ! Ce nom lui disait vaguement quelque chose, une question la préoccupa lorsque Cheveyo arriva avec un verre à la main.

– Quels sont les noms du couple de votre roman ? demanda-t-elle.

– Mandy Mc Poll et Dimitri Lennan.

Mandy et Dimitri ! Elle avait lu ces prénoms sur la quatrième de couverture du roman de Cheveyo, mais, au moment de sa lecture, le roman ne mentionnait pas le prénom de cet homme.

– Comment est-ce possible ? murmura-t-elle.

Voyant à ses yeux qu'il ne comprenait pas, elle ajouta.

– J'ai rêvé de lui... Comment est-il décédé ?

– Il est mort dans l'incendie du manoir en 1880.

– Dans quelle pièce ?

– Le bureau du deuxième.

– Mandy était-elle là ?

– Oui, mais elle ne put rien faire...

*

75

Deux heures du matin ! À cette heure de la nuit, tout le monde devait dormir paisiblement, mais Samantha ne trouvait pas le sommeil. Elle se posait de nombreuses questions. Depuis son arrivée, elle n'était plus la même, elle oubliait tout : la Californie, son travail, Cole, ses problèmes, sa vie. Une obsession la hantait. Elle voulait savoir. Savoir pourquoi elle semblait accaparée par ce roman, cette histoire… Elle se rappela alors le panneau de la porte de la tour et s'y rendit, une lampe à la main.

Une fois devant, Samantha hésita. Puis d'un mouvement vif et rapide, elle arracha la petite pancarte rouge et approcha lentement sa main de la poignée pour ouvrir la petite porte de bois. À ce geste, un frisson lui échappa. Elle sentit comme un souffle sur son visage, de la douceur d'une caresse. De vieux escaliers montaient jusqu'à une petite voûte, les murs étaient noirs de poussière. Sous le poids de son corps, les marches craquaient. La pièce qu'elle découvrit ne ressemblait plus à aucun espace habitable. Les murs étaient entièrement recouverts de traces noires, vestiges de l'incendie. Samantha éprouvait la sensation de ne pas être seule. Pourtant, cet endroit était désespérément vide et… morbide…

Une vieille table de travail complètement délabrée était recouverte de poussière. Elle fit quelques pas pour explorer davantage les lieux et découvrit une série d'escaliers qui montaient en spirale. Elle décida donc de poursuivre son chemin. Le sol devenait de moins en moins praticable, les fines planches de bois fléchissaient sous son poids, mais Samantha montait sans se préoccuper du danger et pénétra dans la pièce suivante. Elle éprouva un choc en découvrant qu'il s'agissait du même endroit que dans son rêve…

Aussi délabrée que la première, cette pièce avait néanmoins encore quelques meubles en mauvais état. Installée dans un coin sombre, une armoire en bois paraissait avoir survécu à l'incendie, contrairement au vieux bureau couché au milieu de la pièce et dont le bois était rongé à plusieurs endroits. La jeune femme le toucha du bout des doigts... D'abord hésitante, puis avec plus d'émoi, plus de douceur dans ses gestes. Soudain, un souffle glacial la fit tressaillir. Samantha monta plus haut. Plus elle montait plus son cœur s'oppressait. Quelle sensation étrange et puissante !

Elle se sentait irrésistiblement attirée par cet endroit... Comme imprégnée... Elle arriva dans une nouvelle pièce, une chambre... C'est à ce moment-là, sans même en connaître la raison, que la jeune femme sentit son cœur se serrer. Un grand lit ornait principalement la pièce, il possédait encore un vieux matelas. Une coiffeuse attira particulièrement son attention, elle était identique à celle qu'elle avait dans la chambre qu'elle occupait. Elle s'en approcha et remarqua qu'elle n'avait pas de fissures contrairement à la sienne. À droite de la coiffeuse, Samantha remarqua une armoire peu ordinaire. Elle était étroite et si haute qu'elle touchait le plafond. La jeune femme s'en approcha et tenta de l'ouvrir. En vain ! La porte semblait fermée à clé. Instinctivement, son regard se porta vers la coiffeuse, elle s'en approcha et tira le tiroir qui s'ouvrit sans peine. Une vieille clé rouillée s'y trouvait, elle s'en empara et ouvrit l'armoire. Celle-ci était vide, une petite échelle s'élevait jusqu'à une trappe. Elle monta et l'ouvrit. Une haute pièce ronde s'offrait à elle. Samantha se trouvait au sommet de la tour. Un petit atelier se nichait dans un coin sur la gauche, une multitude de petits outils reposaient encore dessus : des spatules, des couteaux, de vieux chiffons… Il s'agissait sans doute de matériaux de sculpture. Un petit bureau était encastré de l'autre côté de la pièce, on y voyait encore un vieux porte-plume et une bougie à demi usée. Étrangement, Samantha sentit de nouveau cette douleur monter en elle. Elle s'assit sur la vieille chaise et ferma les yeux. Le bout de ses doigts suivait le contour de la table. Les battements de son cœur s'intensifiaient. Elle percevait une douleur insoutenable sans parvenir à en comprendre la cause. Lorsqu'elle ouvrit les yeux, son regard se porta sur une vieille malle. Elle s'en approcha et l'ouvrit.

Quelques vieux tissus usagés par le temps étaient recouverts de poussière. Elle s'en empara et les agita pour leur donner un meilleur aspect. Tout en voulant les reposer, elle aperçut un tissu d'un blanc immaculé, doublé de volants. Intriguée, elle le déplia. C'était une somptueuse robe blanche, sans doute conçue artisanalement, il y avait plus d'un siècle. Samantha n'en avait jamais vu d'aussi belle. Elle possédait un décolleté carré, c'était le genre de robe qui obligeait le port du corset. Cette toilette était une pièce de collection. Le regard de Samantha se posa sur un miroir, et celui-ci lui renvoya le reflet d'une femme presque inconnue à ses yeux, dans cette robe… Cela lui revenait progressivement… C'était la robe qu'elle voyait dans son rêve…

Elle revint brusquement à la réalité et s'empressa de la déposer à côté des tissus pour entreprendre la suite de son exploration. Elle sortit de la malle un équipement de pompier, mais au contact de ses doigts sur l'étoffe, elle ressentit un frisson. L'uniforme tout contre son visage, elle ferma les yeux… Une odeur familière émanait du tissu. Ce parfum l'apaisait puis en désirant le reposer, elle aperçut un livre. Elle le prit entre ses mains, lorsque soudain, elle entendit un bruit sec et violent telle une porte qui claque.

Y avait-il quelqu'un ? Le tapage se reproduisit, toujours aussi fort. Elle s'empressa de remettre les vêtements dans la malle et cacha le livre sous son pull. Dévalant l'échelle à la hâte, elle referma la porte de l'armoire et ne bougea plus. Elle attendit, mais le bruit avait disparu. Toujours sur ses gardes, elle descendit les autres niveaux et traversa les pièces une à une avec rapidité. Manquant à plusieurs reprises de glisser, elle arriva vers la vieille porte qu'elle referma doucement. Un long soupir de soulagement, puis elle partit.

Une fois dans sa chambre, elle sortit le livre de son vêtement et le contempla, il ressemblait à un journal intime. Sans cesser de l'observer, elle s'allongea sur le matelas et c'est alors que cette sensation s'empara à nouveau d'elle… La sensation de l'avoir déjà vu…

Samantha ouvrit le premier feuillet, où figurait le nom de « Mandy Mc Poll ». Elle tourna la page et entama l'histoire de la vie de cette femme.

« Le 1ᵉʳ janvier 1879,
Une nouvelle année commence ! Une nouvelle vie ! Je suis une femme comblée, il m'a retrouvée alors que je n'y croyais plus. La mort, les longs mois d'agonie, les guerres appartiennent au passé. Aujourd'hui, je suis sa femme et plus rien ne compte à part lui !

Le 9 janvier,
Ma vie est à lui, mon corps est fait pour le sien. Je me perds dans ses yeux, je m'abandonne totalement pour la première

fois… Quelle vie puis-je espérer sans lui ? Son regard sur moi embrase mon corps, je ne me reconnais plus… Sa voix, son odeur, ses caresses sont à jamais imprégnées en moi…

Le 16 janvier,
Il est 5 h du matin. Dimitri n'est toujours pas rentré. S'il lui était arrivé quelque chose ? En ce moment, il n'est pas souvent à la maison. Je passe mes journées à l'attendre. Son corps me manque… J'aimerais qu'il ne soit qu'à moi… »

Sans même la connaître, Samantha se sentait très proche de cette femme. Elle arrivait sans peine à ressentir ce qu'elle lisait comme si elle-même l'avait vécu. Pourtant, elle n'avait jamais éprouvé ce genre de sentiment. Avec Cole, c'était doux, rassurant, statique… Elle avait aimé ces années avec lui, elle l'aimait…

Samantha voulait tout connaître de cette inconnue. Une étrange force la poussait à lire la suite avec grand intérêt.

« Le 19 janvier,
Avec toi, mon Amour, je caresse l'horizon de la nuit, je cherche les flammes qui nous enivrent. Je succombe aux délices du plaisir. Je me laisse envahir corps et âme par cette ardeur nouvelle. Avec toi près de moi… J'existe…

Le 23 janvier,
Mon frère est mort ! Un pêcheur a retrouvé son corps cette nuit… Je me sens si vide, Dimitri où es-tu ? J'ai tant besoin de toi. Une distance se creuse entre toi et moi… »

Il était près de 3 h du matin. Il n'y avait plus le moindre bruit. Samantha se sentait envoûtée par la vie de cette femme et par la passion qui unissait ces deux êtres. Étrangement, elle devinait les pensées de Mandy, ses envies, ses habitudes…

Un mois de souffrance s'était écoulé pour Mandy. Un mois de désespoir et de renfermement sur elle-même. Un mois de deuil où Dimitri s'éloignait peu à peu chaque jour, du moins jusqu'à cet événement tant attendu qui intervint dans leur vie.

« *Le 20 février,*
Je suis enceinte ! Un peu de lui… Un peu de moi… Le plus beau fruit de notre amour ! Je n'avais pas vu Dim si heureux depuis notre mariage. Il m'a pris dans ses bras avec une infinie douceur et nous avons passé la nuit la plus tendre de notre vie. Cette nuit fut si différente des autres… Je ne l'oublierai jamais… »

Les mois s'écoulaient heureux et paisibles pour Mandy. Sa grossesse ne la rendait que plus belle… Son amour pour Dimitri ne cessait de grandir…

« *Le 3 mai,*
La sœur de papa est arrivée avec sa fille Magda. Ils s'installent quelque temps ici pour soi-disant épauler maman. Je n'aime pas cette fille, elle ne sait faire que le mal autour d'elle…

Le 19 mai,
Dimitri s'est blessé en voulant sauver un enfant. Il a risqué sa vie pour ce petit garçon. Selon le médecin, ses blessures ne sont que superficielles. Mais son moral n'est pas bon, il

culpabilise, il s'en veut tant de n'avoir pas pu le sauver des flammes. J'ai si mal de le voir comme ça… »

Allongée sur son lit, Samantha ralentissait doucement le rythme de sa lecture. Ses paupières devenues lourdes se fermèrent sans même qu'elle s'en aperçoive…

12

Samantha venait d'entendre un bruit, un deuxième puis un troisième... Une série de sons précis et réguliers qui tapaient sur le sol. Des pas se rapprochaient, lentement... Puis soudain, plus rien. Ils venaient de s'arrêter derrière la porte de sa chambre. Ses yeux étaient fixés sur la poignée qu'elle pensait voir s'ouvrir d'une minute à l'autre. Un froid glacial lui arracha un frisson. Samantha retint sa respiration... Puis plus rien ! Le froid n'était plus là, les pas avaient disparu ainsi que la présence qu'elle avait décelée. Elle se leva et ouvrit la porte : personne. Le couloir était sombre et aucune lumière ne filtrait sous les autres portes. Elle décida de descendre pour aller boire un verre d'eau. Il fallait qu'elle remette ses idées en place. Pourquoi semblait-elle si nerveuse ? Arrivée à la cuisine, elle appuya sur l'interrupteur et sursauta en découvrant Cheveyo adossé contre le frigo. Contrairement à elle, il avait l'air très serein.

– Que faites-vous dans le noir ? demanda-t-elle.

– Je n'arrivais pas à dormir...

– Avez-vous entendu les bruits ?

– Quels bruits ?

Voyant qu'il ne comprenait pas, elle s'approcha afin de prendre une bouteille d'eau. Leurs peaux se frôlèrent. Cheveyo se dégagea quelque peu, mais ne cessait de la dévisager... Un deuxième frôlement provoqua un frisson chez Samantha. Elle le regarda, il paraissait paisible. Avec son regard de braise, il semblait savoir ce qu'il faisait. Sans plus attendre, il caressa l'épaule de la jeune femme du bout des doigts. À ce contact, Samantha tressaillit, il s'en rendit compte et en fut satisfait.

– Bonne nuit Samantha… Faites de beaux rêves…

Samantha se réveilla soudainement, ce n'était qu'un rêve ! Pourtant si réel…

*

Il était à présent 4 h du matin et Samantha ne parvenait pas à trouver le sommeil. Une image l'obsédait : Cheveyo ! Elle pensait à la douceur de ses mains… La caresse de ses yeux sur elle… N'arrivant pas à chasser ces images, elle reprit le journal de Mandy.

« Le 30 mai,

J'aime éprouver ce plaisir, cette douce sensation de sentir le plâtre glisser entre mes doigts. Me laisser envahir par l'inspiration, fermer les yeux et me sentir guidée par une énergie invisible. S'imprégner de l'odeur, cette essence enivrante. Palper la matière, la découvrir, ressentir ce qu'elle est. Le portrait de Dim prend forme, je me laisse aller, je me sens inspirée… Je suis dans un autre monde… Nos deux corps enlacés et maintenant, son visage, il y avait tellement longtemps que je n'avais pas sculpté. Est-ce du fait que je sois enceinte ? »

Samantha se souvenait à présent avoir aperçu un objet recouvert d'un drap blanc dans la tour. Ce devait être la sculpture ! Le meilleur moyen de le savoir était de retourner vérifier. Si cette œuvre représentait le visage de Dimitri, Samantha pourrait enfin le découvrir. Sur la pointe des pieds, elle fit le même chemin qu'elle avait emprunté quelques heures auparavant. Mais là, tout semblait différent. Cette nuit, tout paraissait beaucoup plus réel. Elle arriva dans le vieux bureau délabré lorsqu'elle sentit de nouveau ce souffle... C'était à la fois étrange et si plaisant... Subitement, un air frais envahit la pièce. Un air de plus en plus froid dansait autour de Samantha. Elle poursuivit son chemin pour arriver dans la chambre. À cet instant, ses sentiments ne furent que plus intenses. Le froid pénétra dans la pièce tout en devenant de plus en plus glacial. Il entrait en elle, glaçant ses os... Elle sentait une très forte présence... Son pouls s'accélérait...

Elle regardait autour d'elle dans l'espoir d'apercevoir quelque chose. À présent, sa respiration ne lui suffisait plus, elle avait l'impression d'étouffer. Elle ouvrit la bouche pour inspirer davantage tout en portant sa main à sa tête qui lui paraissait lourde. Sa vue devenait de plus en plus floue. Elle entendait comme des petits chuchotements indéchiffrables dans sa tête. Elle cherchait désespérément et hâtivement autour d'elle.

Soudain, une force irrésistible l'envoûta. Une force si intense qu'elle lui provoqua des vertiges, étrangement délicieux. Elle ferma les yeux tout en penchant la tête en arrière, elle était parcourue de nombreux frissons puis un souffle au creux de son cou lui arracha un soupir. Il s'agissait de sensations si profondes qu'elle croyait avoir perdu tout contact avec la réalité. Puis, brusquement, tout se dissipa, ses vertiges s'atténuèrent, sa vue revint doucement de même que la chaleur de la pièce et Samantha recouvrit ses esprits peu à peu.

Quelques instants plus tard, elle décida d'ouvrir la malle. Soigneusement, elle déballa tous les tissus qui se superposaient sur la statue. Quand elle retira de ses mains le drap dont elle était recouverte, elle fut frappée de stupeur. La statue lui échappa des mains et provoqua une cassure au coin du buste. Elle reconnut sans la moindre peine les yeux noirs... Ses yeux ! La représentation de cet homme incarnait bien l'inconnu de ses rêves.

Toutes ces intenses émotions lui procuraient un mal étrange et agréable à la fois. Sa tête lui pesait, elle était lourde… Si lourde…

*

5 h du matin…

De retour dans sa chambre, Samantha reprit la lecture du journal de Mandy. Plusieurs mois s'étaient écoulés depuis le 30 mai 1879, Mandy souffrait de sa grossesse qu'elle avait peine à mener à terme. Elle fut vite obligée de garder le lit jusqu'à la naissance du bébé qui devait arriver dans moins de trois mois. Un bébé prématuré n'avait aucune ou très peu de chance de survivre, il était également fréquent qu'une femme enceinte ne supporte pas un difficile accouchement.

« Le 26 juillet,
Je perds pied. Je ne contrôle plus mon corps, le bébé me fait souffrir. De violents maux de ventre me coupent en deux. Dim s'éloigne de moi. Ça me fait mal à en mourir. Mon amour pour lui devient si douloureux, j'ignorais que de tels sentiments soient possibles.

Le 29 juillet,
Hier, j'ai cru perdre mon bébé. Rester enfermée me rend folle, alors je suis sortie prendre l'air quand j'ai ressenti une forte douleur au ventre. Le médecin a été très clair, si je ne reste pas calme, mon enfant pourrait naître beaucoup trop tôt et ne pas survivre.

[...] Le 10 août,
Cela fait maintenant deux semaines que je dois rester couchée. J'attends des journées entières ! Et ça devrait encore durer deux mois. Dim se rapproche de Magda, ils passent leurs journées ensemble. Il est 23 h 50, il n'est pas encore couché, je ne peux même pas voir si Magda est dans sa chambre...

Le 12 août,
Je ne peux plus supporter l'idée de rester allongée ici. C'est un supplice. Mes jambes sont lourdes, mon dos me fait souffrir. Il fait si chaud. J'étouffe ! Dim n'est pas avec moi. Un fossé se creuse entre nous. Il s'éloigne de moi. Il se rapproche d'elle. Je voudrais hurler la douleur que j'ai en moi ! J'ai si mal !

Le 15 août,
J'ai perdu mon bébé la nuit du 13 août... Voyant que Dim n'était pas couché, je suis sortie de la tour en plein milieu de la nuit. Je l'ai vu sortir de la chambre de Magda. Je ne voulais pas avoir raison. J'ai paniqué... Je suis sortie et j'ai marché de longues minutes. J'ai ressenti de douloureuses contractions quelques heures plus tard. Mon bébé est arrivé trop tôt... C'était un petit garçon... Il m'a été enlevé sans même que je puisse le voir, Dim m'a dit qu'il était très beau... Il ne pouvait retenir ses larmes, mais il n'a pas voulu de mon réconfort, il est parti... Je me retrouve seule. »

Samantha se trouva ébranlée par les sentiments qu'avait éprouvés Mandy. Perdre son bébé, avoir perdu une partie de soi, ressentir à jamais un vide immense et destructeur, un vide qui rongeait chaque jour un peu plus son propre corps. Elle percevait une douleur si intense qu'elle avait l'impression de revivre la perte de son propre enfant. Elle connaissait trop bien la détresse de Mandy. Ce deuil douloureux la rapprochait encore davantage de cette femme.

« *Le 17 août,*

Ce matin, c'était l'enterrement de notre petit garçon... Et je n'ai pas pu être là... Je l'aurais tant voulu mais je dois rester allongée, je suis encore trop faible. J'en veux tellement à Dim, mais j'ai tant besoin de lui, j'ai besoin qu'il me serre dans ses bras, qu'il me dise qu'il m'aime, qu'on aura un autre enfant... J'aurais tant besoin de lui parler...

Le 18 août,

Dim est rentré tôt hier soir, à sa façon de me regarder, j'ai compris qu'il se sentait honteux. De son absence ? De sa froideur ? De son adultère ? L'idée de savoir qu'il a tenu une autre femme dans ses bras me fait tellement mal. Je ne lui ai posé aucune question, je l'ai simplement regardé au fond des yeux. De peur que son regard ne le trahisse, il a éteint la lampe. Je me sens trahie, humiliée... À ce moment, j'aurais voulu mourir.

Le 24 août,

Je reprends lentement des forces, l'accouchement m'a rendue faible. J'essaye de m'occuper l'esprit en sculptant, lisant, écrivant. Aujourd'hui, j'ai pu sortir, je suis allée sur sa tombe. Elle est si petite... J'attendais ce bébé depuis si longtemps, j'avais pris l'habitude de vivre pour deux. Mais aujourd'hui, cette partie de moi est morte, l'accouchement n'est qu'un vague souvenir. Je ne ressens qu'un immense vide en moi.

Le 28 août,
Dim est de plus en plus distant. Il s'enterre dans son travail et ne veut voir personne. Il m'a annoncé aujourd'hui qu'il partait quelques jours dans le Montana. Je crois qu'il veut essayer de retrouver les amis qu'il a quittés et réfléchir sur notre couple... Peut-être leur demander quoi faire... Ils semblaient si proches...

Le 14 septembre,
Cela fait maintenant deux semaines que Dim est parti. Je ne comprendrai jamais ce qu'il ressent pour ce peuple... Il me manque cruellement. Je guette tous les jours son retour de la fenêtre du donjon. L'ami de mon cousin Xavier a vu mes sculptures et m'a proposé de descendre à Coos Bay chaque vendredi pour donner des cours de travaux manuels à la petite classe de Mademoiselle Radlyn. Ça va peut-être me changer les idées.

Le 21 septembre,
Il est 16 h et je viens juste de rentrer. Aujourd'hui, je viens de donner mon premier cours. Miss Radlyn et Peter, l'ami de Xavier, m'ont assistée. J'aime beaucoup Peter, c'est un homme très gentil, respecté, prévenant et très galant. Il a voulu me raccompagner à la fin de mon cours. J'aime beaucoup ce que je fais, prendre soin des enfants comme si c'étaient les miens. Ça me change du manoir, je me sens bien. Ça faisait tellement longtemps. »

Samantha arrêta sa lecture et resta un moment allongée sur le lit. Contemplant le plafond, elle sombra rapidement dans un profond sommeil.

13

Samedi 28 juin 2008 – 9 h – au manoir

Samantha se réveilla brusquement après peu d'heures de sommeil. Un nouveau rêve avec Cheveyo l'avait fait sursauter, un rêve troublant de sensualité. Cet homme l'intriguait, il paraissait si doux et si puissant à la fois.

Elle prit une longue douche et se vêtit d'une petite robe couleur saumon. Après avoir commencé à rassembler ses affaires, elle descendit pour prendre son petit déjeuner dans le salon où Lily et sa fille riaient à gorge déployée. L'atmosphère semblait très légère. Alyson racontait l'histoire d'un client richissime venu à sa boutique uniquement pour décrocher un rendez-vous romantique.

– Pourquoi ne pas avoir accepté ? intervint Lily.

– Disons que je suis heureuse comme ça. Je n'ai pas besoin d'un homme dans ma vie.

– Samantha ! s'exclama Lily en la voyant arriver. Avez-vous bien dormi ?

– La nuit fut courte, confessa-t-elle. Il règne ici un calme fabuleux.

La jeune femme prit place à côté des deux femmes, elles parlèrent un instant des invités partis tôt ce matin pour prendre leur avion.

– Bonjour !

Surprise, Samantha se redressa et vit l'homme dont elle venait de rêver. Ses joues s'empourprèrent. Gênée, elle s'empara du beurrier et s'activa à tartiner son toast. Cheveyo prit place en face d'elle et se servit du café, il échangea quelques banalités avec Lily durant un court instant et demanda à Samantha.

– Votre article parle de la parution du roman, n'est-ce pas ?

La jeune femme acquiesça.

– J'aimerais beaucoup profiter de cette interview pour parler de ma culture, des problèmes que nous rencontrons. Comme je vous l'ai dit, ceci serait l'occasion pour moi de mettre mes projets en place. La Californie serait un bon tremplin pour faire connaître notre histoire. Vous m'avez demandé hier ce que vous pouviez faire pour notre peuple... Qu'en pensez-vous ? demanda-t-il.

– Que proposez-vous ?

– Restez ici jusqu'à demain et profitons de cette journée pour poursuivre notre travail.

Samantha réfléchit un instant, elle ne reprenait le travail que lundi. Personne ne l'attendait. Cet article serait peut-être le sujet original que Johnsson attendait !

– C'est d'accord ! Enfin, si vous l'êtes aussi ? précisa-t-elle à l'attention de Lily et Alyson.

– Cheveyo m'a déjà demandé tôt ce matin si je n'y voyais pas d'inconvénient ! répondit Lily en souriant. Ma fille et moi ne serons pas là, nous avons un mariage cet après-midi à Portland, mais nous serons rentrées dans la nuit. Nous avons l'habitude que Cheveyo se retrouve seul au manoir, nous avons une totale confiance en lui.

Tous se mirent d'accord et finirent par changer de sujet. Samantha tourna son regard vers Alyson et lui demanda.

– Quel genre de toile vendez-vous dans votre boutique ?

– Je peins de l'art abstrait et j'expose les œuvres de certains amis. On peut également trouver certaines de mes sculptures.

Curieuse et intriguée, Samantha continua :

91

– C'est vous qui avez réalisé les sculptures du manoir ?

– Quelques-unes, en effet. Le plus simple serait que je vous emmène découvrir tout ça. Je dois y passer dans une heure.

Devant l'hésitation de Samantha, Cheveyo renchérit.

– Je dois aller à Coos Bay dans la matinée. Mon éditeur attend un mail. J'en profiterai pour lui envoyer vos notes et les ébauches de notre projet. Joignez-vous à nous ! Cette galerie vaut vraiment le coup d'œil.

La matinée semblait douce, le temps se découvrait. Après avoir mis ses notes au clair, Samantha rejoignit Lily pour profiter de ce doux soleil sous le porche pendant qu'Alyson et Cheveyo préparaient leurs affaires. La jeune femme aimait beaucoup cette vieille dame. Elles se rapprochaient doucement l'une de l'autre. Lily était douce et tellement pleine de vie. Elle lui parla beaucoup de son mari, William.

– Il m'attend ! Un jour, nous nous retrouverons et nous pourrons continuer à nous aimer… Et vous, Samantha, avez-vous un homme dans votre vie ?

– Non, déclara-t-elle en pensant à Cole. Et aussi triste que cela puisse paraître, je n'ai jamais été amoureuse comme vous l'avez été.

– J'ai rencontré William à vingt-cinq ans et croyez-moi, l'amour est la plus belle chose au monde, je ne crois pas que la vie vaille la peine d'être vécue sans l'avoir trouvé. J'ai eu cette chance et vous l'aurez aussi, croyez-moi.

Accompagné d'Alyson, Cheveyo sortit du manoir. Les manches relevées, il portait un grand sac à dos. Samantha contempla ses bras un instant, mats et musclés. De petites veines apparaissaient légèrement sous le poids de ce qu'il portait. Ses longs cheveux noirs glissaient le long de ses épaules.

– Peut-être se trouve-t-il tout proche de vous ?

Surprise, elle détourna son regard.

– De quoi parlez-vous ?

– De l'homme de votre vie, chuchota-t-elle.

Ses joues s'empourprèrent. Cheveyo lui adressa un magnifique sourire.

– On y va ?

Samantha se leva, prête pour découvrir la galerie d'Alyson, lorsque Lily l'interpella.

– Ouvrez les yeux, Samantha !

*

Samantha était enjouée à l'idée de se rendre en ville. Elle adorait le manoir, l'ambiance qui s'en dégageait, mais retrouver un peu de civilisation lui ferait du bien.

Arrivés au cœur du centre-ville, Alyson se gara, visiblement impatiente de montrer son atelier à Samantha tandis que Cheveyo partait de son côté. Les deux jeunes femmes arrivèrent quelques instants plus tard devant la galerie, une petite enseigne noire, une façade peinte en blanc cassé devant laquelle patientait un client d'une cinquantaine d'années. Voyant Alyson, il lui adressa un timide sourire tout en lui serrant la main. Lorsqu'elles entrèrent, une clarté incroyable jaillissait du toit qui n'était recouvert que de vitres très larges.

– Voici mon paradis ! s'exclama-t-elle. Excusez-moi un instant, je dois recevoir mon client.

Samantha en profita pour explorer la pièce. Quelques tableaux d'une valeur inestimable ornaient les murs blancs, certains représentaient les falaises de la côte ouest, d'autres montraient un coucher de soleil sur l'océan ou encore quelques ports. La grande pièce était remplie de quelques sculptures de très bon goût. Un mélange d'art abstrait que la jeune femme ne comprenait pas vraiment, mais ce travail ne ressemblait pas à celui des sculptures du manoir. Son regard se porta vers une pièce plus sombre, il s'agissait d'une exposition de photographies. Principalement en noir et blanc, ces photos semblaient être prises sur l'instant. L'instant d'un sourire complice entre une vieille dame et sa petite fille dévorant sa glace, d'une mouette plongeant à pic dans la mer, d'un pêcheur déchargeant une lourde caisse de son bateau.

– Vous aimez ? demanda Alyson qui venait de la rejoindre.

– Beaucoup ! J'ai toujours aimé ce genre de photos, elles parlent tellement plus qu'un visage figé. Ce photographe saisit à chaque fois le moment opportun, ajouta Samantha en posant son regard sur une photo d'un petit garçon courant joyeusement au côté de son chien. Un sourire, une joie de vivre, un instant gravé à jamais… Comme s'il avait compris où se trouvait l'essentiel ! Qui a fait ces photos ?

– C'est moi.

Elles échangèrent un regard complice

– Vous êtes une photographe remarquable.

Elles sortirent quelques minutes plus tard. Longeant le trottoir pour rejoindre la voiture d'Alyson, Samantha aperçut Cheveyo sur le trottoir d'en face. Il semblait en pleine discussion avec un homme. Habillé de noir, il tournait le dos à la jeune femme, elle ne put voir son visage, mais devinait à ses gestes qu'il s'énervait. Cheveyo lui parlait aussi, la conversation semblait houleuse.

– Nous avons encore quelques minutes devant nous, annonça Alyson qui ne semblait pas avoir remarqué. Je dois récupérer ma robe pour la cérémonie de cet après-midi, vous m'accompagnez ?

Samantha s'éloigna, sans quitter Cheveyo des yeux. C'est alors qu'il l'aperçut et la fixa un instant avant de se décaler derrière un poteau de publicité.

Elles entrèrent l'instant suivant dans une somptueuse boutique de prêt-à-porter. Alyson, immédiatement reconnue par la vendeuse, récupéra rapidement sa robe et à leur sortie, Cheveyo les attendait appuyé contre la voiture d'Alyson, le regard dans le vide. Il semblait nerveux.

Ils repartirent l'instant d'après.

*

Pendant que Lily et Alyson préparaient leurs dernières affaires avant l'arrivée de leur chauffeur, Samantha décida de s'aérer un peu à l'extérieur. L'air était doux, elle s'assit un instant sur un banc pour contempler la vue qui s'offrait à elle.

– Je peux m'asseoir ?

Cheveyo se trouvait à quelques centimètres. À travers les rayons du soleil, il semblait sortir d'un rêve… Un long silence s'installa entre eux, mais elle se sentait incroyablement bien à ses côtés. Ils restèrent un instant sans parler puis, repensant à l'homme avec qui il parlait à Coos Bay, elle se hasarda à demander.

– Tout va bien ?

Cheveyo la regarda avec un petit sourire ; totalement désarmée, elle détourna son regard.

– Lorsque vous êtes monté dans la tour, avez-vous trouvé un petit journal ? finit-elle par demander.

Cette question l'intriguait depuis un long moment...

– Je n'en ai pas le souvenir

– D'être venu ici ou d'avoir découvert le carnet de Mandy ?

– Où voulez-vous en venir ?

– Je m'interroge sur les sources de votre roman

Voyant qu'il ne souhaitait pas s'expliquer, elle insista.

– D'où détenez-vous toutes les informations de votre livre ?

– Je voulais éviter que vous finissiez par douter de moi, comme vous êtes en train de le faire.

Après une minute de réflexion, Samantha déclara.

– J'ai quelque chose à découvrir ici et j'ai l'étrange impression que vous avez un rôle important dans tout ça. Pouvez-vous m'aider ?

– Peut-être...

Elle le regarda droit dans les yeux et elle comprit qu'il en savait beaucoup.

– Je suis prête.

– Alors, suivez-moi.

Cheveyo rentra au manoir et se dirigea tout droit au troisième étage avec Samantha. Ils arrivèrent devant une porte fermée, il se retourna face à elle et articula ces mots :

– Derrière cette porte se trouve une de vos réponses. À vous de voir si le moment est venu.

– J'ai besoin de savoir, se contenta-t-elle de répondre.

Elle approcha sa main de la poignée et ouvrit la porte avec précaution. Samantha découvrit alors un authentique atelier de sculpture.

La pièce était relativement petite et froide, Cheveyo entra avec elle en éclairant l'endroit d'un briquet. Le plafond semblait assez bas et de la poussière recouvrait murs et sols. Des draps étaient posés sur de larges tables de travail lorsque la jeune femme entreprit de les enlever un par un. Une multitude de statues émergeaient du passé, rendant la pièce plus grande et plus lumineuse. Une énergie incroyable émanait soudain de cet endroit pour le rendre plus vivant. Samantha avançait d'un pas lent, mais certain. Sa main effleura délicatement une statue. À ce contact, elle éprouva un sentiment étrange. Ses doigts semblaient épouser la forme de chacune des sculptures comme une sorte d'empreinte.

Elle jeta un rapide coup d'œil à Cheveyo, qui semblait sensible à chacun de ses gestes, chacune de ces expressions. D'une main tremblante, elle caressait, redessinait les contours de certaines sculptures. Samantha ferma les yeux et palpa doucement certaines d'entre elles. Ces œuvres semblaient contenir tout le désespoir et le chagrin de l'artiste qui les avait façonnées.

Tout était intact !

– À qui cette pièce appartenait ? demanda Samantha au bout d'un long silence.

Cheveyo la regarda et annonça.

– C'est l'endroit où Mandy entreposait ces œuvres.

14

– Nous serons de retour avant la tombée de la nuit, annonça Lily. Surtout ne vous gênez pas Samantha, vous êtes ici comme chez vous.

La vieille dame se dirigea vers Cheveyo et ajouta en posant sa main sur son bras :

– Je vous confie le manoir, prenez-en soin…

– Comptez sur moi.

Lily et sa fille prirent la route pour se rendre au mariage.

– Vous avez faim ? demanda Cheveyo à Samantha. Carmen nous a préparé des sandwichs avant de partir en week-end.

– Volontiers.

Ils partirent en direction du troisième étage. Cheveyo avait installé une petite table ronde sur la terrasse. Deux vieilles lampes à huile étaient suspendues de chaque côté de la porte vitrée. Le soleil éclairait le petit bois qui s'étendait face à eux. L'ambiance était tout simplement superbe.

– Nous voici seuls dans cette grande maison, déclara-t-il en lui versant un verre de vin.

Ils se regardèrent un instant et trinquèrent. Le repas s'accompagna de rires et de révélations. Samantha se sentait d'humeur légère, sans doute était-ce dû aussi à l'alcool… Quelques bribes de sa vie furent révélées. Elle se sentait si bien auprès de lui.

– Avez-vous déjà connu un amour comme celui de Dimitri et Mandy ? demanda-t-elle.

– Non. J'ai cru être amoureux une fois. Elle s'appelait Aiyana, elle était de la même tribu que nous et nos familles nous ont mariés le lendemain de mes vingt et un ans, elle en avait dix-huit. Nous avons vécu un an chez ses parents, comme la coutume l'exige. Mais à l'époque, je n'étais qu'un emmerdeur qui se cherchait. Nous nous sommes rapidement éloignés l'un de l'autre. Voulant fuir ce mariage raté, je suis parti vivre en ville.

Songeuse, la jeune femme pensa soudain à la chance qu'elle avait d'avoir toujours été libre de choisir sa vie.

– Je n'ai jamais connu la fougue... Ni même le véritable amour... dit-elle songeuse.

– Je ne demande qu'à le découvrir aussi.

Un instant de silence s'écoula. Samantha aurait voulu crier ce qu'elle ressentait, crier son attirance évidente pour cet homme... Cheveyo l'invita à s'approcher de la rambarde pour contempler la vue qui s'offrait à eux. Leurs corps étaient très proches l'un de l'autre. La jeune femme éprouvait de légères palpitations au creux de son cœur.

– Pourquoi ai-je l'impression qu'avec vous, je peux tout découvrir ? murmura-t-elle.

Cheveyo tourna son visage dans sa direction et effleura délicatement sa bouche de sa main.

– Sans doute parce que je pense la même chose de vous...

Leurs bouches n'étaient qu'à quelques centimètres l'une de l'autre... Samantha était transcendée par son regard, elle ne désirait qu'une chose... Doucement, Cheveyo se redressa et s'excusa d'une voix à peine audible.

– J'ai un coup de fil à passer.

Cette phrase lui fit l'effet d'une violente claque. S'amusait-il d'elle ?

– Retrouvons-nous dans deux heures à la bibliothèque, nous avons du travail.

De retour dans sa chambre, elle ne pouvait se calmer. Cheveyo ! Son visage hantait son esprit. Elle aimait tant sa sensualité. Mais pourquoi agissait-il ainsi avec elle ? Elle saisit brusquement le journal de Mandy, il fallait qu'elle se change les idées… Elle ouvrit sa porte et jeta un regard furtif dans le couloir. Ce fut à pas de loup qu'elle monta au troisième étage et pénétra dans le donjon, le journal sous le bras.

Habituée à déceler un air froid lui glacer les os à chaque fois qu'elle pénétrait dans la chambre, Samantha surprit cette fois-ci une ondée de chaleur lui parcourir le visage. Elle ouvrit délicatement l'armoire puis la trappe, traversa la pièce et regarda par la petite fenêtre. De cet endroit, il y avait une vue imprenable sur le petit bois ; d'ici, elle avait l'impression de dominer le manoir. Elle ouvrit la petite vitre poussiéreuse et sentit alors l'air chaud et maritime l'envahir. Elle entendait l'océan fouetter sèchement contre les rochers et se laissait délicieusement bercer par le bruit des vagues. Elle se mit alors à penser à Mandy qui pouvait guetter, à cet endroit même, le retour de son amour. La vue qu'offrait cette pièce permettait d'apercevoir jusqu'à deux ou trois kilomètres de distance. Elle imaginait Mandy, le cœur battant, apercevant un cavalier arriver au loin et qui n'était autre que son mari, mais l'imaginait transie par la peur de le voir toujours aussi distant qu'à son départ. Ce voyage représentait l'unique chance de sauver leur mariage, il fallait que Dimitri ait compris ses erreurs et veuille redonner une chance à leur couple. Malgré les souffrances qu'elle avait vécues, Mandy n'avait cessé d'aimer la vie, cette vie qui lui avait permis de rencontrer son grand Amour, son double pour son plus grand bonheur. Tant de personnes mettaient toute une vie pour le trouver. D'autres n'y parvenaient jamais… Mais alors pourquoi y avait-il tant de souffrance et de difficultés entre eux deux ?

Samantha pensa de nouveau à Dimitri. Cette personne l'intriguait au plus profond d'elle-même. Elle fut soudainement poussée par une forte envie de revoir son visage, de le toucher, de se plonger dans ce troublant regard. Elle ne savait pas d'où lui venait cette sensation ni pourquoi elle la ressentait, mais elle s'empressa de sortir la sculpture pour contempler le visage. Mandy était une véritable artiste ! Elle avait su reproduire son amant à la perfection. Cette statue paraissait si réelle qu'elle avait l'impression d'avoir Dimitri en face d'elle.

Samantha se sentait si bien dans cette demeure, comme si elle y avait déjà vécu. Il y avait aussi cette passion entre Mandy et Dimitri qui la fascinait profondément. Elle se sentait poussée vers Dimitri, toujours et encore, comme une personne ayant retrouvé sa moitié. Samantha déposa sa sculpture au creux de sa poitrine et alla s'allonger sur une couverture. Elle paraissait si sereine qu'elle se laissa emporter dans les troubles du sommeil. Elle serrait le visage de Dimitri contre elle comme pour sentir davantage sa présence, elle se sentait en sécurité, protégée de tout danger.

*

Le petit espace du grenier, consacré à sa sculpture, baignait dans l'obscurité. Le plâtre prenait délicatement forme sous les mains précieuses de Mandy. Elle se servait de ce don pour exprimer ses sentiments. Le plâtre parlait pour elle. À travers ses œuvres, on devinait une personne pure, délicate et à la fois, passionnée. Elle modelait avec légèreté et spontanéité. Le secret des réussites de ses sculptures émanait de cette profondeur et de cette vérité. Mais cette soirée-là, Mandy ne parvenait pas à prendre l'entière possession de sa matière. Son esprit voguait vers... Dimitri !

Cela faisait maintenant près d'un mois et demi qu'il était parti dans le Montana, mais en cet instant, elle le sentait si proche d'elle que son cœur se mit à l'oppresser... fort... de plus en plus fort, comme s'il se rapprochait davantage d'elle. Pour Mandy, ces semaines d'attente furent semblables à un supplice.

Brusquement, son cœur se serra, l'anxiété remplaça l'incertitude. Elle pouvait dès à présent entendre ses pas, silencieux et légers. C'était lui, il était enfin de retour ! Une angoisse s'empara de Mandy. Comment allait-elle le retrouver ? Avait-il changé ? Ces derniers mots avaient été si pénibles, Dimitri s'était montré si distant. Mandy pria mentalement pour que l'homme qu'elle aimait devienne de nouveau aussi aimant et tendre qu'à leur rencontre. Elle entendit la porte s'ouvrir. Son odeur ! Elle pouvait sentir son parfum qui l'avait tant de fois enivrée. Lentement, Mandy se retourna pour faire face à son mari. Un profond soulagement la pénétra lorsqu'elle vit son visage si séduisant. « Il se trouvait près d'elle, maintenant et pour toujours. »

Ne sachant quelle allait être sa réaction, Mandy le laissa entreprendre le premier geste.

Une émotion palpable s'imposait à eux. La fierté de retrouver sa femme le grisait, dans son regard se lisait de l'admiration. Un léger sourire vint se dessiner sur ses lèvres, amusé qu'il était de la voir ainsi recouverte de plâtre. Ne détachant plus son regard du sien, il avança d'un pas assuré et se mit à contourner lentement la jeune femme comme dans une approche de séduction pour arriver derrière elle. Il la serra délicatement dans ses bras puissants et enfouit son visage dans la cascade de ses longs cheveux, tout en s'étourdissant de son délicieux parfum dont il avait tant de fois cru percevoir l'odeur. Mandy se sentait défaillir sous la douceur de son mari. Il était et serait toujours le seul être capable de lui procurer des sensations aussi fortes. Il s'empara de ses lèvres doucement. Perturbée par ces sensations qu'il venait de réveiller en elle, Mandy ne put retenir davantage ses jambes qui défaillirent sous l'emprise du plaisir. Dimitri la souleva pour la déposer sur la table d'atelier pleine de plâtre. Leurs regards, si proches, se fondaient l'un dans l'autre. C'est à ce moment que Dimitri murmura ses premiers mots.

– Mon âme t'appartient et t'appartiendra toujours...

Puis il s'empara de nouveau de ses lèvres d'une façon brutale, plus passionnelle. Ils paraissaient comme assoiffés de désir. Mandy se sentait si vivante sous ses étreintes. Les baisers de son amant vinrent se fondre dans son cou. Tout contrôle lui échappait, ses muscles ne lui répondaient plus, elle se sentait hypnotisée. Un soupir intense de plaisir, jaillissant du fond de sa gorge, donna une assurance plus forte à Dimitri. Il aimait dominer et sentir sa femme céder sous ses baisers brûlants. Il exerçait un pouvoir unique et incontrôlable chez elle et le savait pertinemment.

*

Brusquement, comme émergeant d'une hypnose, Samantha sentit que l'on touchait sa peau et qu'on la secouait doucement, un geste qui la ramenait progressivement à la réalité. Des paroles vinrent se mêler à celles de Dimitri, on l'appelait. Puis une secousse se fit bien plus insistante.

– Samantha ! Ouvrez les yeux, c'est moi, Cheveyo.

La jeune femme ouvrit péniblement les yeux, sa vue paraissait floue, elle ne distinguait pas nettement la personne qu'elle apercevait. Elle reprit doucement ses esprits.

– Cheveyo ?

Elle semblait encore engourdie de tant de nouvelles sensations. Elle venait de rêver de Mandy... Un rêve bien trop réel...

– Calmez-vous ! Vous avez dû faire un mauvais rêve.

Lentement, la jeune femme reprit une respiration normale. Elle se souvint progressivement être montée au donjon. Mais que faisait Cheveyo ici ?

– Vous connaissez cet endroit ?

– Je sais plus de choses que vous imaginez, dit-il visiblement troublé.

Soudainement, Samantha voulut savoir si elle avait simplement rêvé un moment imaginaire de la vie de Mandy ou si elle avait eu une prémonition. Elle n'avait qu'une façon de le savoir : le journal. Elle l'ouvrit précipitamment sous le regard interrogateur de Cheveyo.

« Le 10 octobre,
Dim est enfin de retour. Il est arrivé hier soir, j'étais à mon atelier. J'ai entendu la trappe s'ouvrir, mon cœur se mit à battre de plus en plus fort, si fort que j'eus peur qu'il sente ma nervosité... Il m'a alors serrée dans ses bras, tout en me soulevant du sol, en me murmurant des mots magiques, pour m'allonger sur la table de travail. Je me suis sentie soudain revivre ! »

15

Comment était-ce possible ? Elle ne comprenait plus ce qui se passait dans sa tête. Elle eut un moment de doute puis se décida à se confier.

– Il m'arrive quelque chose d'étrange Cheveyo, commença-t-elle nerveusement. Je fais des rêves de plus en plus étranges et celui-ci...

Samantha retint sa respiration et murmura en baissant les yeux :

– J'ai vu Mandy... Ici... Je l'ai vue retrouvant Dimitri, comme si c'était moi...

– Que voulez-vous dire ?

Excédée, Samantha soupira.

– Vous devez me prendre pour une folle, laissez tomber.

– Vous pouvez me faire confiance...

Elle le savait. Elle savait qu'elle pouvait tout lui dire.

– Je vois des choses qui s'avèrent être vraies par la suite... Je vois des scènes qui ont existé... dans le passé... Je me sens comme... en parallèle entre deux mondes, finit-elle sur un ton hésitant.

– Où comme si vous étiez une autre personne ?

L'affirmation de Cheveyo surprit Samantha, mais il semblait avoir raison.

– Mandy ? compléta-t-elle d'une voix tremblante.

Cheveyo hocha la tête. Une longue minute qui sembla durer une éternité s'écoula.

– Allez vous reposer un peu. Vous paraissez épuisée.

– Mais notre article ?

– Nous verrons ça tout à l'heure...

Le regard de Cheveyo se promenait dans la petite pièce. Il découvrit la statue de Dimitri, mais ne dit pas un mot. Il ne semblait pas étonné. Savait-il qu'il s'agissait de Dimitri ? Ses yeux se baladaient d'un endroit à l'autre lorsqu'il s'arrêta comme figé de surprise sur une autre sculpture. Il se retourna puis contempla de nouveau la statue. Son regard se balançait de Samantha à la sculpture, de la sculpture à Samantha.

– Qu'y a-t-il ? demanda-t-elle au bout d'un instant.

– J'ignorais que vous sculptiez.

Ne comprenant pas de quoi il parlait, la jeune femme s'avança vers lui et suivit son regard pour se poser sur le visage d'une femme.

– C'est... Mandy ? ... murmura-t-elle d'une voix à peine audible.

– Vous vous êtes inspirée d'une photo ?

Samantha le regarda d'un air incrédule.

– Qui ? Moi ?

– Oui vous ! s'amusa-t-il.

– Vous plaisantez, je ne sais pas sculpter.

– Vous avez de la terre sur votre pull, releva-t-il étonné.

Il s'approcha et lui prit les mains.

– Tenez, regardez ! Vous en avez encore sous les ongles.

Samantha contempla ses mains, tremblante d'effroi.

– Ce n'est pas possible. Je suis venue ici il y a quelques heures et je me suis endormie...

Il s'approcha davantage pour toucher la statue.

– La terre est encore chaude.

– Eh bien, quelqu'un a dû la déposer ici, je ne vois pas d'autre explication, insista-t-elle.

– Pourquoi vous ne voulez pas vous l'avouer ?

– Parce que c'est ridicule, le coupa-t-elle sur un ton énervé.

– On pourrait même croire que Mandy l'a faite.

– Arrêtez ! s'impatienta la jeune femme.

À bout de nerfs, elle voulut repartir, mais Cheveyo la retint par le bras pour l'attirer contre sa poitrine. À cet instant, tout vacilla autour d'elle. Elle ressentait les mêmes sensations que dans son rêve, la même fougue, la même passion envahir tout son corps. Il approcha son visage du sien et lui dit tout bas :

– Ne vous mentez pas ! Toute la vérité est au fond de vous, laissez-la sortir...

Pour la première fois de sa vie, Samantha trouvait du réconfort dans les bras d'un homme. Ses paroles étaient douces et l'odeur de sa peau l'enivrait... Contre toute attente, elle se laissa emporter. Cet homme incarnait le désir, ses jambes n'arrivaient plus à la soutenir. Saisie par la peur, elle arrêta subitement leur étreinte en le repoussant. Cheveyo semblait si ressemblant de Dimitri... Même odeur, même charisme, même regard...

– Qu'y a-t-il ? murmura-t-il d'une voix à peine audible.

– C'est... C'est comme dans mon rêve...

Il la regarda un instant, puis ils prirent conscience de la situation. Passant la main dans ses cheveux, Cheveyo se redressa lentement et annonça d'une voix rauque :

– On a du travail...

Quelques minutes plus tard...

La jeune femme aimait se rendre dans les bibliothèques, celle du troisième étage l'apaisait tout particulièrement. Elle prit le fauteuil le plus confortable en attendant que Cheveyo revienne avec deux cafés.

– Alors vous êtes prête ? demanda-t-il en arrivant derrière elle.

Samantha ouvrit son calepin.

– Par quoi commençons-nous ?

– Commençons par le début…

Ils passèrent leur après-midi à la bibliothèque à parler des peuples amérindiens, à refaire le monde. Cheveyo semblait passionné par tout ce qui concernait sa religion. Il lui parla de l'histoire de son peuple, des guerres endurées, de leur superbe victoire à Little Big Horn en 1876, mais aussi du terrible massacre de Wounded Knee en 1890. Samantha paraissait envoûtée, elle ne cessait de le contempler, ses yeux brillaient devant tant d'entrain. Comme beaucoup d'Américains, elle ignorait beaucoup de choses sur l'histoire des Indiens d'Amérique, elle posait beaucoup de questions et tentait de prendre des notes.

– Pour tous les Amérindiens, la spiritualité est la force de ces peuples. Pour les Lakotas, le bison était tout un symbole, ils accomplissaient un devoir religieux en le capturant et avaient l'impression d'être alors en accord avec les pouvoirs du monde, avec l'esprit qui anime l'univers, Wakan Tanka.

– Sa disparition a dû être un drame pour votre peuple…

Cheveyo acquiesça en ajoutant que l'absence de bisons a contribué à la mise en réserve des Indiens. Ils se voyaient empêchés de continuer à remplir leurs devoirs religieux…

– Beaucoup d'Indiens ont-ils été christianisés au début du siècle ? demanda Samantha.

– Oui, et certains pratiquent les deux religions. Certains prêtres se montrent plus conciliants de nos jours, quelques-uns ont intégré l'usage de la pipe dans les prières chrétiennes, certains symboles sont également présents dans quelques églises.

Voyant sa mine sceptique, il expliqua :

– Nous avons assimilé le christianisme à notre culture, bien qu'elle en soit affaiblie. Mais de plus en plus de traditionalistes se battent pour retrouver nos valeurs ancestrales, même si d'autres ennemis fort redoutables arrivent.

– De qui parlez-vous ?

– Le tourisme par exemple. Aujourd'hui, certains Lakotas pratiquent des rituels de visions en attirant de nombreux touristes irrespectueux et parfois des adeptes profanent alors la véritable spiritualité indienne.

– Des rituels de visions ?

– Une expérience indispensable et bénéfique pour chacun de nous. Ce peut être un rite d'initiation ou de passage de l'adolescent à l'homme par exemple. Cette coutume permet d'entrer en contact avec le monde spirituel et peut parfois nous donner l'occasion d'avoir une vision sur notre chemin de vie.

– Comment cela se passe-t-il ?

– Elle comprend toujours une période d'isolement, de retrait du monde, d'un jeûne et parfois, une consommation de plantes. Il faut pouvoir être en mesure de prendre une distance par rapport au monde qui nous entoure et qui nous conditionne. Il y a plusieurs cérémonies sacrées chez les Sioux Lakotas.

– Pouvez-vous décrire l'une d'entre elles ?

– Vous êtes sûre ?

Samantha le regarda intriguée, elle semblait réellement intéressée. Ses doigts couraient sur le papier avec frénésie à une vitesse vertigineuse, s'arrêtant par moments pour bloquer une mèche rebelle derrière son oreille. Il reprit alors avec un petit sourire :

– L'une d'entre elles s'appelle la Sun Dance, elle fut longtemps interdite par le gouvernement américain. Elle a lieu une fois par an, l'été. Un poteau cérémoniel est dressé selon le rite et des lanières de cuir y sont fixées. L'homme médecine va alors percer la chair de chaque danseur à l'aide de griffe d'aigle pour passer un bout de bois de cerisier. Il attache ensuite le danseur aux lanières qui descendent du mât puis le laisse danser face au soleil jusqu'à ce que ses chairs se déchirent et le libèrent de ses liens.

La jeune femme avait cessé d'écrire, elle le regardait. De l'incompréhension et de l'effroi pouvaient se lire dans ses yeux.

– C'est une offrande, un sacrifice pour le peuple.

Le silence régnait dans la bibliothèque lorsqu'un bruit extérieur fit sursauter Samantha.

– Vous avez entendu ? demanda-t-elle.

Cheveyo se leva et s'approcha de la fenêtre. Le temps se dégradait, le vent soufflait de plus en plus. De la fenêtre, elle pouvait voir le sommet des sapins danser. Un premier coup de tonnerre retentit, puis un deuxième bien plus proche secoua les vitres.

– Je vais m'assurer que tout est bien fermé, il va pleuvoir. J'ai des courriers à préparer pour une conférence que je dois donner mardi dans le Dakota, je peux vous laisser un moment ?

– Je dois mettre toutes mes notes au propre…

– Nous pourrons reprendre tout ça un peu plus tard si vous voulez.

La jeune femme acquiesça.

Seule dans sa chambre, Samantha ne trouva pas le goût à écrire. Elle s'assit sur le canapé posé près de la fenêtre qui donnait sur les falaises et ouvrit impatiemment le journal de Mandy.

« *Le 20 octobre,*

Ses jours, ses nuits, ses semaines ont été étranges ! Je ne suis que l'ombre de moi-même lorsqu'il est loin de moi... Son absence a été insupportable, mais nos retrouvailles indescriptibles. Tout reprend son sens, la vie refleurit, le soleil revient. J'ai comme l'impression de sortir d'une longue hibernation... Le retour de Dim a été bénéfique, je pense qu'il a changé. Il est redevenu aimant, gentil et attentionné...

Le 24 novembre,

Nos magnifiques retrouvailles ont été de courte durée ! L'attitude de Dim change à nouveau. Son voyage n'a servi à rien. Il est imprégné de souffrances, de démons qui l'étouffent ! Je ne sais pas comment l'aider...

Le 28 novembre,

Tout recommence ! Depuis deux, trois nuits, il rentre à plus de minuit, il sent l'alcool et quand je lui demande où il était, il entre dans une colère incompréhensible. Il est jaloux de Peter, il me reproche de passer trop de temps avec lui. Il n'a pas compris que sa compagnie est amicale et me fait du bien. Je ne comprends pas pourquoi il nous fait ça, ne pouvons-nous pas vivre heureux ?

Le 9 décembre,

Après m'avoir raccompagnée hier après-midi, Peter est resté mangé à la maison avec la famille. Nous avons beaucoup parlé. Pour lui, Dim m'étouffe et m'empêche de vivre ma vie. C'est alors que Dim est rentré de la caserne. Il a été très désagréable, j'ai éprouvé de la gêne. J'ai parfois l'impression qu'il s'accroche à notre amour comme à une dernière raison de vivre. On dirait qu'il ne croit plus en rien. Il me fait peur ! Les jours passent et nous nous éloignons de plus en plus. Je sens que je suis en train de le perdre.

Le 23 janvier,
Je déploie beaucoup d'énergie pour qu'il se sente bien. Je partage mon temps entre Dim et mon travail. Mais la raison pour laquelle j'écris aujourd'hui est que je viens d'apprendre que je suis de nouveau enceinte depuis bientôt trois mois. Cette nouvelle devrait me réjouir, mais j'ai peur ! Peur de lui annoncer et qu'il ne veuille pas d'un autre enfant.

Le 27 janvier,
Ce matin Dim m'a dit qu'il invitait son collègue Martin et sa femme à dîner ce soir au manoir et m'a chargée de tout préparer... »

16

Perdue dans la fine et discrète écriture de Mandy, Samantha glissait son regard à travers les lignes légèrement obliques qui avaient survécu au temps. Elle se laissait emporter dans le passé, ne percevant plus le présent. Elle devinait sans peine Mandy assise dans le fauteuil rouge qu'elle avait aperçu dans le grenier de la tour, la silhouette droite, bien que légèrement penchée sur le petit bureau, en train d'écrire des heures durant, tout en trempant régulièrement sa plume d'oie dans l'encrier. Samantha ferma les yeux. Soudain, son pouls s'accéléra et elle fut prise de violents maux de tête d'une si grande intensité que sa vue se brouilla. Des gouttes de sueur perlaient sur son front. Elle avait cette douloureuse sensation de suffoquer sans parvenir à reprendre sa respiration. Elle se sentait partir…

De brèves images, cependant d'une nette clarté, vinrent l'assaillir. Une femme… Mandy ! Elle semblait porter sur son visage toute la douleur du monde. Samantha semblait connaître cette douleur… Une plaie provoquée par un couteau que l'on plante dans une peau fragile. Une douleur si violente qu'elle inonde le corps d'un mal extrême. Une douleur qui ne s'arrête pas, qui ne se referme pas !

La migraine devint très vite insupportable pour Samantha. Ses yeux ne percevaient plus aucune forme. Ses tempes bourdonnaient au point de la rendre sourde. Ses jambes ne la supportaient plus. Tout autour d'elle tournait de plus en plus vite… beaucoup trop vite !

*

– Mandy ! … Réveille-toi !

Une voix suave semblait murmurer à son oreille. Ce souffle d'air frais caressait sa peau et lui donnait de délicieux frissons.

– Martin et sa femme viennent manger ce soir. Tu n'as pas oublié ? Fais-toi belle ! Je veux que tu resplendisses, que l'on admire ma femme !

Samantha ne savait plus où elle était ni ce qu'elle voyait. Elle entendait des voix s'immiscer dans son esprit, se mélanger à ses pensées. Soudain, la jeune femme sentit ses sens s'évanouir, l'abandonner pour enfin ne plus rien ressentir, ses douleurs semblant s'être apaisées. Sa tête venait de heurter le sol pour la plonger dans un demi-sommeil…

Où était-elle ? Son regard se promenait autour d'une grande pièce et c'est alors qu'elle reconnut la salle de séjour du premier étage, mais elle n'était pas seule. Elle se trouvait face à un homme séduisant, Peter ! Les sculptures de Mandy, visiblement, l'interpellaient. Brusquement attirée par une force irrésistible, elle se tourna pour faire face à l'homme qui se trouvait à sa droite, troublée par son charisme et son énergie. Dimitri !

Il émanait de sa personnalité un pouvoir qui remplissait son cœur d'émotion. Une discussion vive avec son ami Martin paraissait l'animer. Oui, maintenant elle se souvenait de tout. Ce matin, Dimitri l'avait avertie de la visite de Martin et sa femme, Mandy avait décidé d'inviter Peter. Prise de vertiges et de nausées, elle fut contrainte de rester couchée tout l'après-midi à défaut de préparer le repas… Elle connaissait bien ces malaises déjà endurés… À son arrivée, Dimitri ne put s'empêcher de déverser le stress de sa journée sur sa femme en voyant que rien n'était prêt. De son côté, la jeune femme n'osait pas lui avouer qu'elle était victime des premiers symptômes de sa nouvelle grossesse.

Un peu plus tard dans la soirée, ce fut Peter qui arriva le premier sous le regard étonné de Dimitri. Ne souhaitant pas faire de scandale en reprochant cette invitation à sa femme, il préféra se taire et se consacrer uniquement à ses propres invités qui arrivèrent peu après.

– Tu as pris des risques considérables en retournant chercher cette enfant, tu sais, disait Martin en parlant d'une de leurs journées.

– Je ne pouvais pas la laisser après l'avoir entendue crier.

– Tu as bien fait, même si l'explosion était imminente.

Mandy comprit alors qu'ils parlaient de l'incendie d'une maison qui avait eu lieu la veille à Coos Bay. Elle avait entendu dire qu'un pompier avait risqué sa vie pour sauver une fillette de quatre ans, mais elle ignorait qu'il s'agissait de Dimitri.

– Oui, et l'enfant a été sauvée… ne cessait-il de répéter comme pour se rassurer.

– Et… tu aurais pu mourir… murmura Mandy.

Brusquement, Dimitri regarda sa femme d'un regard qui la fit trembler.

– Elle ne comprend pas, dit-il à Martin comme s'ils étaient seuls.

– Je comprends que tu risques sans cesse ta vie ! répliqua sa femme.

Les deux époux se regardèrent un instant, se défiant mutuellement du regard.

– Apporte le dessert, ordonna-t-il en haussant le ton.

Machinalement, elle s'exécuta sous le regard médusé de Peter. Mandy se sentait honteuse, comment pouvait-elle se laisser traiter ainsi ? Lorsqu'elle revint avec son gâteau, ses vertiges reprirent, plus violents encore. Sa vue se brouilla et au moment où elle crut qu'elle allait tomber, elle lâcha son plat et se retint à l'encadrement de la porte. La voyant d'une blancheur inquiétante, Peter se leva pour venir l'aider à ramasser les dégâts.

– Laissez ! intervint Dimitri d'une voix saillante.

Il emmena sa femme dans le hall en la tirant par le bras, il la serrait si fort qu'elle éprouva vite une vive douleur. Soudain, il osa lever la main sur elle pour la première fois.

– Qu'est-ce que tu as dans la tête ? dit-il en la secouant violemment.

Mandy paraissait tétanisée, elle n'osait dire mot ni faire le moindre geste. Elle ne l'avait jamais vu aussi énervé pour si peu de chose. Il devenait chaque jour plus agressif. Elle baissa la tête et partit se réfugier dans sa chambre.

Comment était-il possible d'aimer aussi fort un homme qui lui faisait si mal ?

L'idée de partir la hantait, mais vivre sans lui était impossible. Elle se nourrissait chaque jour de lui, il était sa raison de vivre, son existence avait pris tout son sens le jour où elle l'avait rencontré.

Pourquoi était-il si dur d'aimer ?

Pourquoi était-il si dur de le quitter ?

Son sommeil, bien que long à venir et très agité, fut brusquement interrompu par de violents coups frappés à la porte.

– Mandy !… Mandy !… Ouvre-moi…

Une soudaine peur s'empara de la jeune femme. Le son de sa voix semblait plus dur encore, il semblait s'impatienter.

– Mandy, ouvre cette porte immédiatement !

Ses membres tremblaient de plus en plus fort, elle ne pouvait s'enfuir ni se cacher. Quelques secondes s'écoulèrent avant qu'il ne s'écrie à nouveau.

– Si tu n'ouvres pas, je défonce cette porte.

Mais elle n'eut pas le temps de faire le moindre geste que Dimitri avait joint les siens à ses paroles. En un instant, ils se retrouvèrent face à face. Lui, le regard défoncé par l'alcool et la colère. Elle, par la peur.

– Pourquoi t'es-tu enfermée ? cria-t-il d'une voix déformée par le whisky. Tu ne veux pas que je dorme ici ? Tu préférerais que ce soit Peter ?

Il parcourait la courbe de son corps sans aucune délicatesse et posait brutalement sa main sur sa poitrine. Trouvant qu'il dépassait les bornes, elle le repoussa vivement et tenta de se relever lorsqu'il la cloua de nouveau sur le lit en la forçant à le regarder droit dans les yeux. Sous son regard transformé par la colère, elle croyait avoir un étranger en face d'elle.

– Je te préviens Mandy, si un jour, je découvre que tu me trompes avec ce gamin, je le tuerai ! Tu entends !

Sur ses brutales paroles, il descendit les petites marches d'escalier en cognant furieusement son poignet contre le mur. Lorsqu'elle n'entendit plus le moindre bruit, elle ne put retenir les sanglots qui l'étouffaient…

*

Lentement, comme après un mauvais rêve, Samantha revint à son époque. Elle ressentait encore la douleur de Mandy, ses joues étaient aussi baignées de larmes. Elle ferma les yeux un instant, ne comprenant pas vraiment tout ce qui venait de lui arriver. Aussi fou que cela puisse paraître, son identité semblait s'être confondue avec celle de Mandy.

Elle regarda quelques instants autour d'elle et ses yeux se posèrent sur le journal. Une envie folle de lire la suite s'empara d'elle.

« Le 29 janvier,
Aujourd'hui, Dimitri m'a fait une douloureuse révélation. Très tôt ce matin, il est venu dans la chambre et m'a prise dans ses bras en ne cessant de s'excuser de ce qu'il avait fait la veille et me promettait qu'il ne recommencerait plus... »

Soudain, Samantha perçut de nouveau, les bribes d'une conversation venant se glisser dans son esprit.

– Que me caches -tu Dim ? Parle-moi ! suppliait la voix de Mandy.

– Je n'y arrive pas... gémissait-il. Je ne sais pas pourquoi je détruis toujours tout autour de moi. Dès que nous sommes heureux, il faut que je te fasse du mal... Je ne me contrôle pas... Il y a toujours ces images qui reviennent...

Samantha ne voyait ni visages ni gestes, mais ressentait toute l'expression de leurs paroles. Elles étaient si troublantes qu'elle en frémissait.

– Quelles images ? demandait Mandy.

– Des morts... Beaucoup de morts... Des hommes blancs, des Indiens... Ils sont partout, tout le temps... Ils ne me laissent jamais de répit... Je pensais qu'avec toi, ils partiraient...

118

Sa voix était emplie de colère et de peur. Voyant le visage de sa femme, il ajouta d'une voix tremblante.

– Je ne suis pas fou Mandy, murmurait-il comme pour se convaincre. Je ne suis pas fou...

Mandy n'avait jamais senti Dimitri si désemparé. Ainsi, il avait tenté de cacher des mois de combat contre lui-même, contre ces scènes de guerre. Ses souvenirs le tuaient peu à peu...

Revenue à la réalité, Samantha s'empressa de reprendre la lecture du journal.

« *Le 2 février,*
Dimitri fait de gros efforts pour chasser ses démons. Il a jeté ses bouteilles d'alcool et essaie d'être moins agressif. De mon côté, je lui donne tout l'amour dont je suis capable. Cette nuit, je l'ai trouvé recroquevillé sur ses genoux, comme un enfant.

Le 8 février,
Aujourd'hui, Xavier a reproché à Dim d'avoir gâché sa vie et la mienne. Cela ne fait rien pour l'arranger, il se referme sur lui-même. Il ne me parle plus, je suis en train de le perdre... »

*

Samantha arrêta sa lecture en entendant frapper à sa porte. Cheveyo l'appelait.

– Tout va bien ? demanda-t-il quand il aperçut la jeune femme avec une toute petite mine. Venez, je vais vous faire un café.

119

Un calme solennel régnait dans le manoir. On n'entendait que le martèlement de la pluie contre les vitres. C'était une pluie violente qui avait cassé quelques branches d'arbres.

– Lily et Alyson sont bloquées à Portland. Elles viennent d'appeler pour dire qu'elles ne reprendraient la route que demain matin. Ils annoncent une accalmie dans la nuit.

Samantha buvait son café, appuyée sur la baie vitrée de la terrasse couverte du troisième étage, lorsque son regard se posa sur les somptueuses falaises où les vagues les plus violentes venaient mourir.

– À quoi pensez-vous ? demanda Cheveyo en la rejoignant.

– Aux raisons pour lesquelles je suis venue ici.

Elle sentit son souffle près de sa nuque. Au bout d'un long instant de silence, elle ajouta.

– J'ai presque terminé le journal de Mandy…

Sa respiration devenait longue et régulière, telle une douce caresse sur sa peau. Elle se retourna doucement pour le dévisager.

– Avez-vous eu l'impression d'être déjà venu ici ? demanda-t-elle prudemment. Je veux dire dans ce manoir. D'avoir l'impression d'en connaître les moindres recoins, de redécouvrir les lieux, sentir des odeurs familières… Comme un sentiment de déjà-vu.

Cheveyo la regarda un instant. Son regard était profond, elle ne parvenait pas à le déchiffrer.

– Oui… Tous les jours…

17

Un sentiment étrange gagna subitement Samantha. Elle se sentait comme connectée à cet homme. Comme si elle avait attendu toute sa vie pour vivre cette rencontre. Cheveyo l'inspirait, la faisait vibrer, la rendait plus vivante ! Jusqu'où cela allait-il la conduire ? Une angoissante sensation la pénétra lorsqu'elle regagna sa chambre. Sans perdre une seconde, elle reprit sa lecture.

« Le 23 février,
La lune renvoie sa douce lumière à travers notre chambre. Je ressens une boule à l'estomac comme la fin de quelque chose. Une sensation qui m'emplit de tristesse, de regrets. Il est une heure du matin, Dim est allongé à côté de moi, son sommeil est très agité. Ses traits sont crispés, sa bouche émet des sons incompréhensibles. Il a peur, je ne le reconnais pas...

Le 28 février,
Il y a tout juste une heure, sous cette pluie orageuse, Dim m'a accusée de le tromper avec Peter. Il ne comprendra donc jamais qu'il est la seule personne que j'aime ! Puis, comme à son habitude, il a ce pouvoir étrange de retourner une situation désespérée contre un instant d'amour violent...

Le 3 mars,
Ce que je craignais tant est arrivé. J'ai définitivement perdu tout espoir. C'est horrible, mais je ne crois plus en lui, ni en moi, ni en notre couple. Je regarde au loin, mais je ne vois rien, pas de bébé... Pas de futur... »

Samantha tourna la page du journal et aperçut un papier rongé par le temps. Elle saisit le vieil écrit entre ses mains et ouvrit délicatement la lettre abîmée par tant d'années passées.

« Tu as surgi dans ma vie alors que je n'y croyais plus. Tu m'es apparue comme dans un rêve, si fragile et pourtant si forte. Dès la première minute, tu as eu ce pouvoir sur moi. Un regard ensorcelant dans lequel je me noyais, des lèvres sucrées qui m'emportaient vers un désir insoupçonné, un corps parfait dont je fus tant de fois l'esclave. Avec cette force provocante et incontrôlable, tu venais pour donner un sens à ma vie. Rendre la chaleur à mon âme refroidie par la mort. Je hais cette ivresse qui nous a détruits. N'ai-je su t'apporter que de la souffrance ? C'est à toi que j'ai donné mon âme ! J'ai purgé notre souffrance. Aujourd'hui, je suis prêt pour t'aimer comme tu le mérites... Reste l'attente que tu me reconnaisses. »

Une épaisse brume semblait se former autour de Samantha. Les mots se gravaient dans sa tête. Comme hypnotisée, elle regardait l'encre noire qui remplissait ce vieux papier jauni. La pluie frappait violemment contre la vitre, il faisait froid pourtant elle sentait une chaleur lui parcourir le corps. Elle sentit un souffle sur son visage, mais sans distinguer la moindre présence. Sa vue se brouillait. Elle ne contrôlait plus son corps. Ses yeux, devenus très lourds, se fermèrent...

– Voilà un siècle interminable que je te cherchais, répondit une voix masculine. Un siècle où mon âme n'était qu'un tombeau, où rien n'embellissait les murs de ma souffrance. Je subis la douleur que j'ai moi-même infligée aux autres. Je m'accrochais à ton image… Maintenant, tout ira mieux, je t'ai retrouvée…

Dans sa tête, elle entendait cette voix semblable à la chaleur du soleil. Une voix qui lui brûlait le corps, enflammait ses sens… Samantha entreprenait un voyage intérieur à travers lequel la connaissance, l'expérience et l'être ne formaient qu'une et même énergie. Elle se trouvait là où tout se rencontre et fusionne. Elle voyageait à travers le temps où le passé, le présent et le futur existent dans un seul et même instant. Elle se trouvait dans les profondeurs de l'absolu, où toute chose ne pouvait exister sans son contraire. Son esprit flânait où tout n'est qu'un ! La chaleur brûlante d'un amour inondait son corps. Cette force débordait de vie et la plongeait dans un état de plénitude incroyable. Un sourire se dessinait sur son visage, elle était en train de comprendre. Elle ne connaissait qu'un amour aussi puissant. Un amour qui avait vaincu les démons les plus durs… qui avait traversé les temps… dépassé la mort… l'amour de Mandy et Dimitri…

18

Samantha se réveilla sans parvenir à comprendre ce qui s'était passé. Désorientée, elle sortit de sa chambre et descendit les escaliers pour tenter de se changer les idées. Happée par une délicieuse odeur, elle se dirigea vers la cuisine. Elle s'arrêta net et ne put s'empêcher de sourire, Cheveyo, muni d'un tablier et les cheveux noués, semblait se battre avec deux grosses côtelettes.

– Ne vous moquez pas, annonça-t-il très sérieux lorsqu'il aperçut la jeune femme amusée. La pluie s'est arrêtée…

Il se redressa pour faire face à Samantha. Il s'approcha doucement avec deux verres à la main.

– Programme de la soirée : je vous propose un délicieux repas fait par… moi-même, et si vous le souhaitez, nous pourrons poursuivre l'interview en fin de soirée.

Il paraissait joyeux et détendu, ce qui ne le rendait que plus séduisant.

– Ça vous convient ? demanda-t-il en tendant un verre de vin rouge à Samantha.

Ils s'assirent l'un en face de l'autre. Alors qu'elle portait le verre à son nez pour en découvrir l'arôme, Cheveyo ne cessait de la regarder. Lorsqu'elle s'en rendit compte, elle s'empressa de lui poser une question qu'elle avait en tête depuis un moment.

– Croyez-vous en la réincarnation ?

Alors qu'il était en train de porter le vin à sa bouche, il manqua de s'étouffer. Il resta un instant immobile et silencieux.

– Vous allez me prendre pour une folle, mais…

– J'ai appris à y croire. La vie m'a orienté vers de nombreux choix. J'ai d'abord été ignorant, arrogant et insouciant, j'étais jeune…

Il respira profondément avant de reprendre.

– Vivre chez mes beaux-parents fut pour moi assez dur. Il fallait agir de telle manière, faire tel travail. À vingt-deux ans, je n'étais pas responsable et j'ai fini par fuir toutes ces obligations. Je me suis enfui avec mes amis d'enfance un an après mon mariage. J'ai entamé alors quelques années de galère avec eux, mais je trouvais la vie sans intérêt. Je ne faisais que boire et me droguer, hélas comme la moitié des jeunes d'aujourd'hui. Nous, les « Indiens », étions fichés. J'ai voulu les abandonner plus d'une fois, j'ai cherché du travail, mais je n'étais pas accepté dans cette société. Ayant habité en réserve, je n'étais rien. Je ne savais plus qui j'étais : un Indien dans un monde de blanc qui renie les siens ? Je n'avais pas d'identité… Puis il y eut ce vol, je venais de prendre une dose plus forte que les autres, j'ai alors suivi bêtement… puis il y eut un deuxième vol, un troisième… mais je n'ai encore jamais tué personne !

Il marqua un temps d'arrêt, but une gorgée de vin le regard dans le vide.

– Jusqu'au jour où la police m'a arrêté. J'ai été jugé et condamné à un an de prison. Une année où j'ai eu tout le temps de réfléchir à ce que je faisais de ma vie. J'ai connu l'humiliation, la violence, l'isolement. À l'époque, j'étais bien trop survolté pour comprendre. À ma sortie, j'ai voulu retourner à mes racines. Je suis allé vivre dans la maison de mes parents décédés quelques mois plus tôt. Je me suis mis à pratiquer ma religion. La prison m'a fait réfléchir sur beaucoup de choses et aujourd'hui, je pense que tout ce qui m'est arrivé n'est pas dû au simple hasard. C'était une étape qui m'a permis d'évoluer. Peut-être me suis-je réincarné pour comprendre cela.

Ils parlèrent de longues minutes de leurs vies respectives. Le vin aidant, ils allaient de confidences en confidences. La jeune femme obtint de nombreuses informations utiles pour son interview et elle commençait doucement à mieux connaître cet homme atypique. Samantha aimait passer du temps avec lui. Elle se sentait si bien qu'elle aurait souhaité que cela ne s'arrête jamais.

– J'aimerais marcher un peu… annonça-t-elle.

À cette heure de la soirée, le soleil exposait ses derniers rayons pour laisser place à la nuit.

– Je vous rejoins dans cinq minutes…

La brise était fraîche. Le vent qu'elle respirait avait une odeur qu'elle ne connaissait pas, une odeur nouvelle qui s'infiltrait dans chaque partie de son corps. Elle aimait longer les falaises que la nuit rendait si impressionnantes. Des nuages noirs surplombaient la lointaine péninsule. Elle s'éloignait du manoir, mais ne s'en rendait pas compte, aspirée… Comme cette eau noire frappant la falaise d'une insoutenable rage dans un dernier cri de douleur, Samantha ressentait une profonde souffrance mêlée d'un amour incompris et inachevé.

Ce fut au bout d'un instant qu'elle se retourna et le spectacle du manoir lui coupa le souffle, son incroyable silhouette émergeant du petit bois se découpait dans le ciel rougeâtre comme le château d'un conte de fées. Brusquement, surgirent de nouveau ces étranges sensations… Elle ressentit l'impression de ne pas être seule. Une délicieuse onde lui électrisait le corps. Une force irrésistible l'obligeait à se retourner. Elle regarda tout autour d'elle et plongea dans les yeux de Cheveyo, soudain seule au monde avec ce regard. Tremblante et suffocante, elle n'avait jamais ressenti pareille attirance pour aucun homme. Son sang battait de plus en plus fort comme à chaque fois qu'elle le voyait.

Le regard fixé sur elle, même depuis les quelques mètres qui les séparaient, elle sentait ses yeux la dévisager. Il approchait lentement puis s'arrêta, ils continuèrent de se faire face en silence. Étrangement, elle se rendit compte à quel point elle était sous l'emprise de ce regard, cette présence, ce visage. Les battements de son cœur s'emballaient dangereusement.

– Je vous ai cherchée partout... déclara-t-il d'une voix qui lui fit un bien fou.

Cette voix si chaude lui procurait de grands frissons. Samantha se sentait perdre pied et commençait à vaciller lorsqu'il se rapprocha rapidement pour la retenir de ses bras.

Lentement, il lui prit la main.

– Tout va bien ? demanda-t-il.

– Maintenant, oui...

Ils se mirent à marcher côte à côte en s'imprégnant de chaque seconde, le temps ne semblait plus avoir de valeur.

– Je repars demain soir.

Elle le savait, mais ne souhaitait pas y penser.

– Qu'allez-vous faire ? demanda-t-elle.

– J'ai une conférence de presse mardi... Où en êtes-vous dans le journal de Mandy ? demanda-t-il au bout d'un long silence.

– Il doit me rester une ou deux pages...

Ils se rapprochaient lentement du manoir.

– Je suis complément aspirée par cette histoire...

– Je sais...

Comme s'ils ne souhaitaient pas rentrer, leurs pas se faisaient plus lents. Ils semblaient se comprendre sans se parler.

– Vous me faites penser à Dimitri...

Ils se regardèrent un instant. Elle le força à s'arrêter et toucha sa joue de la paume de sa main.

– C'est si... troublant...

Le vent recouvrit son visage d'une mèche de ses longs cheveux noirs qu'elle dégagea doucement du bout de ses doigts. Elle éprouva de nouveau des difficultés à respirer... Il passa ses mains au creux de sa nuque... Lorsqu'ils entendirent le bruit d'un moteur, le regard préoccupé, Cheveyo se redressa.

– Qui est-ce ? demanda Samantha lorsqu'elle vit un homme recouvert d'une capuche, rentrer rapidement dans sa voiture garée dans la cour du manoir.

Le pas de Cheveyo se fit plus pressant, jusqu'à obliger Samantha à courir.

– Cheveyo ? Qu'y a-t-il ?

À présent, ils se précipitaient tous les deux dans la cour du manoir.

– Samantha, rentrez ! dit-il sans quitter l'homme des yeux.

– Mais que...

– Rentrez ! cria-t-il.

19

Samantha tentait d'apercevoir quelque chose à travers la baie vitrée du salon, mais la nuit recouvrait tout. Puis la porte s'ouvrit brusquement.

– Samantha ?

– Je suis là, dit-elle en arrivant à la rencontre de Cheveyo. Que se passe-t-il ?

– Ce n'est rien, j'ai cru qu'il s'agissait d'un rôdeur, mais cet homme semblait perdu, il cherchait juste son chemin.

Il détourna son regard, puis passant à quelques centimètres de la jeune femme, il ajouta.

– Excusez-moi si je vous ai fait peur.

Samantha resta dubitative un instant. Sa réaction lui avait semblé étrange, il avait été inquiet, elle ne pouvait le nier. Mais le temps d'un café apaisa toute tension. Le calme semblait être revenu, comme si rien ne s'était passé.

– J'ai un coup de fil à passer, je vais devoir vous laisser.

– Je dois terminer le journal de Mandy, ajouta-t-elle en acquiesçant.

Étendue sur son lit, un air frais provenant de la fenêtre, Samantha réfléchissait à tout ce qu'elle était en train de vivre. Ces quelques heures au manoir furent si riches en émotions… Sa rencontre avec Cheveyo si bouleversante… L'obscurité se répandait dans sa chambre. Tout paraissait si calme. Elle se sentait revivre l'attente d'un amant. Seule, assise sur le bord du lit, la jeune femme écoutait le doux clapotis des vagues contre la roche. Une vue imprenable s'offrait sur de mystérieuses falaises, elle resta un long moment le regard posé dans le vide à humer le parfum enivrant de la mer. Soudain, une délicieuse image vint lui effleurer l'esprit : Dimitri posté derrière la silhouette de Mandy, lui entourant la taille tout en caressant sa nuque de son souffle régulier et apaisant.

Ne pensant pas trouver le sommeil, Samantha décida de poursuivre la lecture du journal de Mandy dans la bibliothèque. Cette pièce aspirait au calme, des rayonnages hauts de deux mètres recouvraient entièrement deux pans de mur. Un vieil escabeau d'origine du dix-septième siècle était placé à l'entrée. À droite de la salle était installé un petit salon. Ce lieu paraissait parfait. Elle s'allongea sur le fauteuil et poursuivit sa lecture tout en sachant qu'il s'agissait des derniers mots.

« Le 10 mars,
Chaque jour, Dim sombre un peu plus dans l'alcool. Je crois que son passé le tue peu à peu... J'ai mal de le voir comme ça, mais que puis-je faire pour le sauver ? Aujourd'hui, même ma présence l'insupporte ! Je vais le perdre. Il déteste tout et devient de plus en plus violent avec moi. »

Brusquement, des bribes d'images vinrent s'imposer à l'esprit de Samantha et défilèrent comme dans un film.

Dimitri se trouvait dans son bureau avec une bouteille de Whisky à la main, lorsque Mandy arriva et lança d'une voix cinglante.

– Donne-moi cette bouteille !

– Ne commence pas ! cria-t-il.

Lorsqu'il se retourna de moitié et qu'elle aperçut ses yeux complètement transformés par l'alcool, elle se crut en plein cauchemar.

– Mais regarde-toi ! gémit-elle désemparée. Tu es ivre mort !

Surprise par la rapidité de son geste, Mandy n'eut pas le temps de le voir attraper violemment son bras et empoigner ses cheveux avec toute la force qui lui restait. Mandy resta un moment sans réaction, trop étourdie pour ressentir la douleur. Elle essaya alors de s'accrocher à lui. Fou de rage, il la gifla. Terrifiée, elle lui donna un coup de pied et réussit à se dégager pour ramper plus loin, mais il la rattrapa et frappa de nouveau. La force de ses coups semblait s'être atténuée, mais il frappa encore en lançant des mots d'injures jusqu'à ce qu'il s'arrête, exténué.

Médusée par ce qu'elle venait de ressentir, Samantha s'arrêta un instant. Comment avaient-ils pu en arriver là ? Se remettant lentement de ses émotions, elle reprit la lecture du journal.

« Le 19 mars,
La fatigue me défigure, ma fureur me rend aveugle, mais je t'aperçois encore... ton visage devient flou... Serais-tu en train de disparaître, lentement comme la glace au soleil ? Le sang du passé coule en toi, tes fantômes te noient. Je suis lasse... éteinte... Je suis perdue... Je t'ai perdu...

En ce jour de mercredi 23 mars, nous sommes arrivés à un point de non-retour. Je pense que Dim ne pouvait pas aller plus loin... J'ai longuement réfléchi, tourné ses idées en boucle dans ma tête, mais je ne vois pas d'autres solutions. Je veux qu'il parte... »

Les images du passé affluaient de nouveau à l'esprit de Samantha pour l'immerger au printemps 1880... Mandy était seule au grenier. Les jours avec Dimitri devenaient de plus en plus durs. Pour passer le temps, mais surtout pour éviter son mari, la jeune femme passait des journées entières le plus loin possible de lui. Mais en ce début de printemps, Mandy sut que plus rien ne pourrait jamais le sauver. Alors qu'elle était en train de ranger quelques livres sur une vieille étagère pour occuper un peu de son temps, elle entendit la trappe s'ouvrir trois mètres derrière elle. Instantanément, elle comprit que Dimitri allait encore la faire souffrir, les battements de son cœur résonnèrent si fort dans ses tempes qu'elle eut peur que Dimitri ne les devine. Il avançait d'un pas lent et régulier, son souffle calme s'accélérant au fur et à mesure qu'il se rapprochait. Lorsqu'il fut tout contre elle, elle sentit une forte odeur d'alcool. Son corps se crispa, elle redoutait un soudain geste de violence. Mais la main de Dimitri se promena doucement dans ses longs cheveux. Il se montrait tendre et aimant.

– Nous sommes si distants en ce moment Mandy... murmura-t-il.

Sa main ferme caressait son cou et sa nuque. De délicieux baisers rendaient la jeune femme prisonnière de son emprise, elle se sentait irrésistiblement défaillir...

– Tu me manques...

Il s'empara brusquement de sa bouche. Le goût de l'alcool la ramena alors à la réalité. Tout en se dégageant néanmoins avec douceur, elle murmura.

– Pas maintenant, j'ai du travail à terminer...

– Tu le finiras plus tard, susurra-t-il au creux de son cou.

D'une main douce et ferme à la fois, il entreprit de dénouer sa robe, tout en l'embrassant de façon plus nerveuse. Il s'impatientait, elle le sentait.

– Arrête ! Je ne veux pas ! affirma-t-elle en se détachant de lui.

Dimitri la regardait de son regard menaçant. Il l'attira à elle avec violence.

– Tu ne me désires plus ? menaça-t-il.

Il se montrait à présent arrogant et les refus de plus en plus fréquents de Mandy ne faisaient que l'énerver davantage. Elle se retrouva à terre, tout le poids de Dimitri l'empêchait de se dégager. De plus en plus violent et brutal, il lui déchira le décolleté de sa robe... Son regard n'était plus le même, il paraissait noir et terrorisant. Mandy ne reconnaissait plus son mari. Il glissa une main sous le jupon de la jeune femme et lui souleva en crachant des jurons indescriptibles.

Ne pouvant plus entreprendre le moindre geste, Mandy ne pouvait que se laisser faire. Ce soir-là, Dimitri fut plus brutal et irrespectueux que jamais. Mandy se sentit déshonorée et humiliée. Elle le regardait d'un air ahuri et réalisant la limite qu'il venait de franchir, son corps entier fut secoué de sanglots. Dimitri se redressa brusquement et plongea son regard dans celui de sa femme. La voyant ainsi, ses joues rougies par ses gifles, ses cheveux ébouriffés, sa robe déchirée... Son regard se métamorphosa. Elle vit alors qu'il venait de comprendre les conséquences de cet acte.

Il ferma les yeux l'espace d'un instant, lorsqu'il les rouvrit, il vit sa femme tremblante à l'idée qu'il puisse la frapper de nouveau.

– N'aie pas peur... supplia-t-il d'une voix à peine audible. Qu'est-ce que j'ai fait ?

Voyant qu'elle ne réagissait pas, il implora à plusieurs reprises son pardon. Il avait enfoncé son visage au creux de son cou sans cesser de s'excuser. Mandy ne comprenait plus ses réactions et ne savait plus comment réagir. Elle était perdue... désespérée...

– Va-t'en, annonça-t-elle d'une voix ferme.

Samantha se sentit lentement revenir à son époque, tremblante et les muscles crispés. Cet homme avait tenté en vain de lutter contre ses démons, mais il était bel et bien détruit ! Une soudaine fraîcheur fit frissonner la jeune femme. La petite pièce devint sombre... Samantha ne voyait pas assez pour poursuivre sa lecture. Tout à coup, son regard se troubla, ses oreilles bourdonnaient.

Elle comprit alors qu'elle allait connaître la suite de l'histoire de Mandy et Dimitri... Les images revinrent.

Mandy était assise à sa table de toilette et après avoir relevé ses longs cheveux en chignon, elle s'installa devant la petite fenêtre qui lui offrait une vue somptueuse et, songeuse, posa une main sur son ventre qui commençait à s'arrondir.

Elle avait passé une nuit épouvantable, redoutant l'arrivée de son mari qui n'était finalement pas venu. Elle voulait l'aider, mais sans revenir sur sa décision.

Elle descendit les marches d'escalier, sortit du donjon, et chercha Dimitri. Il n'était nulle part. Elle entreprit donc de se faire un café. Le silence régnait dans le manoir par cette heure encore très matinale lorsqu'elle entendit des pas se diriger vers elle. Elle se retourna et l'aperçut. Son corps était mouillé, une serviette blanche lui encerclait la taille. Ses cheveux noirs encore humides lui cachaient légèrement le visage. Mais elle ne voyait que ses yeux emplis de regret et de culpabilité.

– Je suppose que tu n'as pas bien dormi toi non plus, décréta-t-il d'une voix neutre.

Mandy répondit par un simple mouvement de tête. Elle n'osait le regarder, il semblait tellement désemparé et, à la fois, plus séduisant que jamais. Elle ne devait pas craquer ni changer d'avis.

– Il faut que l'on parle Dimitri...

Les mains croisées, elle lui tourna le dos. Elle savait qu'elle devait aller jusqu'au bout et ne pas se laisser prendre par l'amour qu'elle ressentait toujours pour lui. Elle regretterait peut-être ce qu'elle allait dire, mais elle n'avait plus le choix.

– Je veux que tu partes ! lança-t-elle sèchement sans se retourner.

Elle marqua un temps d'arrêt en pensant qu'il allait lui répondre quelque chose, mais il y avait un effroyable silence entre eux. Devant ce manque de réaction, Mandy se retourna et contempla son regard vide.

– Je t'ai fait souffrir, j'espère qu'un jour tu pourras me pardonner. Je t'ai aimé Mandy et je t'aime plus que je n'ai cru pouvoir aimer un jour...

Jamais elle ne l'avait vu ainsi. À cet instant, elle aurait voulu oublier tout le mal qu'il lui avait fait. Mais ce n'était plus possible ! Lentement, elle s'approcha et attira son visage au creux de sa poitrine. Tout en entourant sa tête de ses bras, elle pleura silencieusement. Il voulait se blottir, se fondre dans son odeur, dans son corps à tout jamais.

Ils restèrent dans cette position durant quelques minutes qui semblèrent durer une éternité.

*

Samantha fut brusquement perturbée et ramenée à la réalité par un petit bip lancinant et répétitif. Dérangée, elle ouvrit un œil et regarda tout autour de la pièce quand elle aperçut enfin son portable clignotant. « Plus de batterie ! » Son chargeur était encore dans son sac, mais elle était allongée sur le canapé de la bibliothèque et n'avait pas le courage de se lever. Elle reprit sa lecture.

« *Le 25 mars,*
Le jour se lève doucement. La nuit fut longue et si douloureuse. C'était la dernière nuit de Dim ici. En ce moment, il est en train de préparer ses affaires, il a décidé de retourner dans les plaines. Son départ est prévu dans quelques heures. Je sais que je ne dois pas dire ça, mais je ne suis plus sûre de vouloir qu'il parte. Est-ce la bonne décision ? J'ai du mal à respirer, je tremble, je ne sais plus ce que je dois faire ! Je voudrais pouvoir revenir en arrière, effacer les douloureux souvenirs qui le hantent. Comment vais-je pouvoir vivre sans lui ? J'attends un enfant de lui ! Je ne peux pas lui faire ça ! Il faut que je lui parle, que je lui dise que je suis enceinte. Je dois lui donner encore une chance ! Pour moi ! Pour lui ! Pour notre bébé !

Le 28 mars,
Je crois que c'était le 25. Nous avons vu l'incendie… mais je suis arrivée trop tard… je n'ai pu le sauver… je n'y suis pas arrivée… j'aurai dû le sauver… pardonne-moi… je ne peux pas vivre sans toi… attends-moi… j'arrive… »

Mandy

Elle referma les pages de son carnet très lentement, précieusement. Comme si toute sa vie se résumait entre ces lignes, comme si Dimitri vivait encore à travers ces pages. Aujourd'hui, elle était éteinte. De violentes contractions la secouaient chaque nuit depuis la mort de Dimitri, depuis qu'elle avait cessé de se battre. Allait-elle le perdre lui aussi ? Elle n'arrivait pas à se projeter dans un futur. Elle ne souhaitait plus s'alimenter, plus marcher, plus parler. Plus comprendre, plus penser. Son cœur s'éteignait doucement. Ce matin-là, elle se réveilla peu de temps avant le lever du jour et sortit du manoir comme une automate. Elle savait ce qu'elle devait faire… Elle contempla les vagues s'échouer violemment contre les roches. Une tempête s'annonçait, le vent se faisait plus puissant. Du haut de la falaise, elle ne cessait de dévisager les remous incessants, grisée par ce bruit sourd et impénétrable. Elle n'était plus tout à fait elle-même… peut-être déjà auprès de lui... elle avança un pied… la main posée sur son ventre… puis le deuxième… et disparut.

*

Samantha revint à elle progressivement. Elle éprouvait une vive douleur, profonde et lancinante. Dimitri était un homme torturé et tourmenté et Mandy avait sacrifié sa vie pour cet amour… L'un sans l'autre, plus rien n'avait de sens… Étrangement, elle avait l'impression de sentir encore leur présence entre ces murs.

Samantha pensa à Cheveyo, elle se sentait si vivante avec lui, comme jamais auparavant. Elle éprouvait des sentiments si forts… Pourtant, leurs chemins allaient devoir se séparer… Leurs vies se déroulaient à plusieurs milliers de kilomètres. Qu'allait-elle faire maintenant sans lui ? Son cœur s'emballa, une douleur jaillit du fond de son ventre. Elle avait envie de le voir, de se sentir protégée par son regard, d'entendre le ton rassurant de sa voix.

Elle sortit à vive allure de la bibliothèque et entreprit de descendre les marches des escaliers deux à deux, lorsqu'elle bouscula Cheveyo qui la retint de justesse. Secouée par des sanglots incontrôlés, elle s'écroula dans ses bras et y trouva tout le réconfort qu'elle cherchait.

Naturellement, il posait ses mains sur son dos tout en effleurant ses longs cheveux. Leur douceur lui donnait l'envie irrésistible de les caresser. Il profitait du plaisir de la sentir se laisser aller contre lui.

– Cheveyo, tout ça est si… Je n'arrive pas à…

– Calmez-vous, murmura-t-il.

Ses bras l'encerclaient fortement, comme si c'était la dernière fois… Instinctivement, elle leva les yeux et plongea son regard dans le sien. Elle comprit alors que quelque chose n'allait pas.

– Que se passe-t-il ? demanda-t-elle en se redressant.

– Samantha, j'ai un imprévu…

Ils se dévisagèrent un instant. Sa respiration semblait plus rapide.

– Je dois partir…

Sa phrase sonna comme un coup de poing.

– Partir ? Comment ça ?

Il prit sa main puis avec une grimace ravagée par la douleur, lui tourna le dos pour fuir. Avait-il le droit de lui faire ça ?

– Je vous en prie, expliquez-moi !

Baissant la tête au sol, il s'arrêta. Elle avait raison !

– J'ai des ennuis, confessa-t-il.

– Quels ennuis ?

Elle venait de le rattraper et lui faisait face. Il semblait fuir son regard.

– Vous n'allez pas partir comme ça... Je vous en prie...

Devant son air paniqué, il finit par confier.

– Mon passé me rattrape, commença-t-il tout en cherchant ses mots. Un homme me suit, il en a après moi.

Il la regarda un instant avec toute la détresse du monde.

– Il me cherchait, il vient de me trouver. J'ai appelé Carmen pour que vous ne soyez pas seule cette nuit, elle sera là dans quelques minutes.

Il semblait réellement agité ! Samantha fit le lien entre l'homme qu'elle avait aperçu avec Cheveyo l'autre jour, la discussion animée dans la rue, la voiture garée devant le manoir, les agitations de Cheveyo... Voyant qu'elle ne bougeait pas, il ajouta.

– Je ne vais pas vous abandonner Samantha, croyez-moi. Mais je vais d'abord régler ce problème...

Il se dégagea de son étreinte à contrecœur.

– Je vais m'occuper de lui...

Puis s'éloigna d'un pas déterminé.

– Attendez ! Vous ne pouvez pas...

Le silence régnait dans le manoir, Cheveyo avait déjà disparu.

20

Samantha chercha son calme, il fallait qu'elle réfléchisse. Elle n'arrivait plus à respirer, une douleur au niveau de la poitrine la dévorait. La seule idée qu'elle puisse être loin de lui était insupportable. Elle dévala les dernières marches à toute allure.

– Cheveyo !

Personne dans l'entrée, elle tenta un bref coup d'œil dans le salon lorsqu'elle entendit le bruit d'un moteur. Il ne pouvait pas partir comme ça ! Sans même qu'elle lui ait avoué ce qu'elle ressentait ! Elle comprit qu'il avait tout chamboulé dans sa vie, dans sa tête, dans son cœur. Elle ouvrit la porte avec fracas tout en criant son prénom et le découvrit en train de charger ses bagages dans un taxi. Lorsqu'il l'entendit derrière lui, il se retourna pour lui faire face.

– Cheveyo…

Ses gestes étaient mal assurés, il paraissait perdu. C'était la première fois qu'elle le voyait ainsi.

– Je suis désolé… murmura-t-il en se mordant les lèvres.

Il tourna les talons et ouvrit la porte du véhicule.

– Alors c'est tout ? cria-t-elle désespérée. Vous m'amenez à vous, me faites découvrir l'histoire de Mandy et Dimitri, vous venez me hanter jusque dans mes rêves et vous repartez aussitôt après m'avoir fait complètement perdre la tête !

Il s'arrêta et bloqua un instant tous ses gestes. Elle avait raison, il ne pouvait pas partir comme ça. Malgré l'urgence de la situation, le moment était venu. Il avait souhaité qu'elle fasse son chemin, qu'elle comprenne d'elle-même. Maintenant, elle était prête. Il se retourna, plongea son regard dans celui de

Samantha et avança d'un pas rapide et déterminé dans sa direction. À cet instant, tout vacilla autour d'elle, son cœur allait exploser. Elle ressentait les mêmes sensations que lors de son rêve, la même fougue, la même passion envahir tout son corps. Cheveyo l'attrapa par le bras pour l'attirer à lui puis d'un geste ferme la bascula légèrement en arrière pour mieux plaquer ses lèvres sur les siennes. Ils s'embrassèrent dans une frénésie incontrôlable, comme deux jeunes fous qui découvraient l'amour. Samantha manqua de perdre l'équilibre face à toute cette émotion. Cheveyo la retint de son bras puissant et finit par s'arracher à cette étreinte. Ils se regardèrent un instant, essoufflés. C'est alors qu'elle reprit ses esprits et se rappela les derniers mots de la lettre de Dimitri : « Aujourd'hui, je suis prêt pour t'aimer comme tu le mérites... Reste l'attente que tu me reconnaisses. »

– C'est toi ? murmura-t-elle d'une voix à peine audible.

Il la regarda un instant, visiblement plus ébranlé qu'il ne l'aurait cru.

– Emmène-moi avec toi... Je t'en prie...

Il avait tellement besoin d'elle. L'idée de la perdre lui était insoutenable, mais il ne pouvait pas la mettre en danger. Il n'avait pas le droit de lui faire ça.

– Je ne peux pas ! s'entendit-il murmurer.

21

Dimanche 29 juin 2008 – 8 h
Quelque part dans l'Idaho...

Le soleil s'était levé depuis plus de deux heures, dévoilant progressivement d'admirables paysages et de vastes territoires vierges. Après être arrivé à Portland en taxi et avoir cherché un vol pour le Dakota en vain, il avait dû se résigner à louer une voiture. De longues négociations avec le vendeur finirent par payer et il put obtenir un véhicule. La vieille Buick blanche venait déjà de parcourir plus de neuf cents kilomètres à travers l'Oregon et l'Idaho pour bientôt pénétrer dans le Wyoming.

Les montagnes Rocheuses, réputées pour la beauté de ses paysages faits de hauts sommets enneigés, de somptueuses cascades sauvages, de vastes lacs aux couleurs limpides et de profonds canyons, s'offraient à ses yeux. Après avoir longé de vastes étendues de forêts recouvertes de sapins, il était redescendu vers un relief plus varié, offrant plaines et canyons, pour regagner une route plus rapide.

Cheveyo repensait à ces derniers jours, à sa rencontre avec Samantha, au goût de ses lèvres, au parfum de sa peau. Comment était-il possible d'éprouver des sentiments aussi passionnés en si peu de temps ? Leur rencontre s'était faite comme il l'avait espéré. Étonné de voir à quel point elle lui faisait de l'effet, il avait dû se maîtriser. Plus d'une fois, il avait voulu lui parler, la toucher, l'embrasser ! Il avait lutté pour attendre qu'elle soit prête... Et à cet instant, il se répétait cette phrase : « Elle sait qui je suis. »

Il tourna son visage sur sa droite comme pour s'en assurer encore une fois, mais le siège était désespérément vide. Elle l'avait supplié ! Elle avait été prête à le suivre à plusieurs milliers de kilomètres alors qu'elle le connaissait depuis quelques heures seulement. Elle avait décidé dans l'urgence, sans réfléchir. Son choix avait été instinctif, comme reprendre une bouffée d'air après avoir été submergé trop longtemps sous l'eau. C'était insensé, mais elle s'en fichait. Elle lui avait montré une totale confiance. Mais il était parti...

Après avoir roulé toute la nuit, il longea la nationale quelques minutes encore avant de tomber devant un motel restaurant, un genre de routard ouvert 24 h sur 24. Un vieil homme assis au comptoir se retourna au son de la clochette de la porte d'entrée. À l'intérieur, deux, trois chauffeurs prenaient un bon café chaud avant de reprendre la route. Quelques photos sur les murs retraçaient les épopées glorieuses de concours de bière. Un vieux jukebox rouge ornait le fond de la pièce.

Alors qu'il consultait la carte du petit déjeuner, une serveuse d'une quarantaine d'années arriva avec une cafetière à la main.

– Qu'est-ce que je vous sers ? demanda-t-elle d'une voix morose.

– Deux œufs brouillés avec des toasts, dit-il le nez dans la carte.

Après avoir rempli un mug de café bien noir, la serveuse repartait sans avoir levé la tête.

– Et rajoutez deux pancakes, s'il vous plaît.

Cheveyo laissa un message au Mc Poll pour s'excuser d'avoir quitté prématurément le manoir. Il ne rentra pas dans les détails.

Durant ces quelques heures de route, il avait veillé à ce que personne ne le suive. Il avait emprunté plusieurs petites routes de campagne, ce qui avait rallongé sa distance. Il se réjouissait de l'avoir vraisemblablement semé...

Se trouvant à moins d'une heure du parc de Yellowstone, il décida de s'y rendre pour profiter de quelques minutes de marche avant de reprendre la route pour plusieurs heures.

Même heure... au nord de Coos Bay...

Samantha n'avait pas dormi de la nuit, elle n'avait pas eu le courage de lire non plus. Elle était restée étendue, dans le noir, les yeux rivés sur la porte de sa chambre. Comme si Cheveyo allait revenir, la prendre par la main et lui demander de le suivre... Elle repensait à sa rencontre avec lui et tout ce qui avait suivi... jusqu'à leur baiser. Des frissons l'assaillirent. Elle n'avait jamais été embrassée avec autant de fougue. Depuis, elle avait l'impression de se sentir différente... Une voix lui disait qu'elle connaissait Cheveyo depuis très longtemps, que leur rencontre n'était pas due au hasard. Tout ce qu'elle avait ressenti depuis son arrivée au manoir avait un sens : son rêve prémonitoire, ses impressions de déjà-vu, les endroits cachés qu'elle connaissait... Un silence angoissant régnait autour d'elle. Depuis le départ de Cheveyo, le manoir ne semblait plus le même.

Samantha avait bouclé ses valises, et s'apprêtait à reprendre la route, ce n'était qu'une question de minutes. Elle avait reposé le livre de Mandy là où elle l'avait trouvé, c'était sa place, il appartenait au passé. Puis elle était descendue prendre un rapide petit déjeuner sous les recommandations de Carmen. La salle de réception lui avait paru immense. Elle avait demandé à la servante de s'excuser auprès de Lily et Alyson pour son départ précipité. Regardant une dernière fois ce lieu qui l'avait tant bouleversée, elle avait humé l'embrun enivrant avant de monter dans son véhicule. Son portable sonna pour l'énième fois alors qu'elle ravalait un sanglot… comme si cette maison était le seul lien qui la rattachait à Cheveyo… Encore un message d'Abby qui s'inquiétait, elle lui répondit quelques mots tapés dans le vague : « J'arrive… Je t'expliquerai… »

22

Sacramento
Dimanche 29 juin 2008 – 15 h

– C'est tout ?

Abby regardait son amie avec un air désabusé.

– Tu es sûre que c'est tout ce que tu as à me dire ?

– Je te l'ai dit Abby, j'étais là-bas pour le boulot. Je suis restée une journée de plus pour mon article.

– Et lui, ce Cheveyo White machin chose ?

– Cheveyo Black Wolf ! Il est venu pour la publication de son roman et il est reparti, s'énerva Samantha visiblement irritée. Bon, excuse-moi, mais je dois mettre toutes mes notes au propre pour demain…

– Sam, je te connais, tu n'as pas l'air dans ton assiette et je n'aime pas ça.

– Laisse tomber…

Elle se leva rapidement et tourna les talons pour s'enfermer dans sa chambre.

Abby remarqua tout de suite que quelque chose n'allait pas. Le regard flou, l'attitude fuyante, la nervosité débordante de son amie, tout cela lui rappelait une mauvaise époque qu'elle ne voulait pas revivre. Lorsque Samantha se sentait fragile, elle replongeait rapidement. Il fallait faire quelque chose.

Samantha s'assit quelques instants sur son lit, elle se sentait si vide. Elle n'aimait pas être comme ça, elle n'était plus une ado de quinze ans qui essuyait son premier échec ! Elle devait se reprendre. Elle avait encore quelques heures devant elle pour rédiger son article, il fallait qu'elle s'y mette maintenant. Elle ouvrit sa valise et prit son carnet qui portait l'odeur du manoir. Samantha poussa un soupir et commença à relire ses notes. Une heure s'écoula. Une heure où elle n'avait pas réussi à écrire plus de deux lignes. Que lui arrivait-il ? Son esprit était ailleurs, elle ne parvenait pas à se concentrer. C'était plus fort qu'elle.

Ces trois jours avaient été tellement éprouvants. Elle n'arrivait pas à s'en détacher. Sa vie à Sacramento lui paraissait si dérisoire, elle ne se sentait plus à sa place.

Elle posa alors son regard sur sa valise, entre deux vêtements dépassait le roman de Cheveyo que lui avait donné Lily. Samantha s'approcha et s'en empara. Elle caressa sa couverture. Elle éprouvait une vive douleur au fond de sa poitrine. Elle avait terminé la lecture de la première partie du roman avant d'avoir commencé le journal de Mandy. Partagée entre l'envie de connaître la suite et la souffrance qu'elle éprouvait envers cet homme, la jeune femme hésita. Mais elle semblait comme aspirée par ce livre. Elle l'ouvrit et lut de nouveau la dédicace qui semblait prendre un tout autre sens.

« À celle qui se reconnaîtra… »

Puis elle tourna les pages jusqu'à arriver devant la deuxième partie du roman de Cheveyo, consacré à Dimitri.

DEUXIÈME PARTIE

23

Été 1872 — dans le Montana...

La chaleur était insupportable. Alors qu'ils escortaient des arpenteurs de la compagnie de chemin de fer Northern Pacifique, les soldats du colonel Baker ne virent pas arriver les guerriers indiens.

– Ils arrivent tout droit sur nous ! s'écria l'un d'entre eux.

Une série d'exclamations retentit vivement, mêlant panique et injures. Dimitri porta une main à son visage en guise de visière. À leur droite s'élançait une trentaine de guerriers qui s'approchaient à une allure incroyable. Une violente peur s'empara de lui, il entendit Carlton lui crier de sauver sa peau. Dans un instinct de survie, il tira fortement sur ses lanières et son cheval s'enfuit à toute allure. Carlton était devant lui et lui jetait de furtifs coups d'œil pour se rassurer. Soudain, ils entendirent des cris, leurs cris de sauvage, aigus et sanglants, qui annonçaient la mort. Des coups de feu retentissaient, Carlton se pencha sur la crinière de son animal et se retourna pour tirer à quelques centimètres de Dimitri. Un jeune guerrier tomba, il n'était qu'à deux mètres de lui ! Il fallait qu'il réagisse ! Un deuxième Indien s'approcha à sa gauche. Jamais il n'en avait vu d'aussi près, ses longs cheveux noirs flottaient au vent. Dans son regard, il décelait toute la haine de son peuple à leur égard. Son cheval se rapprochait dangereusement du sien. L'Indien, qui prenait appui sur son animal, semblait se préparer à sauter sur lui pour l'entraîner au sol. Saisissant son revolver, Dimitri tira. Sous l'effet de la puissance de la balle, son corps eut un vif mouvement de recul et le jeune guerrier bascula sur le flanc de son cheval pour tomber à terre. Lorsqu'il releva son visage, Dimitri aperçut les Indiens ralentir tout en s'écartant de leur trajectoire. La troupe de Baker en profita pour accélérer son allure et s'enfuir vers l'ouest. Ils ne surent jamais pour quelle raison, ce jour-là, ils avaient soudainement cessé de les attaquer. Cette bataille fit plusieurs blessés et quelques morts dans les deux camps. Le soir même, alors qu'ils étaient rentrés à Fort Shaw pour soigner ceux qui en avaient le plus besoin, Carlton rejoignit son ami et lui demanda.

– Comment tu te sens ? Tu n'as pas dit un mot depuis notre retour.

Cette bataille l'avait ébranlé. Il n'avait jamais vu autant de haine dans un regard, il n'avait jamais eu aussi peur de toute sa vie. Il avait tué un homme pour la première fois…

– Je ne t'ai pas encore remercié de m'avoir sauvé la vie, déclara Dimitri.

– Tu aurais fait la même chose pour moi.

– J'étais pétrifié, avoua-t-il d'une voix pensive. J'ai horreur de ça, ce n'est pas mon truc !

– Tu dis ça maintenant, mais bientôt, tu te sentiras mieux, tu agiras par vengeance.

– Pourquoi je n'y arrive pas ? Pourquoi je n'ai pas ta haine ? Je ne ressens plus rien…

Été 1869

Cela faisait maintenant deux années que Dimitri gérait seul la ferme familiale. Son père et son frère Scott ayant rejoint l'armée, il vivait avec sa sœur Emma, nouvellement mariée à Carlton le meilleur ami de Dimitri, et sa mère. Cette année enfin, la vente de leur récolte était bonne et c'est un matin d'août que les deux hommes décidèrent de rentrer chez eux, après avoir passé plusieurs jours auprès des commerçants du Montana. Ils avaient parcouru de nombreux kilomètres loin des leurs et c'est en serrant la bague qu'il avait dans sa poche que Dimitri pensa à Shenna. Il allait bientôt retrouver la douceur de ses sourires, la chaleur de ses yeux. Ils avaient quitté les montagnes et arrivaient dans les grandes plaines. Le ciel était nuageux, mais cela n'empêchait pas la chaleur de persister bien que la journée touchait à sa fin. Un léger souffle de vent faisait s'agiter l'herbe sur le sol. Ils accélérèrent leur allure pour enfin arriver devant la ferme de Carlton peu avant la tombée de la nuit. Un silence pesant se faisait ressentir, toujours le souffle du vent de plus en plus fort... Le temps semblait s'être suspendu... La porte de la ferme était grande ouverte, un tablier chiffonné se soulevait légèrement sous la brise et roulait sur la terre sèche. Carlton descendit du chariot et avança d'un pas rapide jusqu'à la ferme. Il pénétra à l'intérieur pour ressortir en quelques secondes. Dimitri tentait de déchiffrer son regard.

– Il s'est passé quelque chose, lança Carlton.

Il jeta un rapide coup d'œil à la grange, elle était vide... Leurs regards se croisèrent, puis brusquement, Carlton décrocha l'attelage et sauta sur son cheval. Dimitri l'imita en une fraction de seconde pour s'élancer à toute allure en direction de la ferme de Dimitri. Un étrange pressentiment les saisissait... Deux, trois minutes suffirent pour faire le trajet. Le chariot était là. Soudain, le cœur de Dimitri se mit à battre très fort, jusqu'à raisonner violemment dans ses tempes et lui donner le vertige. Les événements s'enchaînèrent à une allure incroyable. Ils se retrouvèrent dans la maison face à une vision d'horreur. Pris de convulsions, Carlton sortit et cria de toutes ses forces. Dimitri ne put faire le moindre geste. Paralysé, il ne parvenait pas à détourner son regard.

La mère de Carlton, allongée au sol et recouvrant de tout son corps son deuxième fils âgé de dix ans, avait reçu deux balles qui l'avaient transpercée et atteint son enfant. C'est avec un vif effroi qui lui glaça le sang que Dimitri aperçut sa mère reposant au coin d'un mur, une flèche en plein cœur. La stupeur et l'horreur se lisaient encore sur son visage. Au fur et à mesure que son regard se levait, Dimitri découvrait un nouveau corps. Le père de Carlton était écroulé au pied des escaliers, scalpé. Il tenait dans sa main droite un revolver Colt Army avec lequel il avait tué un Indien étendu à ses côtés. Dimitri contemplait ce qu'il voyait comme si tout cela semblait irréel. Il n'y avait pas la moindre trace d'Emma ni de Shenna. Un autre Indien gisait dans les escaliers. Dimitri monta d'un pas lent en direction de l'étage lorsqu'il entendit des cris provenant de l'extérieur. D'un mouvement rapide, il se retourna et aperçut Carlton portant dans ses bras sa jeune épouse. Il dévisageait Dimitri avec un regard insoutenable, transfiguré par l'horreur, rouge comme le sang.

Trébuchant à plusieurs reprises, fragilisé par le tremblement de ses jambes qui ne voulaient plus le porter, Dimitri courait sans savoir où il devait se diriger. Il s'arrêta net en apercevant Shenna, gisant dans l'herbe, criblée de balles. Les deux femmes avaient dû vouloir s'enfuir... Le corps de Dimitri semblait brûler de l'intérieur. Tout se bousculait dans sa tête et lui faisait perdre le contact avec la réalité. Anéanti et incapable de réfléchir, il enfourcha brusquement son cheval et s'enfuit à vive allure. Sa conscience le faisait cruellement souffrir. Il galopait vite, trop vite, demandant inlassablement à son cheval d'accélérer encore et encore. Soudain, l'animal trébucha sur une branche et ce fut le trou noir… La délivrance…

Lorsqu'il ouvrit les yeux au bout de quelques heures, sa tête lui faisait horriblement mal.

– Où sommes-nous ? demanda-t-il d'une voix éteinte.

– Je ne sais pas… quelque part entre les grandes plaines et le Dakota du Nord.

Leurs chevaux broutaient à quelques mètres. Il regarda Carlton avec insistance, son regard était livide, de sombres cernes formaient deux grandes poches sous ses yeux.

– Nous ne pouvons pas rester comme ça. Je veux leur vengeance ! annonça Carlton.

Dimitri se redressa et regarda son ami. Dans ses yeux, il pouvait déceler une haine féroce. Il comprit alors où il voulait en venir. S'engager dans l'armée américaine ! Combattre ces Indigènes jusqu'à ce qu'ils soient tous morts.

– Mon choix est fait. Tu me suis ?

Dimitri et Carlton s'engagèrent ensemble comme soldats dans l'État du Montana au mois de septembre 1869. Deux traités de paix avec les Indiens avaient déjà été instaurés. Le premier datait de 1851 à Fort Laramie dans le Montana. Il autorisait le passage des troupes, la construction de forts et l'installation du télégraphe. De leur côté, les Indiens avaient reçu une somme d'argent par les agents gouvernementaux qu'ils convertirent en provisions alimentaires. Grâce à ces accords, le calme régna jusqu'en 1862 alors que la guerre de Sécession éclatait. Pendant ce temps, les autorités de Washington, préoccupées par le conflit civil, délaissèrent quelque peu la situation de l'Ouest qui se dégrada dramatiquement. Certaines tribus dévastaient les fermes, les commerces, les forts et tuèrent plusieurs centaines d'Américains. La panique s'emparait des populations qui fuyaient en laissant leurs biens. Pour tenter de remédier à cette crise, le gouvernement demanda l'aide de l'armée fédérale. Mille huit cents Indiens furent prisonniers et trois cents condamnés à la pendaison. Mais les incidents se multiplièrent, dont le plus marquant fut sans doute l'attaque par surprise d'un campement Cheyenne. Six cents Cheyenne furent exterminés. Déterminés à défendre leur droit sur tout le territoire des Black Hills, les Indiens coupèrent la piste Bozeman et harcelèrent les troupes des forts. Las de cette guerre d'usure qui lui coûtait cher, le gouvernement tenta de négocier.

En 1868, le traité de Fort Laramie reconnut la possession des Blacks Hills aux Indiens. Si l'armée accepta de détruire quelques forts, les Indiens ignoraient que ce deuxième traité demandait leur installation sur des réserves…

24

Quelques années plus tard…

Après avoir été acceptés dans les troupes du célèbre général
Custer, troupes nouvellement constituées pour combattre les
Indiens des plaines, les soldats établirent un fort dans la région
des Black Hills, appartenant désormais aux Indiens. Bon
nombre de citoyens faisaient pression sur le gouvernement
pour explorer ce que cachaient ces montagnes.

Ce fut au cours de l'été 1874 que Custer conduisit son
expédition militaire en ignorant le traité de 1868. Rapidement,
les hommes trouvèrent de l'or et le messager chargé des
dépêches officielles ébruita la nouvelle, entraînant l'arrivée de
nombreux chercheurs d'or dans ces montagnes dites
« sacrées ».

Au printemps 1875, beaucoup de campements s'installèrent
dans les vallées. Le gouvernement tenta de convaincre les
Sioux de vendre cette partie de leur territoire, en vain. Il devait
trouver un prétexte suffisamment valable pour accuser les
Indiens de ne pas avoir respecté le traité : agressions contre les
tribus alliées des Américains, quelques attaques contre les
colons et voyageurs blancs.

Lors du mois de décembre 1875, le gouvernement envoya
des messagers en territoire indien pour poser un ultimatum aux
hommes de Sitting Bull, chef guerrier de la nation des Sioux.
Cette dépêche avait pour but de les pousser à se présenter à une
réserve gouvernementale avant le 31 janvier 1876. S'ils ne
prenaient pas part à cette démarche, ils seraient considérés
comme hostiles et susceptibles de subir des attaques militaires.

Au bout de quelques semaines, n'obtenant aucune réponse, ils organisèrent une expédition.

Beaucoup de temps avait passé depuis cet été 1869, mais la haine était toujours là. En cette sombre soirée d'hiver, Carlton paraissait songeur. Demain, ils lèveraient le camp, il sentait le moment patiemment attendu arriver. Il allait venger les siens !

Ce fut le matin du premier mars 1876 qu'ils partirent pour leur mission. Les jours s'écoulaient lentement, les nuits gelaient les os. Chaque jour était une nouvelle bataille, il fallait lutter contre un froid cisaillant, une fatigue grandissante et la faim qui les tiraillait. Ils se devaient de lutter pour survivre et puisaient dans leurs dernières forces. Les jours qui suivirent, la cavalerie continua vers le nord, pendant que les éclaireurs cherchaient des signes de présence d'un village ou le passage d'un groupe important. Le 7 mars, un éclaireur de la cavalerie annonça que les Indiens s'étaient installés au bord de la Powder River. Ils campèrent la nuit du 16 mars à deux kilomètres du campement sans allumer de feu. L'attaque allait être lancée aux premières lueurs. Les membres de la cavalerie se couchèrent sur le sol enneigé. Ces quelques heures furent épouvantables, le froid les glaçait, la respiration leur manquait et l'angoisse grandissait. Carlton ne pouvait pas dormir, il ne tenait pas en place.

– Je serai dans le tout premier rang, affirma-t-il à son ami.

Dimitri ne se sentait pas bien. Il éprouvait un étrange malaise.

– Je veux lire la terreur sur leur visage, je veux voir ma haine à travers leur propre regard, tout comme Emma a lu sa terreur dans les yeux de son assassin !

Le son de sa voix s'enflammait. Il ne cessait de bouger dans tous les sens. La flamme de ses yeux brillait de nouveau, redéployant cette rage mise en sommeil ces dernières années.

La piste était un terrain très escarpé et difficile d'accès. Les différentes troupes, scindées en bataillon, se rapprochèrent sans faire le moindre bruit. Le jour se levait lentement. La tempête s'était déportée vers l'est deux heures plus tôt. Le bruit sourd de chacun des pas des soldats résonnait. Un frisson d'angoisse saisit brusquement Dimitri.

– Une des compagnies va charger droit au cœur du camp, je vais en faire partie. Tu m'accompagnes ? demanda Carlton.

Dimitri secoua la tête.

– Comme tu voudras. Ce sera ma dernière bataille. Après, c'est moi qui te suivrai.

Il l'attira dans ses bras et lui tapa amicalement dans le dos.

– Fais attention à toi.

La charge fut lancée. À cet instant, une masse noire fonça tout autour du campement. Les Indiens furent instantanément tirés de leur sommeil. Un effroyable bruit jaillit des quatre coins des Black Hills, mêlant tirs d'armes à feu, hurlements de ce peuple trahi et ordres criés à tout-va.

Deux autres bataillons arrivèrent par-derrière, dans lesquels se trouvait Dimitri. Le campement était à peine visible, la fumée, provoquée par les armes, engendrait un épais nuage. Saisi par l'horreur qui se déroulait devant ses yeux, il ne put faire le moindre geste. Une Indienne, tenant son enfant dans ses bras, courait droit devant lui. Elle fit jaillir du fond de sa gorge un cri effroyable, un cri d'une stupeur étonnante, si aigu qu'il le sentit pénétrer en lui. C'était un cri de haine, de peur… un

157

cri de mort… Son regard, transformé par l'horreur, le fixait intensément. Soudain, elle tomba à quelques mètres de lui en recevant une balle à la jambe, son enfant hurlait étendu sur le sol enneigé.

— Attention ! hurla un homme en le poussant pour échapper à une balle.

Ils étaient en guerre, il fallait qu'il le comprenne. Il courut en direction du campement et chercha Carlton du regard. Jamais de sa vie, il n'avait vu autant d'Indiens. Leur haute taille les rendait impressionnants. Grands et agiles, ils étaient redoutables. Ils se déplaçaient par petits sauts avec une telle rapidité que les soldats avaient peine à les suivre du regard. Pendant ce temps, une autre compagnie avait réussi à s'emparer de leurs chevaux qui attendaient en retrait du campement. Malgré l'effet de surprise, les Indiens, dont beaucoup étaient presque nus dans ce froid glacial, brandissaient des haches de guerre appelées tomahawk et réussirent à se mettre à l'abri sur le pourtour du village. Dès cet instant, ils purent tirer à volonté. Très rapidement, la confusion s'installa chez les soldats. Comment avaient-ils réussi à se protéger tout en ayant été pris par surprise ? À présent, les soldats étaient assiégés au cœur même du village ennemi. Une vive inquiétude les saisit brusquement. Comment allaient-ils sortir de cette situation ? Les généraux criaient des ordres, incompréhensibles dans ce brouhaha. La panique gagnait les esprits de chacun. Dimitri pensa à son ami qui était en danger ! Il tenta désespérément d'avancer droit devant lui alors que la totalité des hommes faisait demi-tour.

Au cœur du village, il ne restait que quelques Indiens qui tentaient vainement de se défendre en se protégeant à l'abri des tentes. Les balles sifflaient de tous côtés. Dimitri ne possédait plus aucune force, ses muscles ne lui répondaient plus. Deux hommes mirent le feu à un tipi. Il regardait tout autour de lui, il était debout au milieu du campement, des tirs affluaient de partout, mais il ne bougea pas... Il l'avait repéré : Carlton se tenait accroupi entre deux tipis très proches l'un de l'autre, il tenait... un enfant dans ses bras, une Indienne. Dimitri cria son nom de toutes ses forces. Il se couvrit le visage en entendant des coups de feu lui frôler les oreilles puis s'accroupit. Un corps gisait à quelques centimètres de lui.

– Mais sauve-toi ! Ne reste pas ici, hurla Carlton.

Il tenait toujours l'enfant contre lui. Rapidement, Dimitri se rapprocha de son ami. Ils se regardèrent un instant, soulagés de voir que rien ne leur était arrivé. Puis Carlton s'écria.

– Tu es complètement fou, tu veux mourir ?

Alors qu'il avait les yeux rivés sur son ami, il entendit un bruit sourd lui percer les oreilles. C'était tout proche, trop proche... Sous l'effet de la violence de la balle, Carlton s'affala sur son ami. Son regard n'était qu'à quelques millimètres du sien. Il ne voyait que ses yeux, ronds, grands ouverts... figés... Son corps tremblait.

– L'enfant... murmura-t-il d'une faible voix scandée.

Dimitri ne pouvait plus réagir, il semblait pétrifié. Ce fut tout juste s'il aperçut un soldat pointer une arme sur l'enfant. La petite serrait un vieux chiffon dans ses bras, il pouvait entendre son souffle jusqu'à lui... un souffle qui s'accélérait fortement alors que son ami agonisait. Le vieux soldat s'apprêtait à appuyer sur le détonateur. Dimitri ne percevait que ce souffle plaintif. Instinctivement, sans réfléchir, il tira... L'homme s'écroula devant lui. L'enfant dévisagea Dimitri un long moment. Elle le remerciait à travers son regard, un regard qui espérait de nouveau puis s'enfuit. Aussitôt, il plongea ses yeux dans l'expression vide de son ami qui s'éteignait peu à peu. La bouche entre ouverte, il essayait de sortir des sons, sa pupille se dilatait, son corps était pris de convulsions.

– Tu avais raison... la vengeance n'est pas une solution...

Il s'arrêta un instant pour reprendre sa respiration, puis avoua.

– Nos chemins vont s'arrêter là...

– Non... souviens-toi, maintenant, c'est à toi de me suivre...

– Pardonne-moi... mais je vais t'abandonner...

Son pouls s'accélérait.

– Calme-toi... ne parle pas autant...

Il était essoufflé.

– Nous allions avoir un bébé...

Le cœur de Dimitri s'accéléra. La voix de Carlton se tut, le blanc de ses yeux devint rouge. Il poussa un gémissement de douleur. Il tremblait quand une douleur, plus forte que les autres, le souleva légèrement puis son corps se relâcha et son souffle s'arrêta.

« La mort marche devant moi. » Un son rauque sortit de sa bouche, un cri d'une puissance incroyable qui demandait à sortir depuis très longtemps. Dimitri s'abandonna à un puissant vertige, délaissant son déplorable destin. Lorsqu'il releva le visage, il ne vit plus aucun Indien. Ses yeux restaient secs, aucune larme ne parvenait à jaillir. Il ne comprenait pas pourquoi il devait endurer tout ça. Alors qu'il ne voulait plus continuer, une voix retentit derrière lui.

– Tu as tiré sur l'un des tiens, Lennan ! Tu as déshonoré ta nation, la loi punit ce geste.

Il pointa une arme sur lui. Dimitri n'émit aucune résistance, ne témoigna aucune surprise. Son esprit semblait vide, dépossédé de toute réaction, et le maintenait loin d'ici. Il semblait déjà dans un autre monde... si lointain... Un poids douloureux semblait lui arracher le cœur. Tous les membres de sa famille défilaient sous ses yeux. À présent, c'était son tour, sa vie ne valait pas plus que ça.

Le soldat tira.

Se sentir infiniment vulnérable et seul. Voir sa peau sans parvenir à la toucher. S'envoler tel un grain de sable. Son plongeon fut brutal et interminable. Il s'enfonça dans la profondeur de la mort. Il sentit les souvenirs de sa vie l'abandonner. Il se souvint d'un dernier sentiment : une panique dévorante. Il s'accrocha à cette ultime douleur, car lorsqu'elle l'abandonnerait, plus rien ne pourrait le retenir de disparaître.

25

Des bruits sourds, des paroles à peine audibles parvenaient à l'esprit de Dimitri. Sa tête lui faisait horriblement mal. Ses sens lui revenaient progressivement. Des souvenirs confus affluaient dans son esprit. Certaines images aussi floues que le souvenir lointain d'un cauchemar refaisaient surface. Des images lui arrivaient comme des flashs, insupportables. Tout lui revint alors en mémoire. Cette souffrance allait-elle ronger son esprit et l'envahir jusqu'à son dernier souffle ? Il regrettait de ne pas avoir été emporté par la mort. Le retour de ses douleurs semblait s'être amplifié, comme si ces sept années ne s'étaient pas écoulées. Il se rappelait chaque détail. Pourquoi l'avait-on épargné ?

Des paroles de plus en plus réelles lui étaient audibles. Mais quelle était cette langue étrange ? Il voulait ouvrir ses yeux, mais ne réussissait pas à lever entièrement ses paupières. Tout était sombre, il tourna la tête en direction des voix. Deux fines silhouettes se dessinaient vaguement. Deux femmes. Le timbre de leur voix était doux. Il tenta d'articuler quelques mots dans un soupir. Leurs réactions ne se firent pas attendre. Elles s'en aperçurent immédiatement puis se murmurèrent quelques mots. Cette langue lui était totalement inconnue. L'une des deux femmes partit et il demanda.

– Qui êtes-vous ?

La jeune femme s'approcha, il perçut alors beaucoup plus clairement son visage, et le reconnut : c'était un visage d'Indienne !

Il échappa un mot de surprise et de peur. Que faisait-il ici ?

Deux hommes entrèrent, l'un d'eux semblait âgé. À ses cheveux noirs noués en tresses était accrochée une fine plume marron. Il scruta Dimitri d'un air autoritaire et quelque peu prudent, puis fit signe au deuxième homme de s'approcher tout en lui parlant dans leur langue. Celui-ci paraissait plus jeune. Il ne s'agissait pas d'un Indien, il avait de longs cheveux châtains, mais un visage différent.

– Comment te sens-tu ? demanda-t-il dans un anglais parfait.

Surpris, Dimitri l'interrogea du regard.

– Tu as sauvé une enfant de notre tribu, l'un des tiens t'a gravement blessé. Nous t'avons retrouvé le lendemain matin étendu dans la neige et nous t'avons soigné.

Oui, il se souvenait de ça aussi.

– Pourquoi m'avez-vous soigné ?

– Nous te devons une vie, celle de l'une des nôtres. L'enfant que tu as sauvée est destinée à épouser le dernier petit-fils de notre chef Mad Bear, dit-il en se tournant vers le vieil homme. Il te remercie infiniment pour ce que tu as fait.

– Depuis combien de temps suis-je ici ?

– Une quinzaine de nuits… Nous avons fêté le printemps. Ta blessure est importante, la balle s'était logée près de ton cœur. Nous avons failli te perdre. Nous avons dû beaucoup prier pour toi, tu ne voulais pas te battre… Maintenant, il faut te reposer.

– L'armée doit me chercher ! s'empressa-t-il de dire.

– Je pense qu'elle te croit mort…

Les jours passèrent. Accompagné de Charles, l'homme blanc avec qui il partageait une amitié naissante, Dimitri reprenait des forces et voulut bientôt sortir. Tous ses muscles tiraient horriblement sur sa blessure. Soulevant la toile qui servait de porte, une vive clarté l'aveugla. C'est alors qu'il put découvrir le village avec étonnement. Les Indiens semblaient beaucoup plus nombreux qu'il avait pu l'imaginer. Après leur avoir voué de la haine pendant tant d'années, il se retrouvait parmi eux sans la moindre hostilité. Le village regroupait une dizaine de tipis. Quelques femmes étaient assises à côté de leurs tentes, certaines cousaient des peaux de bisons pour en faire des chemises, d'autres encore confectionnaient des petits mocassins. Des chiens, qui ressemblaient plus à des loups, se reposaient à leurs côtés.

Un peu plus loin, il découvrit des adolescents qui étiraient une fraîche peau de bison sur un étau. Quelques enfants jouaient, se couraient après en riant. Un groupe aperçut la présence de Dimitri. Tous le fixèrent étrangement puis échangèrent de rapides conversations en chuchotant. Ils paraissaient intrigués et réservés. Un petit garçon s'approcha de lui, il y avait dans ses yeux une pointe de curiosité. Charles lui parla dans cette langue indienne que l'enfant comprit parfaitement, puis il s'éloigna pour laisser les deux hommes entre eux. Alors qu'ils faisaient encore quelques pas en retrait du village, Dimitri aperçut la présence de quelques guerriers au loin. Les bras chargés de bois, ils revenaient de la forêt. Il entrevit un tomahawk pendre du ceinturon de l'un d'entre eux. Une panique le parcourut, lorsque Charles lui rappela qu'il était en sécurité. Pour la première fois de sa vie, ils les contemplaient avec un autre regard.

À présent remis de sa blessure, Dimitri reprenait lentement goût à la vie grâce à la curiosité quotidienne que les Indiens lui inspiraient. Mais ses cauchemars ne le lâchaient pas… toujours plus violents... plus réels... Accompagné d'un ami indien nommé Hepan, Charles lui apprenait à devenir totalement indépendant.

Un soir, Dimitri fut invité à fumer le calumet avec le chef Mad Bear. Ce personnage au fort charisme exprimait la sagesse. Le grain de sa peau évoquait le granit érodé d'une falaise. Il avait de hautes pommettes, le visage propre aux Indiens de race pure et le regard pénétrant de ses yeux noirs était d'une expressivité incroyable. Il se mit à chanter avec puissance pour provoquer un moment d'une intense émotion.

Un matin, Dimitri perçut une vive agitation dans le campement. Occupé à peaufiner l'arc qu'il avait commencé à fabriquer avec Charles, il releva la tête. Au milieu de la foule, il décela une robe de couleur vive. Intrigué, il s'approcha pour venir au côté de Charles.

– Qui est-ce ? lui demanda-t-il.

– Son convoi a été attaqué. Le neveu d'Old Bear est intervenu, cette femme l'a tué.

– Que vont-ils faire d'elle ?

– Ne te mêle pas de ça, dit-il en le regardant. C'est la prisonnière d'Old Bear maintenant...

Le regard de cette femme était pétrifié. Ses longs cheveux châtains flottaient dans les airs, sa robe était déchirée, son bras écorché, et de la terre lui couvrait les joues. Jamais il n'avait vu des yeux le glacer de la sorte. Pendant l'espace d'une demi-seconde, ils se dévisagèrent. Il éprouva un vif frisson parcourir tout son corps. Quelque chose d'étrange émanait d'elle ; il n'avait jamais vu de femme aussi apeurée ni ressenti une émotion si palpable et il en fut troublé. Puis elle disparut, emmenée par la famille d'Old Bear.

Plus les jours passaient, plus il était intrigué par cette femme qu'il ne cessait de contempler. Magnétiquement, leurs regards se cherchaient. Après maintes tentatives de fuite, elle s'était finalement résignée. Recroquevillée sur elle-même près d'un tipi, elle semblait tendue en permanence, ses longs cheveux lui recouvrant le visage. Dimitri vint s'asseoir à ses côtés pour la première fois. Du bout des doigts, il souleva une épaisse mèche de la couleur des feuilles d'automne. Elle sursauta et s'écarta.

– Vous avez cédé ? lui demanda-t-il.

Surprise, la jeune femme se retourna face à lui.

– Votre nouvelle tenue, reprit-il en désignant la tunique marron qu'on lui avait donnée.

Elle semblait étonnée de l'entendre parler sa langue, malgré les cheveux noirs qui recouvraient sa nuque et la chemise blanche de son uniforme. À son pantalon était attaché son tomahawk. Elle éprouva un frisson qu'il ressentit.

– N'ayez pas peur de moi...

Ils se regardèrent pendant un instant... hors du temps... puis elle se releva pour rentrer.

Durant les jours qui suivirent, des milliers d'Indiens affluaient pour se regrouper le long de la Little Bighorn. Une guerre semblait s'annoncer. Jamais de toute sa vie, Dimitri n'en avait vu autant. Il ne pouvait rester insensible à la détresse de la jeune femme qui vivait maintenant parmi eux. Donnant de l'eau aux chevaux chaque matin sur demande d'Old Bear, elle s'exécutait sans dire un mot. Dimitri décida d'aller à sa rencontre. À l'écart du campement, elle semblait plus sereine.

– Ils ne vous feront pas de mal, déclara-t-il derrière elle.

Sursautant, elle fit tomber son seau. C'est à cet instant qu'il s'approcha pour l'aider à le ramasser. Leurs doigts se frôlèrent... une seconde seulement.

– Qui êtes-vous ? demanda-t-elle après un long silence.

Sa voix était douce.

– Je m'appelle Dimitri... après avoir été laissé pour mort par les miens, ce peuple m'a sauvé. Je leur dois la vie.

Son regard se posa au sol, elle semblait soudain mal à l'aise.

– Mon nom est Mandy Mc Poll... Je dois partir d'ici... Pouvez-vous m'aider ?

– Je n'ai aucun pouvoir sur la parole du chef.

Elle le regarda un instant, son regard était devenu sombre. Les yeux larmoyants, elle partit.

Les jours passaient, une tension palpable régnait à travers le campement. Chacun se préparait et guettait les faits et gestes des soldats. L'atmosphère semblait plus que jamais angoissante. Une pluie soudaine et violente s'abattit sur le campement. Alors que la femme d'Old Bear ne trouvait pas Mandy, Dimitri partit à sa recherche. Ce fut au bout de quelques minutes qu'il la découvrit, assise contre un arbre. La tête enfouie dans ses genoux, elle ne l'entendit pas arriver. Sa main effleura son bras, elle frémit à ce contact. Des larmes coulaient le long de ses joues. D'un geste rapide et fort, il la saisit par la taille pour l'aider à se redresser. Ce geste le troubla, elle semblait si délicate. Ils se regardèrent, sa main était toujours posée sur sa taille, de l'autre, il caressa sa joue humide.

– S'il vous plaît, murmura-t-elle en l'implorant.

À ce contact, Dimitri éprouva une peine incroyable à retenir ses sentiments. Cette femme l'attirait depuis le premier jour.

Mandy paraissait agitée. Comment était-il possible de perdre tous ses moyens devant un seul regard ? Elle aussi éprouvait un désir incompréhensible envers lui. Lorsqu'il frôla le fin tissu de sa robe pour remonter délicatement le long de son cou, elle ne put taire son souffle transcendé par ce désir. Cet instant devenait douloureux par tant de retenue. Mandy ressentait des sensations jusqu'alors jamais imaginées. Pour la première fois de sa vie, elle perdait totalement le contrôle de son corps et de ses pensées. Tous deux tremblaient fortement. La jeune femme abandonna tout signe de résistance en basculant brusquement la tête en arrière. Instantanément, Dimitri glissa ses doigts sous sa nuque pour ramener son visage à lui et s'empara de sa bouche. Devant l'intensité de ce moment, la jeune femme céda la dernière force de ses muscles et fut rattrapée par Dimitri. Il percevait la chaleur d'un feu incontrôlable brûler en lui, un feu qui ne demandait qu'à exploser. Essoufflé, il se redressa légèrement et plongea son regard dans les yeux de Mandy, bouleversée. Elle dut rassembler ses esprits un instant. Elle tremblait, des larmes perlaient sur ses joues. Contre toute attente, elle rapprocha à son tour sa bouche de celle de Dimitri pour prolonger leur baiser avec une détresse bouleversante. Ému de tout son être, Dimitri se laissa consumer par cette passion. Leurs corps s'embrasaient dangereusement. Ayant du mal à respirer, il interrompit leur baiser. Ils prirent alors progressivement conscience de l'ampleur de la situation. Tout contre sa peau, elle semblait se calmer malgré les battements effrénés de son cœur.

Dimitri contempla un instant le petit village, une impression étrange s'empara de lui, doublée d'une grande tristesse.

Mandy ne dormit pas de la nuit, elle était trop occupée à surveiller la venue du moindre Indien et à penser à cet homme si envoutant. Elle se sentait perdue.

Après avoir repris la route pour remonter le cours de la Little Big Horn, le conseil des chefs avait décidé d'installer le campement pour la nuit. Ce lieu paraissait magnifique, la vallée s'élevait lentement vers des collines basses. Dimitri sentait venir la fin de quelque chose. Il était adopté, il était respecté. Ayant tant appris avec ces hommes, il devait lutter avec eux et jusqu'au dernier souffle s'il le fallait.

Une effervescence angoissante saisit soudainement le campement. Mandy se tenait à l'écart, tétanisée.

– Que se passe-t-il ? demanda-t-elle à Dimitri.

– Il faut te mettre à l'abri !

Au campement, tout se précipita à une allure incroyable. Les hommes se dépêchaient de récupérer leurs chevaux. Certains prirent le temps de conduire leurs familles jusqu'aux collines de l'ouest. Des femmes et des enfants revenaient des rivières en courant. Dans la panique, Charles accourut auprès de Dimitri pour lui lancer son arc.

– Ne laisse personne te surprendre, suis ton instinct.

Il n'eut pas le temps de terminer sa phrase que les premières balles brisaient les perches des tipis. Mandy eut un cri de stupeur. Femmes et enfants se mirent à fuir la fusillade.

– Rejoins-les et ne bouge plus, lui cria-t-il dans la panique.

– Dimitri ! hurla Mandy en le rattrapant par la manche. Je t'en supplie, pourquoi persistes-tu à vouloir combattre avec ces sauvages ?

– Sauvages ? Je crois qu'ils t'ont témoigné beaucoup de respect pour des sauvages !

– Ce sont eux qui ont tué mon père et ma sœur ! s'énerva-t-elle en hurlant son désespoir. Ils n'ont rien de respectueux !

Ses yeux étaient rouges de sang. Elle tremblait violemment.

– J'ai tué le neveu d'Old Bear, mais l'homme qui a massacré ma famille est son frère et il doit mourir !

Dimitri eut le souffle coupé. Le sol se dérobait sous ses pas. Paniqué, il partit en courant.

Elle le perdit vite de vue, ses larmes l'aveuglèrent, lorsque soudain une femme la tira en arrière en criant des mots qu'elle ne comprit pas.

26

À l'idée de devoir de nouveau se battre, Dimitri éprouva du dégoût. Le grand campement se disloquait petit à petit dans la panique. L'ennemi venait du sud, les soldats avaient mis pied à terre assez loin du cercle indien puis s'étaient rangés sur une seule ligne pour occuper toute la largeur de la vallée. Ils ouvrirent le feu sur les tipis les plus proches et tuèrent femmes et enfants. Cet acte bouleversa un grand nombre de guerriers témoins. La plupart des Indiens à cheval se regroupèrent dans une ravine pour lancer la charge et ils réussirent à prendre un escadron à revers. Gonflés par une confiance retrouvée, ils prirent rapidement le dessus. Il s'agissait d'un véritable carnage, les cavaliers bleus semblaient être pris au piège. Face à cet instant de relâche, Dimitri ne vit pas venir le soldat qui le blessa au bras. Il perdait beaucoup de sang. Roulant sur le flanc, il se saisit de son arc avec une rapidité incroyable et décocha une flèche en plein cœur de son adversaire. Quelques mois plus tôt, cet homme aurait pu être l'un des siens et pourquoi pas un ami…

Dimitri ne savait plus ce qu'il faisait ni où se trouvait sa place. Une peur incontrôlable le saisit. À cet instant, un Indien l'appela pour lui signaler la venue de nouveaux soldats qui s'approchaient, menaçant ainsi les femmes et les enfants sans défense. Sa réaction ne se fit pas attendre. Il élança son cheval au galop pour prendre part aux diverses phases qui se déroulaient d'un bout à l'autre de la colline.

Dimitri ne désirait plus savoir qui était qui, ni qui était son allié et son ennemi. Quelque chose d'étrange se passa en lui. Il se sentait prêt à combattre pour la première fois de sa vie. C'est sans réfléchir qu'il se précipita dans une bataille contre Custer et ses hommes. Avec tout le tact et la ruse qu'ils possédaient, les Indiens emmenèrent l'escadron vers l'endroit où ils pourraient le massacrer le plus facilement. Les guidant droit dans le piège comme ils le feraient avec un troupeau de bisons, les soldats tombaient par dizaines. Le combat se faisait au corps à corps. Dimitri maniait son tomahawk avec une précision impressionnante. Son esprit semblait avoir libéré son corps, il hurlait et son visage saisissait de terreur tous les soldats qu'il approchait. La peinture avait coulé le long de son cou à cause de la chaleur insupportable et le sang de ses blessures, mêlé à la couleur brune de la terre, lui donnait un air affolant. Des cris de guerre s'étendaient aux quatre coins de la colline. Quelques soldats brûlaient leurs dernières cartouches. Encerclés par une multitude de guerriers, ils ne cessaient de tirer et de recharger… en vain. La bataille ne dura pas davantage, mettant fin à la légende vivante de Custer.

Une épaisse fumée empêchait de voir au-delà de deux ou trois mètres. La tension descendit soudainement, un calme étrange planait au-dessus de cette colline, malgré les quelques dernières plaintes d'hommes grièvement blessés. Épuisé, Dimitri tomba les genoux à terre. Il revenait à lui doucement. D'où lui étaient venus cette force et cet instinct pour le combat ? Son corps était couvert de blessures, profondes et légères. Ne supportant plus d'entendre ces cris de douleur jaillir de partout, il monta à cheval pour regagner le campement. Il n'avait qu'une idée en tête à présent : retrouver Mandy et s'assurer qu'elle n'avait rien. Ce fut avec une immense joie qu'il accueillit Charles qui venait à sa rencontre. Avec soulagement, ils se prirent dans les bras. Charles lui apprit la mort d'Hepan, son fidèle ami. Face à cette nouvelle injustice, Dimitri serra le poing. Il aurait voulu crier, mais aucun son ne sortit de sa bouche.

Lorsqu'elle reconnut la silhouette de Dimitri se dessiner à travers les rayons du soleil, Mandy courut dans sa direction, émue et secouée par ses sanglots.

– J'ai eu si peur de ne jamais te revoir, dit-elle en sautant dans ses bras.

Le sang de ses blessures coulait sur son corps, témoin de l'intensité du combat, elle aurait pu ne pas le reconnaître. Ils se touchèrent, frôlèrent leurs bouches, mêlèrent leurs souffles... chacun rassuré par la présence de l'autre sain et sauf.

Au sein du camp, les familles soignaient leurs blessés. Chacun s'affairait à une tâche bien précise pendant que d'autres préparaient un repas. Rattrapé par la douleur, Dimitri alla panser ses plaies.

Une partie du campement mangea sous les étoiles. La moitié des tentes avaient été détruites et d'autres s'étaient transformées en hôpital de fortune. La plupart des familles dormirent dehors. Dimitri s'allongea à deux mètres de Mandy. De là où il se trouvait, les effluves de son odeur l'enivraient, il aurait voulu se blottir contre elle. Alors qu'une vingtaine d'Indiens remuaient, parlaient autour d'eux, ils ne cessaient de se dévisager, comme seuls au monde, leur cœur battant à tout rompre.

Cette nuit-là, Dimitri ne réussit guère à trouver le sommeil, gagné par une agitation et des images cauchemardesques. Brusquement réveillé, il croisa le regard de Mandy qui le fixait. Leurs corps n'étaient qu'à quelques millimètres l'un de l'autre.

Il voulait la toucher… elle pouvait sentir le souffle chaud de Dimitri… Leurs jambes se frôlèrent, leurs mains se cherchèrent doucement. Elle tremblait. Les doigts de Dimitri effleurèrent le bras de Mandy qui frémit à ce contact… Au bout de quelques instants, elle s'endormit, sa main dans celle de Dimitri.

Les Indiens décidèrent de déménager dès le lendemain. La journée suivante fut consacrée au repos et aux soins des blessés. Les chefs guerriers de différentes tribus s'étaient retirés sous leurs tipis. À quarante-cinq ans, la bravoure de Sitting Bull semblait unanimement reconnue. Ce fut à la quatrième nuit qu'ils célébrèrent une danse de la victoire pour fêter le plus grand triomphe qu'ils n'aient jamais remporté. Chacun pleurait ses morts et fêtait sa victoire avec une force explosive. À l'écart, Dimitri les regardait silencieux. Mandy assise, à quelques mètres, au côté de la femme d'Old Bear, lui lançait de furtifs regards. Leur attirance était palpable… électrique. Accompagné de Charles, Old Bear s'approcha et plongea son regard dans celui de Dimitri.

– Pour nous tous, tu es aujourd'hui l'un des nôtres, annonça-t-il. Pour sceller ton union à notre peuple, tu dois épouser l'une des nôtres. Winona est veuve depuis longtemps maintenant et nous devons lui trouver un mari. Elle aimerait que ce soit toi.

Au bout d'un instant, Dimitri plongea son regard dans celui de Mandy.

Frappée de stupeur, elle détourna la tête.

27

Après avoir demandé quelques heures pour réfléchir, Dimitri s'était retiré du campement. Il marchait à la lueur de la nuit à travers les vastes étendues de plaines, lorsqu'il s'adossa contre un vieil arbre. En quelques mois passés avec ce peuple, il s'était doucement reconstruit une nouvelle vie, totalement différente de ce qu'il avait connu jusqu'ici. Sa place était-elle parmi eux ? Ces derniers jours l'avaient tellement remué. Il était totalement envahi par la présence de Mandy, totalement chaviré par ce qu'elle lui inspirait. Il n'avait jamais ressenti de sentiments aussi puissants, aussi vivants.

– Tu vas accepter ?

Dimitri se retourna nullement étonné par sa présence. Nerveuse et quelque peu agitée, Mandy ajouta en baissant les yeux.

– De te marier…

Il aurait voulu la prendre dans ses bras, enfouir sa tête dans le doux parfum de ses cheveux, goûter ses lèvres un instant encore. Pouvait-il reprendre sa vie après quatre mois passés parmi ce peuple ? Le campement avait pris la décision de partir, ils ne voulaient pas que l'on retrouve leur trace. Aussi, dès le lendemain, ils allaient partir de nouveau. Coulson était la ville la plus proche, à cheval, quelques heures suffiraient pour s'y rendre.

Cette nuit-là, Dimitri prit sa décision.

C'est au milieu de l'après-midi, qu'en compagnie de Charles, il s'approcha d'Old Bear. Mandy, au côté de la femme et des enfants de ce dernier, le regardait s'approcher, tendue. Les mains moites et tremblantes, elle retint sa respiration.

– J'aimerais la liberté de cette femme, dit-il en désignant Mandy.

Sa demande entraîna un silence pensant.

– Old Bear veut qu'elle soit l'épouse du frère de l'homme qu'elle a tué… intervient Charles, surpris par cette requête.

Malgré le bras repoussant de son ami, Dimitri regarda le chef droit dans les yeux. Conscient de son audace, il s'adressa à Old Bear directement.

– Laisse-la partir et j'épouserai Winona ! Je servirai ton peuple comme s'il était le mien, je ferai tout ce que tu me demanderas, je me battrai fièrement à tes côtés jusqu'à mon dernier souffle, mais rends-lui sa liberté !

Mandy se leva brusquement, des larmes plein les yeux. Dimitri sentit le poids de son regard posé sur lui, mais n'osa pas répondre à sa sollicitation. La mâchoire serrée, il préférait se concentrer sur la décision du vieux sage. Pour toute réponse, Old Bear hocha la tête. Il se leva et regarda Mandy un instant avant d'adresser quelques mots à Charles qui devait traduire.

– Tu pourras partir dès demain matin, dit-il à Mandy. Coulson est à quelques heures à l'ouest. Old Bear te donnera un cheval et Dimitri t'accompagnera.

Charles regarda Dimitri pour chercher son consentement. Il répondit en hochant la tête.

Mandy dévisagea Old Bear, sa femme et les enfants, avant de retourner dans le tipi, le regard éteint. Elle frôla doucement l'épaule de Dimitri sans s'arrêter ni le regarder. Un peu plus tard dans la soirée, il la retrouva assise au bord d'un cours d'eau. Comme si elle avait senti sa présence, elle se retourna face à lui. Il s'avança lentement vers elle.

– Pourquoi ? murmura-t-elle le regard empli de larmes. J'aurais donné ma vie pour toi.

Dimitri la contempla le cœur déchiré. Elle éprouvait du mal pour respirer. Trahissant sa peur de le perdre et son besoin de le sentir là, près de lui, elle s'agrippa à sa chemise. Il l'attira tout contre lui, se pencha en avant et appuya son front sur le sien. Plongeant dans son regard, il sentait la puissance de son souffle lui caresser les lèvres. Elle le dévisageait avec désespoir. – Je ne peux pas... C'est moi... Je suis l'homme qui a tué ta famille !

« L'esprit n'est jamais né,
L'esprit ne cessera jamais.
Et il n'y eut pas de temps
où il n'était pas.
Fin et commencement
sont des rêves. »

« La vie est un cycle sans fin.
Chacun de nous est responsable
de ses propres actions.
Elles nous reviendront. »

Proverbes sioux

Et si les erreurs nous façonnent,
Si l'on a un choix à faire :
Reproduire ou se dépasser.

Et si… C'était écrit.

TROISIÈME PARTIE

28

Sacramento
Dimanche 29 juin 2008 – 22 h

Samantha venait de refermer le livre de Cheveyo. Il faisait nuit dans les rues de Sacramento. Une nuit douce et paisible. Scrutant le plafond faiblement éclairé par la lampe, elle resta de longues minutes ainsi, puis elle éprouva le besoin d'ouvrir la fenêtre pour respirer pleinement. Face au parc, Samantha regarda autour d'elle, l'ombre des arbres ondulait légèrement telle une valse muette. Des lampadaires diffusaient une lumière tamisée. Les quelques bancs semblaient vides, au loin quelques promeneurs tardifs profitaient d'un air plus respirable, mais elle ne les voyait pas. Son esprit était toujours dans les vastes plaines du Montana, elle percevait comme une odeur de feu de bois, ressentait les vibrations des tambours, le bruit lourd des danseurs qui virevoltaient autour. Elle resta un instant, le regard dans le vide, accoudée à la fenêtre.

Durant la lecture, elle s'était identifiée corps et âme à travers cet homme... Cette femme... Ses yeux avaient parcouru avec frénésie les nombreuses pages sans même s'en apercevoir. Puis, lors du passage de la rencontre de Dimitri et Mandy, elle avait pu anticiper les chapitres en sachant à l'avance ce qu'il allait se passer. Depuis la lecture de son journal intime, la vie de cette femme était imprégnée en elle. Elle ressentait toutes ses émotions, ses bonheurs, ses peines.

Et la suite de l'histoire, elle la connaissait très bien.

Mandy était retournée seule dans l'Oregon, aveuglée par la colère qu'elle ressentait pour Dimitri. Le fait qu'il ait tué sa famille l'avait anéantie. Ses derniers repères s'étaient envolés et sous le coup du désespoir, elle s'était jurée ne plus jamais penser à lui, se forçant à l'oublier définitivement. Samantha savait que durant de longs mois, Mandy était restée plongée dans une profonde dépression, que Dimitri était son âme sœur, qu'elle ne pouvait pas à remonter à la surface sans lui à ses côtés. Mandy avait tenté de mettre fin à ses jours un matin d'hiver.

Puis Dimitri avait renoncé à tout pour elle, quittant la tribu d'Old Bear avec leur accord pour la retrouver. Il avait passé presque une année à la chercher, une année difficile où il dut réapprendre à vivre parmi les siens. Une année faite de rencontres qui l'avaient amené à trouver du travail à Coos Bay. Puis un jour, les retrouvailles fortuites avec Mandy alors qu'il n'y croyait plus et préparait son retour dans les plaines. Leur étonnement mutuel surmonté, ils s'étaient laissés aller à leur bonheur retrouvé. Dimitri avait expliqué l'attaque de la calèche de Mandy. Du face à face qu'il avait eu avec son père, aux balles échangées, puis l'obligation dans laquelle il s'était trouvé de tirer à son tour. Les jours passants, Mandy avait fini par vivre avec ce secret et par lui pardonner un acte qu'il avait commis pour se défendre. Samantha savait que le destin les avait réunis, car il en était ainsi. Elle savait aussi qu'elle s'était empressée de présenter Dimitri à sa mère et de l'accueillir au manoir pour qu'il puisse commencer une nouvelle vie ensemble.

Samantha savait tout ça… car Mandy… c'était elle !

Deux femmes à des siècles différents, avec leurs blessures, différentes et pourtant si proches. La peur de s'attacher à un homme, la perte d'un bébé, la mort autour d'elles. L'autodestruction lente et ravageuse pour chacune. Mandy par le suicide, Samantha par la drogue.

Samantha comprit alors qu'elle reproduisait inconsciemment le même schéma, les mêmes souffrances, les mêmes erreurs.

Puis Dimitri et Cheveyo, deux hommes que tout oppose et pourtant tellement liés. L'un, homme blanc tiraillé entre son amour pour son peuple d'adoption et son devoir de citoyen, finissant par perdre toute identité et allant jusqu'à tuer par haine. L'autre, homme rouge, tiraillé par ses racines et l'ouverture vers un monde extérieur plus confortable. Ayant perdu lui aussi toute identité par le passé jusqu'à ne plus savoir quel homme il pouvait être.

Samantha repensa aux discussions qu'elle avait partagées avec Cheveyo pour en retenir les mots clés.

« Je ne savais plus qui j'étais : un Indien dans un monde de blanc, un blanc qui renie les siens ? Je n'avais pas d'identité... »

« ... je n'ai pas rencontré les bonnes personnes, j'ai fait les mauvais choix... »

« ... j'étais faible... »

« ... je n'avais jamais rien fait de bien dans ma vie... »

« ... mais je n'ai encore jamais tué personne ! »

C'était la seule différence entre ces deux hommes : Cheveyo n'avait jamais tué.

Samantha pensa alors à cet inconnu qui le suivait et qui l'avait retrouvé. Elle songea aussi à la dernière phrase de Cheveyo ce soir-là.

« Je vais m'occuper de lui… »

La vie était-elle donc ainsi ? Reproduisons-nous inlassablement les mêmes actes jusqu'à comprendre ? Comprendre nos erreurs pour casser le cycle ? Casser cet ensemble de causes à effets, cette boule de neige grossissant de plus en plus au fur et à mesure de sa descente ? Un cercle vicieux qui n'en finit pas ?

Samantha s'assit nerveusement sur son lit. Agitée, elle tenta de se calmer et de réfléchir. Cheveyo était isolé au centre de ce cercle depuis trop longtemps. Que devait-elle faire ? Prendre du recul ? Agir ? Pouvait-elle empêcher un phénomène de se passer ?

29

Un silence incroyable régnait dans le salon de l'appartement des deux jeunes femmes. Samantha réfléchissait tout en faisant les cent pas entre le canapé et la porte de sa chambre. Rongeant ses ongles, elle regardait scrupuleusement son ordinateur mis en veille. Elle s'assit nerveusement sur la chaise et tapa quelques mots-clés dans le moteur de recherche.

« Conférence Dakota Cheveyo Black Wolf »

Toutes sortes de conférences à travers les États-Unis s'inscrivirent sur l'écran, mais aucune du nom de Cheveyo. La jeune femme se releva brusquement et fit tomber une pile de livres posés à côté. Alors qu'elle s'accroupissait pour les ramasser, la porte de la chambre d'Abby s'ouvrit.

– Mais qu'est-ce que tu fais ? Tu veux me faire flipper ou quoi ?

Abby, les cheveux en bataille et les yeux plissés, cherchait Samantha dans la pénombre. Mais celle-ci ne répondit pas, elle tenait dans ses mains un livre noir. Le livre de Cheveyo ! En voulant le ramasser rapidement, il s'était ouvert à la fin du roman, s'emmêlant avec un autre livre. Cet exemplaire ne comportait pas d'épilogue…

– Sam ?

Abby actionna la lumière, provoquant une plainte de la part de sa colocataire.

– Mais qu'est-ce que tu fabriques par terre ?

– C'est à toi ? demanda-t-elle en brandissant le livre.

– C'est à moi... articula Abby perplexe. Quoi ? Ça pose problème ?

Samantha se releva et regarda son amie, droit dans les yeux.

– Il n'est pas encore en vente ! Où as-tu eu ce livre ?

Abby se dirigea vers la cuisine pour se servir un verre d'eau et expliqua.

– Angela se l'est procuré il y a un mois par la maison d'édition de l'auteur.

Voyant son air interrogateur, elle poursuivit.

– Elle trouvait bizarre qu'un auteur du Dakota la contacte, elle, en Californie, pour que tu viennes à cette promotion alors que tu ne travailles même pas pour elle.

– Continue...

– Alors elle s'est renseignée, elle a contacté sa maison d'édition, les a rencontrés et c'est là qu'ils lui ont donné un exemplaire. Elle m'en a parlé il y a deux semaines. J'ai à mon tour lu le roman pour m'assurer que tu n'allais pas voir un détraqué. Voyant que tout semblait réglo, elle a accepté.

– Alors toi aussi, tu étais dans le coup ? Pourquoi tu ne m'en as pas parlé ?

– Je ne vois pas pourquoi je l'aurais fait. Nous voulions juste nous assurer que c'était sérieux avant de t'envoyer là-bas. C'est un crime ? Détends-toi, Sam ! C'est normal qu'on agisse comme ça avec toi, on veut te protéger.

Samantha tourna un instant autour d'elle, préoccupée.

– Arrête, tu vas me donner le tournis !

– Viens avec moi.

Elle empoigna son amie par le bras et l'emmena jusqu'à sa chambre.

– C'est l'exemplaire que Cheveyo m'a laissé, lis ça, dit-elle en lui montrant l'épilogue.

Elle s'exécuta et referma le livre. Elles se regardèrent un instant. Puis Samantha se décida à tout lui raconter. Elle commença à lui parler de ses rêves sur le manoir bien avant qu'elle connaisse son existence, de sa rencontre avec Cheveyo, de son attirance immédiate comme si elle le connaissait déjà, mais surtout, du journal de Mandy, de sa troublante identification à cette femme. Elle lui expliqua ses rêves à moitié éveillés, de tout ce qu'elle avait ressenti au cours de son séjour. De la ressemblance entre Dimitri et Cheveyo... De leur schéma de vie dans des rôles inversés...

– Tu me prends pour une folle ?

Abby ne réagissait pas, elle regardait son amie qui avait parlé de tout ça avec tant d'émotions, tant de convictions. Elle semblait encore vivre ce qu'elle racontait.

– Abby, parle-moi !

– Tu vas retourner le voir ?

– Quoi ?

Samantha plongea son regard dans celui de son amie.

– Vis ce que tu as à vivre Sam, ça me semble clair, non ?

– Mais je...

– Va le rejoindre ! Faut t'écouter parler ma belle, tu es raide dingue de ce mec, ça se voit, ça se sent. Ce n'est pas un criminel, juste un homme qui se cherchait et qui apparemment s'est trouvé.

– Je ne sais pas où il vit. Enfin si... mais cette réserve est si grande, je ne sais pas à qui je dois m'adresser pour savoir...

Abby se leva, et retourna dans le salon, Samantha sur ses talons.

– Tu comprends, il y a plus de trente-huit mille personnes qui vivent là-bas et...

– Tiens, coupa son amie en lui tendant un petit morceau de papier.

– Qu'est-ce que…

– J'ai récupéré le téléphone de cette madame Rellow, je l'ai appelée cette après-midi. Elle m'a donné l'adresse d'une conférence qu'il va donner ce mardi dans le Dakota.

Regardant le morceau de papier, la jeune femme resta incrédule.

– Je te connais Sam. J'ai tout de suite vu que tu n'étais plus la même depuis que tu es rentrée, je l'avais déjà senti aux intonations de voix que tu prenais au téléphone quand t'étais là-bas. Ton comportement à ton retour me l'a tout de suite confirmé. Alors qu'est-ce que tu attends ?

Cela faisait quelques minutes que Samantha tentait de trouver un vol pour le Dakota du Sud. La conférence de Cheveyo se trouvait dans un hôtel de Rapid City, ville la plus proche de la réserve de Pine Ridge et commençait à 20 h dans une salle de réunions. Un aéroport à Sioux Falls proposait des vols à des prix intéressants, mais il fallait rajouter plusieurs heures de voitures pour arriver. Après quelques recherches et de nombreux vols complets, Samantha trouva ce qu'elle cherchait.

Los Angeles international 11 h 5 – Denver International 14 h 19
Denver International 17 h 59 – Rapid City 19h08

Abby, regardant par-dessus ses épaules, émit un soupir de soulagement voyant qu'il restait quelques places disponibles.

– Tu veux boire quelque chose, demanda-t-elle à son amie.

La jeune femme déclina.

– Tant pis pour toi, j'allais te proposer un délicieux vin français que j'ai commandé la semaine dernière. Un délice !

– À une heure du mat' ? s'étonna Samantha toutefois amusée.

Mais Abby resta figée devant la fenêtre.

– J'y crois pas ! se désespéra-t-elle.

– Quoi ?

– Ça fait plus de quatre heures qu'il poireaute ! Il est malade ce type !

– Qu'y a-t-il ? demanda Samantha en la rejoignant.

– Cette fois, c'en est trop, dit-elle en prenant le téléphone. Désolée Sam, mais là, je craque…

La voiture de Cole était stationnée devant l'immeuble. La fenêtre ouverte, son coude appuyé sur la carrosserie, il regardait dans leur direction.

– Attends ! S'il te plaît Abby, laisse-moi essayer une dernière fois.

Ne lui laissant pas le temps de répondre, la jeune femme avait déjà ouvert la porte de leur appartement.

Dévalant les escaliers à la hâte, Samantha fulminait. Il allait tout gâcher ! Elle ouvrit la porte avec fracas et courut jusqu'à la voiture.

– Abby est à deux doigts d'appeler la police, c'est chez elle ici. À quoi tu joues ?

Sa voix trahissait son énervement, elle lui lançait des regards noirs qu'il n'avait jamais vus auparavant.

– Va-t'en, Cole ! Maintenant !

– Je ne peux pas Sam… Monte avec moi, rentrons chez nous… Je t'aime... Je t'aimerai toujours…

Il était encore visiblement ivre et en manque de sommeil. Quand cesserait-il de se détruire, il lui fallait un électrochoc ! Consciente qu'elle allait lui faire du mal, Samantha articula :

– Moi, je ne t'aime plus ! Je suis amoureuse d'un autre homme !

– Je ne te crois pas ! Je sais que tu me trompes, mais tu fais ça parce que tu ne sais plus où tu en es...

– Non, Cole ! Je ne suis plus la même, il m'a ouvert les yeux. Je me sens vivante auprès de lui, son seul regard me fait chavirer. Ma poitrine est prête à exploser chaque fois qu'il entre dans la même pièce que moi...

– Tu mens !

– Un désir incroyable m'envahit dès qu'il me touche ! Sa voix, son corps, ses baisers m'enivrent !

– C'est des conneries ! Tu ne sors jamais !

– Et pourtant, ça t'a échappé, je l'ai rencontré ce week-end. J'ai eu un vrai coup de foudre pour cet auteur...

Consciente d'être allée trop loin, Samantha se mordit la lèvre.

– C'est pas vrai, ironisa-t-il. L'Indien ? Ce Black Wolf ?

– Comment connais-tu son nom ? demanda-t-elle surprise.

– Angela m'en a parlé le mois dernier. Elle avait évoqué son intention de te donner un coup de pouce pour te faire repartir dans ton travail.

Sa voix se fit plus calme, son regard partait dans le vague. Alors lui aussi avait été dans la confidence !

– Je n'ai jamais ressenti ça auparavant, avoua-t-elle à son ex-mari, mais aussi pour elle-même. Même pas pour toi, Cole ! Désolée... C'est quelque chose qui te dévore de l'intérieur, qui fait atrocement mal, tout en procurant un bien-être incroyable.

– Je sais... murmura-t-il.

– Je pars le rejoindre ! Tu vois, je refais ma vie, mais... sans toi...

Elle avait prononcé ses derniers mots dans un murmure. Elle n'aimait pas ce qu'elle était en train de faire, mais se savait obligée. Elle regagna l'immeuble sans se retourner. Arrivée à l'intérieur, elle tenta un rapide coup d'œil dans la rue. Cole n'avait pas bougé. Il fixait le sol, le regard éteint. Puis, il poussa un long soupir que la jeune femme perçut et remonta dans sa voiture. Il attendit quelques instants avant de démarrer son moteur. Puis, il partit lentement dans la rue sombre. Elle le regarda s'éloigner jusqu'à ce qu'elle le perde de vue. « Excuse-moi, Cole. »

30

Pendant ce temps...

Les phares de la vieille Buick blanche éclairaient la petite route goudronnée. Après s'être octroyé une pause dans le parc de Yellowstone, Cheveyo avait roulé toute la journée. Il avait longé de nouvelles étendues de forêts semblables à celles de l'Idaho pour arriver devant un grand panneau de bois qui indiquait l'entrée dans le parc national de Yellowstone. Au pied de ce décor féerique, Cheveyo éprouva beaucoup d'émotions. Plus il prenait de l'altitude, plus la végétation changeait et s'intensifiait. S'étendant sur plus de huit mille kilomètres carrés, c'était le deuxième plus grand parc naturel des États-Unis. Célèbre pour ses phénomènes géothermiques, il contenait de nombreux geysers et sources chaudes. C'est à pied qu'il avait décidé de faire un tour dans ce parc qu'il connaissait si bien.

Le chemin était agréable et très praticable, il avait marché ainsi pendant près d'une heure. Fatigué, il s'était alors retiré du sentier. Il se trouvait au beau milieu de la montagne. Assis sur le tronc d'un arbre couché, il ferma les yeux un instant. Le chant des oiseaux, le léger bruit du vent dans les arbres, il percevait le moindre bruit. L'image de Samantha s'insinua dans son esprit, sa présence lui manquait cruellement. À cet instant, il aurait souhaité la prendre dans ses bras, lui montrer toute cette splendeur et partager avec elle cet instant magique.

Lentement, il perçut le doux son d'un chant lancinant. Le bruit sourd et régulier d'un tambour... les cris lointains et joyeux des danseurs… pour sombrer doucement dans un rêve éveillé…

*

Septembre 1879

Cela faisait maintenant plus de trois semaines que Dimitri cherchait une trace de la tribu d'Old Bear. Trois ans après les avoir quittés pour retrouver Mandy, il avait besoin de les voir, d'être guidé alors qu'il était en train de perdre la femme qu'il aimait. Il savait qu'ils n'avaient pas projeté de remonter vers le Canada comme certaines autres tribus. Charles lui avait annoncé qu'ils resteraient quelques années dans les montagnes de Yellowstone.

Alors qu'il perdait espoir, il s'enfonça davantage dans une forêt de sapins et aperçut des traces de sabots. Il emprunta un chemin plus sauvage et c'est au bout de quelques minutes qu'il émit un soupir de soulagement en découvrant qu'un campement de fortune avait été dressé sous de vieux arbres. Un Indien jusqu'alors inconnu surgit d'une tente avec un tomahawk à la main. Il ne l'avait jamais vu auparavant. D'autres hommes sortirent d'un sous-bois et Dimitri comprit qu'il ne s'agissait pas de la tribu d'Old Bear. Trois longues années s'étaient écoulées. Ils n'allaient pas rester ici indéfiniment. Son air menaçant provoqua de la méfiance de la part du jeune homme. Non sans peine, il tenta d'articuler quelques mots qu'il avait appris durant sa vie avec les Sioux. L'homme le regarda surpris, puis baissa sa garde. Ce fut au bout de longues minutes que Dimitri réussit à se faire comprendre. Lorsqu'il prononça le nom d'Old Bear.

– Mah-to ^cala ? se hasarda-t-il

L'Indien le regarda, étonné, puis parla un instant dans sa langue. Son regard semblait triste. Dimitri ne comprenait pas. C'est alors qu'il articula un mot qu'il connaissait trop bien...

– T'a !

Mort ! D'autres mots influèrent de la bouche de l'Indien : hommes, femmes, enfants...

Dimitri le regarda stupéfait, il était revenu trop tard...

*

2008

Cheveyo fut extirpé de ses rêves par le bruit de randonneurs. Nostalgique, il écouta un instant le dialogue silencieux de la nature et se releva pour partir.

La fatigue le gagnait.

Arrivant dans le Dakota du Sud, il ne lui restait que quelques minutes de route. Perdu dans de lointains souvenirs, il repensait à la tournure qu'avait prise sa vie, à ses jeunes années dans la réserve, à sa rencontre avec Aiyana, son ex-femme.

Il avait alors vingt et un ans quand son père, Wanbli, lui avait annoncé qu'il épouserait cette femme le printemps prochain. Vivant dans une pauvreté extrême, son père et sa mère, Ajaye, espéraient que leur fils puisse rebondir au sein d'une famille mieux insérée. Ils ne se connaissaient pas. Elle avait tout juste dix-huit ans...

Il rêvait de liberté, de découvrir le monde, de sortir de ce coin perdu où régnait la misère. Sortir de cet endroit qui l'avait privé de sa sœur dix ans auparavant, décédée de malnutrition.

Elle rêvait d'honorer sa famille en fondant la sienne, de vivre en réserve en pratiquant assidûment sa culture.

Les mois passèrent lentement, ils tentaient de se découvrir timidement. Il s'était vite rendu compte qu'ils étaient radicalement opposés. Il éprouva très vite le désir de fuir cette vie toute tracée, de vivre l'interdit, de voir le monde extérieur, mais il fallait pour cela qu'il se confronte à son père, Wanbli Black Wolf, un pur traditionaliste. Pauvre éleveur de bétail, il vivait avec le strict minimum dans un vieux mobil-home qui tombait en ruine au fil des années. C'est avec sa sœur, âgée de trois ans de moins que lui, qu'il avait vécu ses jeunes années à travers ces quatre murs.

La veille de ses vingt-deux ans, il avait décidé de partir avec ses deux amis d'enfance, Yahto et Nayati qui, comme lui, avaient une soif inassouvie d'explorer le monde au-delà de leur terre indienne. Il était parti en laissant ses parents seuls et désorientés devant un fils qui reniaient ses racines. Tous les trois avaient renoncé à leur étiquette, et c'est un soir de novembre qu'ils disparurent sans prévenir, sans bagage ni argent pour la plus grande aventure de leur vie. Ils avaient vécu au jour le jour, au gré des rencontres.

Yahto disposait d'une aisance innée qui lui permettait de nombreux contacts faciles et Nayati pouvait compter sur son humour totalement décalé pour séduire et leur permettre alors quelques nuits à l'abri du froid.

Tous les trois étaient nés dans la réserve de Pine Ridge. Voisins, ils avaient rapidement fait les quatre cents coups ensemble pour se permettre de s'évader de la tristesse de leurs vies. Ils avaient partagé les coups de blues, les rêves, les espoirs d'une vie meilleure, mais aussi les premiers vols pour tenter d'aider la famille. Cheveyo se souvenait de la première tablette de chocolat qu'il avait goûté, il avait douze ans. Yahto lui avait ramenée après l'avoir dérobée à la petite station-service du coin. Ils avaient vite partagé les mêmes secrets, les mêmes premières expériences dont celle de l'alcool. Ils avaient erré ensemble plusieurs mois, à travers différentes villes de l'Ouest américain, pour finir par s'établir à Los Angeles. Là où luxe, femmes et argent coulaient à flots, ils s'étaient persuadés qu'ils pourraient réussir à se faire une place. Cheveyo nourrissait au fond de lui le rêve de pouvoir un jour faire la fierté de ses parents.

31

Lundi 30 juin – 10 h 30

Samantha attendait son vol dans le hall de l'aéroport. Elle se sentait nerveuse. En buvant son quatrième café de la journée pour tenir le coup, elle consultait ses mails pour la troisième fois en une heure. Après avoir passé une grande partie de la nuit à terminer sa présentation pour l'arrivée du roman de Cheveyo, elle l'avait envoyée à Angela avec un petit mot disant :

« Pour un nouveau départ que je te dois, merci ! Sam. »

Elle avait ensuite planché sur l'article remis à Johnsson ce matin même. Elle s'était épuisée à la tâche jusqu'au lever du jour, tentant de rendre un sujet alléchant et innovant. Elle avait opté pour un titre provocateur : *« Le retour gagnant des victimes d'un génocide. »*

Fière de son travail, elle avait débarqué à l'ouverture des bureaux du journal. Arpentant le couloir d'une démarche assurée, elle avait frappé à la porte de l'assistant du patron.

– Johnsson est-il à son bureau ?

– Samantha ! s'exclama celui-ci, étonné par son arrivée matinale. C'est une surprise !

– Il souhaitait me voir à la première heure, j'ai un article à lui remettre.

– Oui, je sais, dit-il en fouillant dans ses dossiers. Pose-le ici ! Je lui donnerai plus tard…

– Non, si tu n'y vois pas d'inconvénient, je souhaiterais lui remettre en personne.

Le jeune assistant la regarda incrédule.

– Il est en réunion. Il a explicitement demandé à ce qu'on ne le dérange pas.

Il tendit alors la main pour qu'elle lui remette son dossier.

– Désolée, mais c'est important, dit-elle en se dirigeant vers la porte du bureau de Johnsson.

– Samantha ne…

Elle venait de frapper trois grands coups à la porte et ouvrit. Johnsson se tenait debout devant une assemblée d'une dizaine de personnes.

– Mademoiselle Mandchers ! s'étonna-t-il.

Son assistant, sur les talons de la jeune femme, bredouillait des excuses que le patron s'empressa de couper.

– Laissez ! Que me vaut l'honneur d'être interrompu en pleine réunion ?

Sans se laisser démonter, Samantha articula calmement.

– J'ai un projet de chronique regroupant une série d'articles dont voici les deux premiers volets. Si vous jugez qu'ils peuvent être publiés par le journal, d'autres arriveront dans la semaine. Si ce n'est pas ce que vous attendiez de moi, je me permettrai de frapper à une autre porte.

Johnsson la regarda droit dans les yeux. Elle ne parvenait pas à lire s'il s'agissait de satisfaction ou d'énervement.

– Bien, donnez-moi ça ! dit-il en tendant sa main. Maintenant, si vous voulez bien sortir…

Samantha pensait avoir fait son devoir et c'est pleinement satisfaite qu'elle se préparait à partir maintenant pour Los Angeles.

Dans une rue parallèle de Southside Park, non loin de là, Abby poussait la lourde porte du parc d'affaires. En ce lundi matin, les rues fourmillaient de nombreux individus pressés. La jeune femme avait horreur des lundis matin, tous les mêmes. Elle longea le long couloir du cinquième étage, les quelques personnes déjà affairées au travail ne semblaient même pas la remarquer.

– Réunion dans dix minutes ! cria une femme débordée de dossiers.

Abby poursuivit son chemin et frappa à la porte du bureau où elle avait rendez-vous.

– Entrez ! cria une voix féminine.

La jeune femme pénétra dans un bureau grand d'une vingtaine de mètres carrés. De nombreuses plantes ornaient la pièce aux couleurs chaudes.

– C'est l'effervescence ce matin ! s'exclama Abby en cherchant son interlocutrice du regard.

Angela sortit son nez d'un placard visiblement à la recherche de dossiers.

– M'en parle pas, il faut boucler tous les articles des lectures estivales pour les lancer dans la newsletter qui doit paraître demain. Nous sommes en retard !

Elle s'assit un instant et poussa un long soupir. Saisissant le combiné de son téléphone, elle demanda un café à son assistante après avoir fait le geste « deux » avec sa main à l'attention d'Abby, que celle-ci s'empressa de décliner.

– Alors Abby, que puis-je pour toi ?

– Tu as eu des nouvelles de Sam ?

– Oui, elle m'a envoyé l'article que je lui avais demandé hier soir.

Elle se repoussa dans son large fauteuil noir.

– Pas mal du tout.

L'assistante frappa sèchement à la porte et déposa le café sur le bureau d'Angela avant d'emporter les dossiers que sa patronne lui tendit.

– Il semblerait que cette opportunité lui ait fait du bien, non ?

– Eh bien, faut voir d'où on se place. Elle part rejoindre l'auteur aujourd'hui...

Voyant le regard interrogateur d'Angela, la jeune femme ajouta.

– Ce n'est plus par devoir professionnel, tu saisis ? Coup de foudre ! Si tu l'avais vue hier, elle était dans un état... Et s'il s'avérait qu'il n'en avait rien à faire d'elle ? Et si elle s'était lourdement trompée ? Et s'il s'amusait d'elle ?

– Abby arrête ! Il faut que tu la laisses respirer.

– Je ne l'ai jamais vue comme ça, Angela ! Je crois qu'elle est vraiment amoureuse.

– C'est bien, non ?

Tout en réfléchissant, Abby se rongea les ongles un instant.

– Dire que je l'ai encouragée à le rejoindre...

– Je l'ai guidée à cet homme sans savoir ce qu'il allait se passer. Ce n'est peut-être pas le hasard. Tout cela est troublant, c'est sûr, mais c'est une grande fille. Fais-lui confiance !

– Mais si elle replonge ? Elle pourrait ne pas se remettre d'une déception comme celle-là et cette fois, nous ne serons pas là pour l'aider.

– Si cet homme l'aime, elle n'éprouvera plus le besoin de se détruire.

– Mais tu as bien vu son passé ! Il a fait de la prison, ce n'est pas un homme sage, mais un homme condamné pour plusieurs agressions à main armée.

– Je sais tout ça...

Angela buvait son café tranquillement avec un œil attendri pour la jeune femme.

– Nous savons toutes les deux que tomber amoureuse d'un Indien est la pire des solutions pour Samantha.

– Abby... ne ressasse pas le passé...

– Elle a peut-être inconsciemment été attirée par lui pour se racheter envers ces gens, elle leur a pris l'un des leurs alors elle veut en aider un autre. Et si elle faisait un transfert quotidien sur cet homme en pensant à celui qu'elle a tué ?

*

Quelques jours après l'agression de Samantha, Abby, se sentant impuissante, avait demandé de l'aide à Angela. Cette maman de substitution connaissait la fille de sa meilleure amie depuis toujours. À la mort de Jade, la mère de Samantha, elle avait pris la jeune femme sous son aile. La rassurant pendant les coups durs, la consolant des déceptions, la motivant, l'accompagnant fièrement dans les bons moments. Elle s'était très vite sentie pousser des ailes pour elle, capable de beaucoup de choses pour la rendre heureuse. Elle qui n'avait jamais voulu d'enfants pour pouvoir faire passer sa carrière d'abord, le regrettait amèrement aujourd'hui. Avec Samantha, elles se comprenaient sans se parler, elles semblaient toujours sur la même longueur d'onde. Angela avait toujours été là pour elle, dans les bons comme dans les mauvais moments. Elle se souvenait encore avoir été la seule à pouvoir entrer dans cette chambre d'hôpital lorsqu'elle avait perdu son enfant, de lui avoir tenu la main pendant des heures dans un silence angoissant, d'avoir essuyé les larmes qui ne cessaient de couler le long de ses joues. Pourtant, lorsqu'elle fut agressée,

Samantha avait préféré se taire. Peut-être par peur de la décevoir…

Angela avait très rapidement été prévenue des faits de cette nuit-là à Los Angeles. En fidèle amie, Abby l'avait mise dans la confidence en lui faisant promettre de ne jamais le dire à Samantha. Elles l'avaient vue sombrer ensemble, impuissantes. Elles l'avaient vue saccager son mariage jour après jour, elles avaient vu ses innombrables états de manque.

La contemplant sombrer dans la dépression, Angela avait plusieurs fois tenté de l'aider indirectement. Samantha aimait le monde de l'édition plus que le journalisme. Angela savait qu'elle était douée et qu'elle pouvait faire carrière dans ce milieu. Elle savait aussi que c'est cette voie qu'elle choisirait le jour où elle se sentirait prête.

*

Cheveyo ouvrit tous les volets de sa chambre ce même matin. L'air était bon, le soleil répandait sa clarté à travers la petite pièce. Tout autour, des prairies à perte de vue s'étendaient pour accueillir au loin les majestueuses montagnes des Badlands. Parsemé de quelques nuages blancs, un ciel bleu annonçait une magnifique journée.

Arrivé très tard la veille, il s'était empressé de s'avachir sur son lit pour se laisser aller à un profond sommeil. Il n'avait pas encore pris le temps de défaire ses bagages ni de se doucher. Il ouvrit sa porte et se dirigea lentement vers la salle de bains. Encore un peu endormi, il émit un bâillement qui masqua l'obstacle dans lequel il se prit les pieds. Un petit bus avec quelques figurines qui s'éparpillaient dans le couloir venait de tomber dans les escaliers en provoquant un bruit interminable.

– Ça va ? Rien de cassé ?

Cheveyo se redressa et aperçut Canupa en bas des escaliers.

– Désolée, j'avais dit à Wapa de ranger ses jouets...

Il fit un signe de la main en signe de total contrôle sur la situation. Le pied endolori, il longea le couloir puis s'enferma dans la salle de bains.

Après quelques années de galère au milieu du luxe de Los Angeles, Cheveyo et ses deux amis étaient très vite tombés dans les pièges de la ville. Dormant chaque soir dans un lieu différent, ils tentaient de survivre en volant, mais happés par l'alcool et la drogue, ils furent bien vite rattrapés par plus forts qu'eux. Puis la chance sembla tourner, Yahto se hasarda au poker et entraîna Cheveyo avec lui. À eux deux, ils réussirent à remonter la pente. Nayati trouva un appartement situé au cœur d'Inglewood, un quartier de Los Angeles, où ils vécurent pendant deux ans.

Ces années furent les plus belles de Cheveyo. Son activité au poker marchait bien, il était respecté, il avait de l'argent à cette époque. Fier de lui et de pouvoir prouver sa réussite à sa famille, il acheta une petite maison à Porcupine, petite ville au sud de la réserve indienne où s'étaient construits des petits quartiers. Ses parents connurent pour la première fois de leur vie les plaisirs d'un bain chaud et de pouvoir se chauffer.

Cheveyo descendit les quelques marches d'escalier et trouva Canupa attelée aux fourneaux. Le petit Wapa jouait à ses côtés.

Ses longs cheveux noués avec un nœud, elle n'avait guère le temps de prendre soin d'elle en ce moment. Vêtue d'un jeans bleu et d'un tee-shirt gris, elle préparait des galettes de maïs pour le repas du midi.

– Yuma n'est pas là ? demanda-t-il.

À la mort de son père survenu lorsqu'il était en prison, Cheveyo avait appris que son cousin Yuma avait recueilli sa mère Ajaye, à l'époque gravement malade. Vivant avec son père Tyee, sa femme Canupa et leurs trois enfants, Yuma n'avait pas souhaité la laisser seule et l'avait accompagnée jusqu'à sa mort. Aussi, il y a quelques mois, lorsque Yuma perdit son travail et sa maison, Cheveyo trouva naturel de tous les héberger. La situation s'éternisait au grand désespoir de Canupa qui devait, en plus, gérer la rébellion de son fils Gabe, âgé de seize ans. Leur fille Takini, âgée de quatorze ans, semblait plus réservée. Solitaire, elle pouvait rester des heures entières dans sa chambre, mais le récent suicide d'une élève de sa classe l'avait ébranlée la plongeant davantage dans sa solitude.

– Il est parti avec Tyee chez Richard, expliqua l'Indienne en ouvrant le frigo.

Richard Two Bulls était un ancien très respecté. Activiste de plus de soixante ans, il était le guide de nombreuses personnes au sein de cette communauté. Une fois par an, il organisait un grand rassemblement sur son ranch de 400 hectares où de vastes étendues de prairies dansaient silencieusement au gré du vent. Au nord des grandes plaines, les Badlands, aux reliefs transformés par l'érosion, se dressaient par des cimes aussi saillantes qu'un couteau. Plus loin, on apercevait les Black Hills qui couronnaient l'horizon de ses lignes sombres.

Pendant le rassemblement de Richard qui avait lieu dès le lendemain soir, amis et familles proches s'entretenaient des nouvelles affaires de la réserve, des cultures, de nouveaux projets… tout en fumant et priant. Toute la lignée restante des Black Wolf était conviée.

Mais avant ça, une longue journée attendait Cheveyo aujourd'hui. Il devait se rendre à Rapid City pour aider son éditeur à préparer la salle de conférences et terminer son discours de présentation. Il se fit couler un long café noir.

– Takini est à l'école ? demanda-t-il.

– Oui, elle a souhaité y retourner la semaine dernière, dit-elle en faisant allusion aux épreuves que venait de connaître sa classe. Je pensais l'amener avec moi ce soir, voir du monde lui fera peut-être du bien…

Il plongea ses lèvres dans la tasse fumante avant de demander.

– Et Gabe ?

Canupa secoua tristement la tête.

– Il traîne avec Calvin Eagle depuis plusieurs semaines. Richard est venu nous voir pour nous avertir.

Calvin faisait partie d'une petite bande d'adolescents en rébellion, séchant l'école pour voler ou boire en ville. Gabe se perdait jour après jour, tout comme Cheveyo s'était perdu.

– Yuma a tenté de lui parler, mais il se braque. Il n'est pas rentré la nuit dernière…

Elle s'arrêta un instant, et se retourna pour la première fois face à Cheveyo. Son visage paraissait fatigué, ses yeux tristes.

– Je ne sais plus quoi faire, confia-t-elle.

Cheveyo regarda un instant le petit Wapa jouer sagement dans son coin, puis il se leva et porta une petite tape amicale sur l'épaule de Canupa.

– Je sais où traînent Eagle et sa bande, j'irai y faire un tour dans l'après-midi. Ça va aller, dit-il après un court instant de silence.

Alors qu'il passa l'encadrement de la porte, la jeune femme l'interpella.

– Et toi, en Oregon, ça s'est bien passé ?

– Il y avait du monde, je suis content. J'ai obtenu une cinquantaine de signatures pour la pétition et certains contacts vont faire circuler l'info.

Voyant qu'il ne serait pas plus bavard, Canupa chercha son regard avant de lui demander.

– Tu l'as vue ?

Cheveyo hocha la tête puis plongea son regard vers la fenêtre avant de s'en aller.

32

Los Angeles – 14 h

Arpentant la même rue depuis plusieurs minutes, Cole ne parvenait pas à trouver une place de stationnement de libre. Le quartier ne semblait pas très sûr et cela l'inquiétait. Qu'est-ce que Samantha avait bien pu trafiquer, chaque semaine, pendant plusieurs mois, dans un quartier aussi infâme ? Au sud-ouest du comté de Los Angeles, Inglewood représentait de nombreux Afro-Américains et Hispaniques. Certaines ruelles grouillaient de poubelles renversées et de petites impasses mal éclairées. Les façades étaient dégradées par le temps, fissures, noirceurs, mais aussi par de vieux graffitis.

Il tourna pour la énième fois sur la droite pour arriver sur le boulevard de West Manchester, l'une des artères principales qui traversaient la région. Cette fois, c'était la bonne ! Une grosse voiture grise quittait son emplacement. Cole attendit dans son véhicule quelques instants. Soudain, à quelques mètres de là, une bande de Latinos baraqués et recouverts de tatouages sortirent avec fracas d'un bar. Une bagarre venait visiblement de se dérouler. Un homme tomba à terre sous les coups que lui infligeait la bande de gros bras. Puis en une fraction de seconde, le groupe s'éparpilla à la vitesse de l'éclair. Quelqu'un venait de sortir avec une arme à la main pour les intimider. Cole s'enfonça dans son siège. Mais qu'était-il venu faire ici ? Maintenant qu'il se trouvait devant le café mexicain, il devait aller jusqu'au bout… Le calme étant revenu depuis quelques minutes, il sortit de son véhicule avec une certaine prudence. Il ouvrit la porte fermement, il se devait de paraître sûr de lui.

Quelques tables remplissaient la salle et un imposant comptoir reposait au milieu avec plusieurs chaises de bar. Le café était comble et Cole eut du mal à se frayer un chemin pour arriver près du bar. Il cherchait le personnel du regard, un homme assis à ses côtés ne cessait de le dévisager. Avec de grands yeux noirs et une épaisse barbe, il semblait être Afro-Américain et, de toute évidence, n'appréciait guère l'intrusion d'un petit blanc vêtu d'un costard gris. Un barman s'approcha de Cole et lui fit signe de la tête pour savoir ce qu'il voulait.

– Je voudrais parler à Spark !

Un silence autour de lui se fit ressentir. L'homme barbu ne bougea plus. Cole avait comme l'impression d'avoir amorcé une bombe.

– C'est de la part de qui ? demanda le barman.

– De l'homme à qui il a volé la femme ! dit-il en le regardant droit dans les yeux.

Un rire franc et massif sortit du fond de la gorge du barman. Il saisit un torchon pour essuyer des verres et dit plus sérieusement.

– Il n'est pas là !

Alors, un homme que Cole n'avait pas vu auparavant lui demanda.

– Elle s'appelle comment ta femme ?

Accoudé au bar devant un verre de Scotch, l'homme regardait son breuvage tourner sous les mouvements circulaires de sa main, faisant teinter quelques glaçons. Une énorme bague ornait son pouce avec un sigle indescriptible. Il semblait avoir une quarantaine d'années. Chauve, ses yeux d'un marron très expressif et une cicatrice sur la joue lui donnaient un air dur et froid.

– Samantha… Samantha Mandchers !

L'homme stoppa son geste et tourna lentement la tête dans la direction de Cole. Son regard paraissait indéchiffrable. De toute évidence, cet homme lui paraissait complexe.

– Qui te dit qu'il n'est pas avec elle en ce moment ? s'amusa-t-il en faisant signe au barman d'apporter un verre à ce visiteur.

Un rictus nerveux crispa les lèvres de Cole.

– Elles cachent parfois très bien leur jeu…

– Non, pas possible, répondit Cole en acceptant le verre.

Il but une gorgée qui lui fit un bien fou et devant ce réconfort ajouta :

– Elle est partie retrouver son Indien… Cet écrivain de pacotille…

L'homme posa soudainement son verre et se tourna davantage vers Cole.

– Tu connais son nom ? articula-t-il.

– Black Wolf… dit-il dans le vague avant de boire une nouvelle gorgée.

– Tu as son adresse ?

Cole secoua la tête.

– Après tout ce qu'elle m'a fait endurer, elle venait ici retrouver son amant chaque vendredi... Je n'ai rien vu venir. Et maintenant, elle dit être amoureuse d'un Indien… Oui, elle cachait bien son jeu…

Cole se retourna face à son interlocuteur, mais celui-ci était parti. Il secoua lentement la tête avant de demander au barman.

– Un autre, s'il vous plaît !

Au même moment...

– Un autre, s'il vous plaît ! demanda Abby en tendant son verre au barman qui s'approcha avec une bouteille de Martini à la main. Cela faisait une demi-heure qu'elle était ici et qu'elle se demandait si elle ne ferait pas mieux de partir. Mais au lieu de ça, elle huma son délicieux breuvage. Elle avait mûrement réfléchi à ce qu'elle devait faire, elle ne voyait que lui pour l'aider. Les jambes croisées sur son haut tabouret, ses pieds bougeaient nerveusement. Une deuxième gorgée glissa le long de sa gorge, ce qui lui procura un grand réconfort.

– Tu ne devrais pas boire autant...

Cette voix suave, elle l'aurait reconnue entre toutes.

– Bonjour Jack ! annonça-t-elle en se retournant. Toujours aussi prévenant.

Il sourit à ce rappel.

– Soucieux du bien-être des personnes que j'apprécie...

– Je t'offre un verre ? dit-elle en sentant le rouge monter à ses joues.

– Un Whisky, merci ! Alors Abby, que me vaut l'honneur de ton appel après toutes ces années ? demanda-t-il en s'asseyant à ses côtés.

– J'ai besoin de toi...

Lieutenant au Los Angeles Police Department, Jack Mc Cliff était un jeune inspecteur très prometteur. Récemment rattaché à l'unité anticriminalité spécialisée dans le renseignement et l'arrestation de personnes impliquées dans des organisations criminelles, il avait toujours fait passer sa solitude et son célibat forcé après la passion de son travail. Grand brun aux yeux bleus, il était pourtant aimé de la gent

209

féminine. À bientôt trente-neuf ans, il avait à son actif un beau palmarès de chasse et avait aidé à résoudre de nombreuses affaires de trafics de drogue, braquages, agressions en tout genre. Apprécié par ses pairs, il avait déjà eu droit à plusieurs articles dans les journaux concernant les prises que son commissariat avait effectuées. C'est d'ailleurs ce qui lui avait valu de rencontrer Abby. À l'époque, chargée des faits divers, la jeune femme avait eu plus d'une fois l'opportunité de l'interviewer. Se laissant elle aussi rattraper par son charme irrésistible, ils s'étaient laissé aller à une liaison de plusieurs mois. Mais les absences répétées de Jack et le manque d'intérêt pour tout ce qui ne touchait pas de près à son travail avaient entraîné leur rupture.

– Je t'écoute… dit-il en portant à sa bouche le verre que lui apporta le barman.

– Pourrais-tu te renseigner sur quelqu'un pour moi ?

– C'est pour le travail ?

– Non… se hasarda-t-elle à avouer.

– Alors je ne peux rien pour toi, désolé.

– Jack, s'il te plaît, une amie est peut-être en danger…

– Cette amie ne s'appellerait pas Samantha, par hasard ? demanda-t-il en la fixant du regard.

Abby avait oublié la dureté dont il pouvait parfois faire preuve. En guise de réponse, elle détourna le regard.

– À quoi tu joues Abby ? s'énerva-t-il. Le fait qu'elle ait failli me faire perdre mes fonctions ne te suffit pas.

La colère se lisait sur son visage.

– Je pensais que pour une fois, tu penserais un peu aux autres plutôt qu'à toi ! annonça-t-elle. Apparemment, je me suis trompée… Désolée de t'avoir fait perdre ton temps…

Elle laissa un billet sur le comptoir et se leva brusquement. Se gardant bien de croiser son visage, elle marcha d'un pas décidé vers la sortie. L'air frais de ce début de soirée lui fit du bien. Elle respira profondément, ses mains tremblaient, ses jambes ne la supportaient plus. Provoquer cette rencontre lui avait coûté, entendre sa voix au téléphone après tant de mois de silence l'avait troublée, mais elle avait souhaité aller jusqu'au bout... pour Sam. Peut-être n'aurait-elle pas dû l'appeler pour évoquer le nom de celle qui les avait poussés à se séparer.

Juillet 2006

Abby tournait en rond dans l'appartement de Jack. Après être repartie de chez Samantha, elle n'avait pas trouvé d'autres solutions que d'aller voir l'homme qu'elle aimait. Elle voulait savoir quoi faire. Elle voulait être rassurée. Rassurée d'avoir fait le bon choix en optant pour le silence. Elle lui raconta alors toute l'histoire de Samantha. Le claquement incessant de ses talons sur le parquet en bois résonnait dans la tête de Jack. Assis sur son canapé de cuir marron, les coudes appuyés sur ses genoux, il réfléchissait la tête dans les mains.

– Assieds-toi, dit-il d'une voix calme.

Agitant nerveusement ses cheveux, la jeune femme secoua la tête.

– Abby, viens ici !

Il se leva à son tour et enlaça son amie. Doucement, il murmura au creux de son oreille.

– Je suis là, calme-toi...

– Comment veux-tu que je reste calme ? fulmina-t-elle soudain en se retirant de son étreinte. Je suis venue te demander quelque chose que tu n'es pas disposé à accepter.

Cette fois, Jack haussa la voix en plongeant son regard dans le sien.

– Tu te rends compte de ce que tu me demandes ? Mentir à mes supérieurs pour protéger les intérêts de ta copine. On parle d'homicide là ! C'est sérieux bordel !

– C'est un accident, il n'y a ni délit ni crime Jack !

Elle articula chacun de ses mots en le dévisageant à son tour.

– Elle a besoin de savoir s'il y a une enquête d'ouverte, s'il y a des témoins, si elle a été filmée, s'il y a des indices, des empreintes…

– Je ne peux pas faire ça, soupira-t-il en secouant la tête.

– Je ne te demande pas de mentir, mais seulement de ne rien dire !

– Et de mener une enquête pour…

– Pour moi, Jack ! coupa-t-elle le plus sérieusement possible.

Il se sentit soudain uni à elle par un lien étrange. Elle lui tourna les talons pour se diriger vers la porte, saisissant son sac au vol.

– Attends, murmura-t-il en la retenant par la main. Je vais voir ce que je peux faire…

Deux jours plus tard, Jack lui transmettait les informations qu'il avait recueillies. Un homme de race inconnue aurait bien été retrouvé, mais aucun document ne précisait le lieu exact ni les circonstances de sa mort.

– Les rapports ont vraisemblablement conclu à un règlement de comptes entre bandes rivales, expliqua Jack.

Abby poussa un profond soupir.

– Une empreinte a été retrouvée apparemment inconnue au fichier, ajouta-t-il.

– Qu'est-ce que cela veut dire ? Pourront-ils un jour remonter jusqu'à Sam ?

– Impossible.

– Mais si Sam…

– Ils ne trouveront rien, interrompit Jack. Elle n'existe plus, je l'ai détruite…

2008

Cette histoire avait sérieusement entaché leur relation, créant un fossé invisible autour d'eux. Les problèmes récurrents de Samantha, pour lesquels Abby semblait accorder beaucoup trop d'importances, exaspéraient Jack. Il s'était plongé davantage dans son travail comme pour réparer ce qu'il avait fait et Abby, ne supportant plus ses nuits blanches passées à attendre le retour d'un fantôme, avait décidé de mettre un terme à leur histoire. Mais elle n'avait jamais vraiment pu se résoudre à l'oublier.

– Excuse-moi, dit une voix derrière elle.

Jack venait de la rejoindre à l'extérieur du bar.

– Je me suis emporté… Je ne pensais pas que te revoir me perturberait autant.

Il y eut quelques secondes durant lesquelles le temps sembla s'arrêter. Abby se retourna pour lui faire face. Une lumière s'éclaira dans le regard de la jeune femme illuminant son visage. Ce regard lui avait tant manqué.

– Donne-moi son nom, je vais voir ce que je peux faire.

33

Rapid city

Samantha — 19 h 30

La jeune femme trépignait d'impatience. Les bras croisés sous sa poitrine, elle regardait ses pieds nerveusement. Les cheveux lissés et tirés dans une haute couette, elle avait soigneusement pris le temps de rehausser son regard d'un fin trait de maquillage noir. Cela faisait maintenant plusieurs minutes qu'elle attendait l'arrivée de son sac au service des réceptions des bagages. La salle paraissait petite, mais confortable. De larges fenêtres donnaient une vue panoramique sur les voies aériennes où de grands fauteuils offraient la possibilité d'un instant de détente. Autour d'elle, quelques personnes patientaient calmement, comme habituées à ce retard.

Au côté de Samantha, un homme d'une cinquantaine d'années à la peau mate et aux traits creusés passait un coup de fil. Tentant de rapides et furtifs regards à son intention, elle comprit qu'il était Amérindien. Les cheveux courts d'un noir ébène, un regard sombre et marqué, il parlait dans sa langue, une langue douce et sereine.

La jeune femme pensa alors à Cheveyo dont elle se sentait maintenant si proche. Les décisions sur un coup de tête, elle connaissait, mais cette fois, c'était différent. Avait-elle fait le bon choix ? Une petite voix dans sa tête l'encourageait, mais tout cela était si rapide, peut-être même inconscient, irréfléchi.

Pourtant, elle savait pertinemment qu'entre elle et Cheveyo, c'était autre chose.

Cheveyo

À cette heure-ci, il n'y avait pas grand monde sur la route. Quelques pick-up rentraient au sein de la réserve. Alors qu'il arrivait sur Rapid City, il sentait l'adrénaline monter lentement en lui. Il aimait ces moments d'intenses émotions où il se retrouvait seul devant plusieurs personnes, venues spécialement pour l'entendre. Pour la première fois de sa vie, on l'écoutait. Il ressentait une fierté énorme face à ce revirement de situation et aurait bien sûr aimé que ses parents puissent voir ça. Cheveyo gara sa voiture à l'arrière de l'hôtel.

Tout près du Journey Muséum et d'une grande école du Dakota du Sud, le Hampton Inn était un hôtel bien situé. Haut de seulement trois étages, il faisait plusieurs mètres de long. Il offrait également de somptueuses salles de réception.

Cheveyo entra et retrouva son éditeur à la réception.

– Tu tombes bien. J'aimerais que tu viennes avec moi un instant.

Paul Burning était un éditeur indépendant de la ville de Sioux Falls qui lui avait été présenté par Yuma. De taille petite, les cheveux grisonnants, il avait une longue expérience notamment dans la découverte de jeunes auteurs. Cheveyo avait immédiatement été attiré par son professionnalisme et son énergie débordante.

– J'ai réussi à faire venir un journaliste du New York Times, dit-il après l'avoir emmené à l'écart du réceptionniste. À toi de jouer maintenant, si tu vois ce que je veux dire.

Cheveyo lui adressa une tape amicale sur l'épaule et partit à la rencontre de Yuma.

Samantha — 19 h 45

Soudain, des mouvements s'exécutèrent de part et d'autre de la salle de l'aéroport. Les bagages arrivaient sur le tapis roulant. Samantha s'approcha et, satisfaite d'apercevoir son sac dans les premiers, le saisit rapidement avant de s'en aller.

Un coup d'œil à sa montre, c'était foutu pour être à 20 h au Hampton.

Elle sortit par la grande porte principale, un air beaucoup plus frais qu'à Sacramento lui arracha un petit frisson. Vêtue d'un chemisier noir à manches courtes, elle avait sous-estimé le dur climat des montagnes qui régnait dans le Dakota.

S'approchant devant le panneau d'affichage des navettes locales, elle constata, désolée, que la dernière venait de passer.

De vastes étendues vierges se dressaient devant elle. Au loin, des petites collines dépourvues d'arbres apportaient un certain relief au paysage verdoyant. Un calme incroyable régnait à des kilomètres à la ronde, ce qui paraissait surprenant pour un aéroport.

Samantha regarda autour d'elle à la recherche d'un taxi et en aperçut un au loin.

Il était maintenant près de 20 h lorsqu'elle monta dans le véhicule.

Cheveyo

Adossé au comptoir, Yuma buvait une bière. Il semblait perdu dans ses pensées. Cheveyo s'assit à ses côtés et commanda la même chose. Vêtu d'un jeans noir et d'une chemise bleu nuit dessinant à merveille les traits de sa musculature, il avait tressé ses cheveux en deux fines nattes qui descendaient jusqu'à son torse.

– Toujours pas de nouvelles ? demanda-t-il en faisant référence à Gabe.

– Non aucun signe de vie… répondit amèrement Yuma. Je l'ai cherché tout l'après-midi, il n'est nulle part.

– Je suis passé voir la bande d'Eagle, ils m'assurent ne pas l'avoir vu depuis plusieurs jours.

De par son passé sombre, Cheveyo était malheureusement apprécié et respecté de certains des jeunes qu'il côtoyait, ce qui lui valait parfois bien des services.

– Tu vas le retrouver, Yuma, j'en suis sûr !

Ensemble, ils regardèrent les gens arriver pour la conférence. Progressivement, la salle se remplissait. Dans quelques minutes seulement, il allait entrer et entamer son discours.

Samantha — 20 h 10

Les kilomètres s'enchaînaient et paraissaient insupportables pour la jeune femme. Elle qui avait horreur d'être en retard !

– C'est encore loin ? demanda-t-elle au conducteur.

– On arrive dans cinq minutes… bougonna-t-il.

Ne venait-il pas de le dire ?

Elle ressentait une terrible boule d'angoisse au creux de son ventre. Elle aurait voulu pouvoir sauter au cou de Cheveyo, lui dire tout ce qu'elle ressentait, lui parler de ses peurs, de ses désirs, de ses démons, mais ce soir, ils ne seraient pas seuls.

– Nous sommes arrivés !

Le taxi venait de s'arrêter devant un imposant bâtiment. Un drapeau à l'effigie de la nation américaine ornait le milieu d'une petite place.

Après avoir payé le conducteur et récupéré son sac, Samantha s'avança. Elle eut tout juste le temps de se retourner pour constater que le taxi était déjà reparti.

Cheveyo

Alors qu'il tenta un rapide coup d'œil dans l'assistance à la recherche de Gabe, Cheveyo croisa les bras sur sa poitrine. Écoutant attentivement le discours de présentation de Paul, il repensa à la dernière fois qu'il avait été dans cette situation, il n'y a pas plus tard que trois jours. Ce jour-là, elle était là... dans la même pièce que lui... Son esprit s'arrêta quelques instants sur le souvenir du galbe de ses hanches, de ses jambes interminables, de son doux visage, du goût délicieux de ses lèvres... Un instant seulement...

Chaque heure, un souvenir, un sourire ou une odeur lui rappelaient Samantha...

Pourquoi l'avait-il laissée là-bas ? Ne pouvait-il pas la protéger ? Mais n'était-ce pas ce qu'il avait tenté de faire en la tenant à l'écart ?

– Maintenant, je vais laisser la parole à celui que vous êtes venus entendre, Monsieur Cheveyo Black Wolf ! annonça son éditeur.

Une série d'applaudissements retentit sous le regard enjoué de l'auteur.

Samantha — 20 h 15

Des applaudissements provenaient de l'intérieur de l'hôtel, ce qui augmenta l'émotion de la jeune femme. Dehors, un calme incroyable régnait. Plusieurs voitures étaient garées devant l'hôtel. Le moment était venu ! Elle fit un pas en direction de l'établissement puis s'arrêta. Elle était soudain prise d'un terrible doute. Et si Cheveyo ne voulait pas la voir ? N'était-ce pas un peu tard pour ressasser ce genre de réflexion ?

– Jette-moi ton sac !

Au son de cette voix arrogante venant de sa droite, la jeune femme se figea sur place. Elle tourna doucement la tête et aperçut un adolescent pointant un couteau dans sa direction.

Samantha eut alors l'impression de revivre un mauvais rêve. Même dans les pires cauchemars qu'elle faisait inlassablement depuis deux ans, elle ne percevait pas cette terrible panique qui s'emparait de son corps. L'adolescent avait de longs cheveux noirs et un grand tee-shirt blanc où la photo d'un Indien avec la bouche bafouée était barrée. Il semblait nerveux et hésitant, sa main tremblait et son regard cherchait autour de lui la présence d'un quelconque témoin.

Respirant profondément, Samantha essayait de reprendre son calme puis articula d'une voix lente et ferme, mais quelque peu tremblante.

– J'ai déjà été agressée par un homme de ta culture, il m'a laissé ça en souvenir…

Doucement, elle souleva sa chemise pour dévoiler la cicatrice de son ventre.

– Mais lui, il n'est plus là pour te dire ce que moi, je lui ai fait !

Elle sortit alors brusquement une arme de son sac et la brandit face à son agresseur.

Pris de panique, le jeune Indien s'enfuit.

34

De la fenêtre de son bureau, Abby fixait l'extérieur, un ciel annonçant une soirée morose. À cette heure, les bureaux se vidaient. Elle aimait particulièrement l'ambiance qui se dégageait de ces murs à ce moment de la journée. La jeune femme devait terminer un article sur une série de vols à l'étalage. Depuis plus de deux semaines, les commerçants du coin s'inquiétaient de la présence d'une bande de jeunes délinquants. Le dernier vol avait été recensé hier. Sur demande de son patron, elle s'était rendue sur place pour interviewer le propriétaire des lieux. Pourtant, ce soir, elle n'arrivait pas à aligner trois lignes. Elle avait encore deux jours pour terminer son papier, mais la perspective de se retrouver seule dans son grand appartement ne l'enchantait guère.

Perdue dans ses pensées, elle s'appuya sur son grand fauteuil et ferma les yeux tandis que son esprit voguait vers celui qu'elle avait revu quelques heures plus tôt... Cela faisait des semaines maintenant qu'elle avait essayé à plusieurs reprises de l'appeler, en abandonnant avant même d'avoir fini de composer son numéro. Demander des informations sur Cheveyo Black Wolf était un besoin pour se rassurer, mais à la fois, le bon prétexte qu'elle attendait depuis longtemps pour se donner le courage qui lui manquait.

Abby soupira un bon coup avant de tenter de remettre le nez dans son travail. Mais au même instant, son portable se mit à sonner.

– Tu es chez toi ?

La voix chaude de Jack l'électrisa.

– Non, je suis toujours au travail, dit-elle lentement en posant ses lunettes.

Les battements de son cœur s'accéléraient. Ses mains devenaient moites.

– Tu fais des heures sup, toi, maintenant ? ironisa-t-il sur un ton rieur.

– Je dois boucler un dossier pour demain, mentit-elle.

– Une petite pause, ça te dirait ?

Malgré une envie irrésistible de dire oui, Abby hésita. La perspective de se retrouver avec Jack la terrifiait autant qu'elle l'enivrait.

– J'ai ce que tu m'as demandé et ça vaut vraiment le coup d'œil, annonça-t-il pour essayer de la convaincre.

– Qu'est-ce que tu me proposes ?

– Le dossier contre un resto ! Tu me dois bien ça, non ?

Abby ne répondit pas.

– Retrouve-moi au Paesanos dans trente minutes, ajouta-t-il avant de raccrocher.

À dix minutes à pied du journal, Abby avait bouclé ses affaires pour rejoindre le restaurant où ils avaient souvent eu l'habitude de manger par le passé. Ce restaurant italien était apprécié pour sa cuisine fraîche et son côté intime et cosy. D'authentiques scooters vespa verts habillaient la pièce pour apporter un coté Méditerranéen, frais et léger. Rien n'avait changé dans ce lieu qui lui rappela soudain tant de bons moments passés. Un couple assis à la table voisine ne se quittait pas des yeux. Les doigts entrelacés, ils se chuchotaient des mots doux. Ils semblaient oublier que tout un monde vivait autour d'eux.

Cela faisait maintenant plus de trente minutes qu'elle l'attendait. Elle commençait déjà à regretter, ses retards n'avaient pas changé. Il resterait toujours le même.

– Excuse-moi, je suis en retard...

Abby se retourna et aperçut Jack. Il avait troqué son sweat contre une magnifique chemise noire et un jeans bleu stone.

– Il est difficile de trouver un fleuriste ouvert à cette heure, j'ai dû arpenter toutes les rues de Midtown, dit-il en contournant la table. Il me semble que c'est ton anniversaire aujourd'hui.

Il s'approcha de la jeune femme pour lui remettre une énorme rose rouge et lui déposer un baiser sur la joue. Sentant ses joues s'empourprer, Abby bredouilla un timide merci. Un jeune serveur arriva au bon moment.

– Vous avez choisi ? demanda-t-il en dégainant un stylo de la poche arrière de son pantalon.

Sans même avoir ouvert le menu, Jack annonça.

– Un fellucine arrostiti avec une portion de poulet en supplément, une salade verte et une bouteille de pinot noir, s'il vous plaît.

Abby nota avec précision qu'il s'agissait de ce qu'il avait l'habitude de prendre autrefois. Des pâtes noires aux poulets, piments et poivrons rouges, agrémentées d'une sauce épicée à la coriandre et aux citrons verts.

– Et pour vous Madame ?

Abby sortit de ses rêveries pour commander un plat de cappellini, des cheveux d'anges, tomates, basilic, ail, relevés d'un filet d'huile d'olive et recouverts de parmesan.

– Ajoutez deux coupes de champagne, s'il vous plaît, ajouta Jack

Sous le regard étonné d'Abby, il répondit par son plus beau sourire.

– Tu disais que tu avais trouvé quelque chose d'intéressant sur cet écrivain, demanda-t-elle pour contrer l'embarras qui l'envahissait.

– J'ai en effet des infos étonnantes, mais avant de parler de tout ça, je voudrais trinquer à ton anniversaire, se réjouit-il en voyant les boissons arriver.

Les verres tintèrent, les sourires fusèrent. Il la dévorait des yeux.

– C'est étrange de se retrouver ici comme si le temps n'avait rien changé, constata Abby en plongeant ses lèvres dans sa coupe.

– Les choses n'ont pas tant changé que ça.

– Je travaille toujours au journal, toi, au commissariat. Le temps passe, je suis toujours aussi seule… Et toi, tu vis toujours autant pour ton travail…

Elle avait dit ça sans réfléchir, le regard dans le vague, comme une banale constatation.

– Je change de service le mois prochain.

Voyant sa mine surprise, il ajouta.

– Travail de bureau, horaires de bureau, rapport de procédure, classement, archivages…

– Pourquoi tu fais ça ? demanda-t-elle ahurie.

– Comme tu le dis, le temps passe et moi aussi, je me sens toujours aussi seul…

Ils se regardèrent un instant.

– J'approche la quarantaine Abby, à part mon travail, je n'ai rien. Personne à qui parler, personne avec qui rire, personne à écouter, personne à aimer… La plupart du temps, je préfère manger à l'extérieur pour ne pas entendre le silence angoissant de mon appartement. C'est pathétique.

– Tu vas regretter ce choix, Jack ! Tu n'es pas fait pour rester enfermé dans un bureau. Il te faut du mouvement, des défis, des buts !

– J'ai un tout autre but bien plus passionnant, le défi de ma vie : reconquérir celle que j'ai fait fuir il y a quelques années et que je n'ai jamais cessé d'aimer.

Au même moment…

Après avoir déposé son sac à l'accueil, Samantha s'avança d'un pas lent vers la salle de réception. Elle était encore secouée par ce qu'elle venait de vivre deux minutes auparavant. Elle s'était procuré son arme quelques jours seulement après son agression, lorsque sa paranoïa était à son comble et qu'elle se sentait constamment poursuivie. Rapidement, un sentiment de pouvoir et de sécurité s'était emparé d'elle, depuis elle ne sortait jamais sans.

« Tout va bien », se dit-elle pour se tranquilliser.

Il fallait maintenant qu'elle reprenne ses esprits pour ne rien laisser paraître. Rien ne devait gâcher cet instant. Les portes de la salle étaient ouvertes, elle jeta un rapide coup d'œil à l'assemblée avant de trouver une place au fond, juste à côté de la sortie. Elle s'assit pour ne pas être repérée ni troubler le discours qui était en train de se dérouler. Un discours au son d'une voix si familière…

Quand Samantha leva les yeux vers Cheveyo, un choc divin, violent et douloureux, se produisit en elle. Elle se retrouva submergée d'une euphorie invisible, et plus rien au monde ne compta.

Du haut de son mètre quatre-vingt et aidé d'un petit pupitre, il surplombait tout le monde. Sa crinière noir corbeau et son teint mat attiraient instantanément l'attention.

Il était si beau... si charismatique... Il dégageait une force tranquille incroyable. Son regard tellement expressif, sa bouche, qui avait violemment embrassé la sienne. Ses mains qui s'agitaient en voulant elles aussi faire passer un message. Ses mains qui l'avaient soutenue, qui l'avaient enlacée...

Regardant les personnes assises au premier rang, il semblait passionné par ce qu'il était en train de dire. Sa voix était neutre, posée et chaleureuse. Il semblait avoir fait ça toute sa vie.

– Vous êtes journaliste ? demanda une femme assise à côté d'elle.

Samantha se retourna et plongea son regard dans des yeux d'une intensité incroyable. Semblant avoir quelques années de plus qu'elle, cette femme avait une beauté singulière et particulièrement envoutante. Vêtue d'une robe violine, ses longs cheveux noirs étaient lâchés, de fines et discrètes boucles d'oreilles pendantes apportaient une touche de couleur turquoise.

– Oui, répondit-elle à voix basse. Mais je ne suis pas là pour interviewer Chev... Monsieur Black Wolf.

Marquant un temps d'arrêt, Samantha comprit que son interlocutrice ne comprenait pas.

– Il m'a invité à une conférence en Oregon le week-end dernier, reprit-elle. Et j'ai très envie de lui proposer un article plus complet.

L'Indienne lui sourit et prononça le prénom de Samantha en regardant Cheveyo d'un air amusé. À ses côtés, une jeune adolescente en sweat à capuche, d'où s'échappaient quelques mèches de longs cheveux noirs, avait les yeux rivés sur

Cheveyo. Sur ses genoux, un petit garçon jouait calmement avec deux petits personnages en bois.

Après avoir parlé avec un vif intérêt de son roman et répondu aux questions des professionnels, Cheveyo avait entamé un débat sur les conditions de vie des Amérindiens, ce qui paraissait intéresser un public curieux. Le plus impressionnant fut encore une fois l'étonnement, personne ou très peu savaient ce qui se passait réellement dans les réserves indiennes. Il raconta alors l'histoire d'un enfant qu'il avait connu avant d'aller en prison. À cette époque, le garçon semblait passionné par le droit et voulait se destiner à en faire son métier, seulement, cet enfant faisait partie de l'une des plus pauvres familles de la réserve. Son père était alcoolique, et leur réputation paraissait déjà être faite. Bon élève et sportif averti, il fit sa demande pour entrer dans la prestigieuse université de Stanford dans l'agglomération de San Francisco, mais on lui refusa.

– Il s'est alors renfermé sur lui-même, avait-il déclaré le regard grave. Il a commencé à boire également, il se mit à chercher un travail, mais toutes les portes se refermaient derrière lui. Jusqu'au jour où il trouva une place dans une usine en ville. Ayant toujours habité en réserve, l'insertion dans le monde des blancs lui fut particulièrement difficile, subissant chaque jour humiliation, racket et violence physique de la part de ses collègues. Il craqua au bout de quelques années de combat et repartit vivre dans sa réserve natale. Seulement, à son retour, il fut traité de blanc et accusé d'avoir abandonné les siens. Banni des deux côtés, il s'est suicidé, laissant derrière lui un petit garçon sans repères ni identités sociales.

Dans l'assemblée, quelques personnes avaient émis de brefs commentaires.

– Bien sûr, tout le monde n'est pas comme ça. Ceux qui ont porté ces accusations ont aujourd'hui un lourd fardeau sur la conscience et ne jugeront plus un quelconque Indien avant longtemps, mais le mal est fait. J'ai eu aussi droit au rejet et au jugement à tort, gâchant de nombreuses années de ma vie, mais la seule différence entre cet homme et moi, c'est notre caractère. La chance de certains d'entre nous est notre force à endurer ce qu'on nous inflige, la force de vouloir s'en sortir et d'être considéré en tant qu'êtres humains, car actuellement, auprès de certaines personnes, ce n'est pas le cas.

La conférence se termina quelques minutes plus tard sous les applaudissements. Cheveyo n'avait visiblement pas eu l'occasion de déceler la présence de la jeune femme et fut happé par quelques journalistes qui s'aventurèrent jusqu'à son pupitre. Samantha ne parvenait plus à le voir. Elle se leva pour tenter de mieux l'apercevoir, en vain. À ses côtés, la jeune adolescente se redressa à son tour, prit la main du petit garçon et ajouta quelques mots à la personne qui devait être sa mère.

– On vous attend dans la voiture…

Samantha croisa un instant son regard, cette fille paraissait si triste qu'elle en fut touchée. Elle avait des yeux marron clair qui étaient mis en évidence par le teint mat de sa peau. Troublée, elle salua sa voisine et saisit son sac. Elle se retourna face à la sortie et avança d'un pas lent et hésitant sans se retourner.

Cheveyo balaya d'un rapide coup d'œil l'assistance à la recherche de Canupa. Maintenant que la salle se vidait, il voyait plus clair. Yuma parlait tranquillement à un inconnu dans les premiers rangs, pendant que Tyee semblait méditer tout ce qu'il venait d'entendre. C'est alors qu'il aperçut Takini au fond de la salle, en train de se lever. Elle parlait à sa mère. Une femme assise aux côtés de Canupa lui coupa le souffle. Son cœur fit un bond dans sa poitrine. Une adrénaline incontrôlable s'empara de lui et lui provoqua le tournis.

– Cheveyo ! annonça Richard en bloquant la vue de Samantha. Je te présente Brian Sofford, journaliste au New York Times.

Il lui serra la main avec un sourire forcé. Lorsqu'il se décala pour chercher Samantha du regard, elle n'était plus là.

35

Accolée au mur extérieur de l'hôtel, Samantha alluma une cigarette. Jouant nerveusement avec son briquet, elle tira profondément sur une latte de nicotine qui lui procura un agréable bien-être et un réconfort bienvenu. Une multitude d'informations envahissait son esprit, au point de la plonger dans une profonde rêverie. Elle sursauta en entendant la porte s'ouvrir.

– Désolée, je ne voulais pas vous faire peur, s'excusa l'Indienne assise à ses côtés quelques minutes plus tôt.

Voyant sa mine anxieuse, elle demanda.

– Est-ce que tout va bien ?

– Je crois que je n'aurai pas dû venir, s'entendit murmurer Samantha.

– Au contraire, c'est une très bonne chose. C'est tout ce dont Cheveyo avait besoin.

Samantha la regarda avec de grands yeux ronds.

– Pardon, mais je ne connais pas votre nom, dit-elle en se retournant pour lui faire face.

– Canupa… Canupa Black Wolf !

Devant sa mine décomposée, elle ajouta.

– Je suis la belle-sœur de Cheveyo. Ne partez pas, il doit savoir que vous étiez là.

Le petit salon offrait un cadre bienveillant. D'une décoration simple, les murs beiges étaient agrémentés de quelques tableaux aux couleurs neutres. Une douce musique classique résonnait aux quatre coins de la pièce. Quelques bougies reposaient sur des tables basses en verre créant une luminosité particulière. Au fond de la salle, une cheminée ajoutait une ambiance chaleureuse et feutrée. Samantha était assise sur l'un des confortables fauteuils face à l'accueil. Deux hommes, assis en face de la jeune femme, semblaient parler de Cheveyo et du discours qu'il venait de faire. Trempant ses lèvres dans un café chaud, elle regardait régulièrement en direction de la réception.

C'est au bout d'une bonne demi-heure de discussion, au sein de la salle de réception désormais vide, que Cheveyo réussit à prendre congé de Brian Sofford. Convenant qu'ils se reverraient dès que le journaliste serait rentré d'un voyage d'affaires au Canada, il lui donna une poignée de main énergique avant de le voir s'en aller. Cheveyo rassembla ses affaires et s'élança vers la sortie. Une seule pensée l'obsédait.

– C'est du bon boulot ! renchérit Richard qui passa juste au niveau de la porte. Nous allons finaliser les dernières paperasses administratives avec l'hôtel et…

Non ! Il ne pouvait plus attendre.

– Accorde-moi cinq minutes, se contenta-t-il de répondre avant de passer la porte.

Alors qu'elle reposait sa tasse sur la table, Samantha aperçut du mouvement. Des bruits de pas, une démarche sûre, un courant d'air rapide, le silence. Puis un visage, un regard.

Le cœur battant de plus en plus fort, il la cherchait du regard. Il avait les mains moites, un nœud dans la gorge puis il s'arrêta. Une délicieuse douleur au creux de ses reins. Une décharge électrique lui traversa le corps.

Ce regard ! Cette expression !

Comment était-il possible d'aimer aussi fort ? Samantha se leva lentement.

Cette sensibilité ! Cette beauté !

Déjà il pouvait voir ses yeux verts briller, sa fine taille, ses longues jambes épouser à merveille son jeans, ses talons hauts... Elle était envoutante.

Soudain, le temps reprit son cours, le bruit autour d'eux fut de nouveau perceptible. La musique classique semblait reprendre. Cheveyo s'approcha. Tout en regardant nerveusement autour de lui, il la saisit doucement et fermement à la fois par le bras pour l'inciter à le suivre. Des picotements les parcoururent de la tête aux pieds. À gauche du guichet de la réception, un mur séparait le reste de la salle. En retrait et à l'abri des regards, Cheveyo l'attira dos au mur.

– Qu'est-ce que tu fais là ?

Sa voix était éraillée par l'émotion. Les expressions de son regard, les mouvements de ses lèvres, les dessins de son sourire, tout ça lui avait tellement manqué ! Samantha ne parvenait pas à reprendre ses esprits, son corps ne se contrôlait plus. Que lui arrivait-il ?

– J'avais besoin de te voir... balbutia-t-elle.

Il plongea ses yeux dans les siens. Sa respiration le trahissait. Sa nervosité l'affaiblissait. Visiblement, aucun d'entre eux ne parvenait à se calmer. L'un comme l'autre, ils étaient troublés, totalement dépassés par l'ampleur de leurs sentiments.

– S'il te voit ici, il voudra s'en prendre à toi pour me toucher. Il est capable de tout, tu comprends ? dit-il en tentant de la convaincre.

– Je reste auprès de toi, ajouta-t-elle en défiant son regard.

– Ce n'est pas un jeu Samantha.

Il jura entre ses dents avant de répliquer en s'impatientant.

– Tu ne comprends pas.

– Tu as raison ! Je ne comprends rien, car tu ne me dis rien ! Le timbre de sa voix trahit son énervement et son désespoir.

– Je n'aurai pas dû venir, murmura-t-elle en lui tournant le dos.

Mais elle fut rattrapée par son bras puissant qui l'attira violemment à lui.

– Reste…

La plaquant contre le mur, il se précipita avidement sur sa bouche. Perdus dans un instant de folie qui ne leur appartenait plus, ils ne semblaient plus rien maîtriser. Samantha s'agrippa à son cou, le corps vibrant du plaisir que lui procurait ce baiser. Comme deux chiens fous, ils semblaient déchaînés par une passion incontrôlable. D'une main ferme, il la pressa davantage contre son corps pour l'épouser parfaitement. Puis ils s'arrêtèrent un instant, essoufflés. Cheveyo plongea alors ses yeux noirs dans ceux de Samantha.

– Comment ai-je pu me passer de ça, murmura-t-il d'une voix déformée par le désir. Tu n'imagines même pas combien de fois j'ai voulu t'embrasser…

Il caressa sa lèvre inférieure du bout des doigts, elle frissonna.

– Je ne veux pas te perdre encore, gémit-elle.

Il fronça les sourcils un instant.

– Je suis désolé, je n'aurai pas dû te laisser au manoir.

– Non je… Chev, je me souviens maintenant.

Son cœur s'accéléra, il sentait une vive émotion monter en lui.

– De quoi parles-tu ?

Elle le dévisagea, il en fut troublé.

– De Dimitri et Mandy, de toi et moi, de cet amour qui nous lie depuis si longtemps.

– Qu'essaies-tu de me dire ?

– Nous sommes Dimitri et Mandy !

Elle lâcha ses mots avec force. Il resserra son étreinte et enfouit son visage pour étouffer un soupir de soulagement au creux de son cou.

– Si tu savais à quel point j'ai attendu ce moment ! dit-il avec émotion.

Lorsqu'il se redressa, Samantha aperçut que son regard brillait. Cheveyo lui adressa un sourire ravageur et souleva doucement son menton pour l'embrasser de nouveau, d'une manière plus douce, plus contrôlée.

Tout était là. Elle avait trouvé sa place.

Leur étreinte aurait pu durer une éternité, mais déjà une voix lointaine les ramena progressivement à la réalité.

– Cheveyo !

Yuma se tenait devant eux. Avec un air gêné, il fit un geste de la main en haussant les épaules. Il y avait comme un air amusé dans son regard.

– Excusez-moi, ajouta-t-il. Ton éditeur te cherche partout. Il aimerait partir, mais dit avoir une dernière fois besoin de toi.

Cheveyo se libéra de son étreinte, quelque peu confus, il passa maladroitement sa main sur son front pour remonter le long de son crâne.

– Vous partez ? demanda-t-il après s'être raclé la gorge pour éclaircir sa voix rauque.

– Les enfants sont fatigués, ajouta Canupa qui se tenait derrière son mari.

Rattrapé par la situation, il comprit que c'était le moment de la présenter à sa famille.

– Voici Samantha…

– Nous nous sommes déjà croisées, annonça Canupa avec un sourire non dissimulé à l'intention de la jeune femme.

Sentant le rouge lui monter aux joues, elle s'empressa de baisser son regard.

– Pouvez-vous la ramener à la maison ? demanda-t-il en regardant Samantha.

Il émit un petit hochement de tête en sa direction pour obtenir son consentement et lui assurer qu'avec eux, elle serait en sécurité. Elle acquiesça.

– Je n'en ai pas pour longtemps, lui dit-il. On se retrouve chez moi.

Il avança alors d'un pas rapide dans la direction du hall. Elle le regarda s'éloigner d'elle.

36

Grimpant à l'avant d'un vieux pick-up gris, Samantha se poussa pour faire de la place à Canupa qui claqua fermement la portière. À l'arrière, le jeune garçon dormait allongé, la tête sur les genoux de sa sœur qui regardait par la fenêtre. Machinalement, elle caressait les cheveux de son frère. Lorsqu'elle sentit son regard se poser sur elle, elle observa Samantha à la fois intriguée et fatiguée. À leur côté, un vieil homme incroyablement charismatique fixait curieusement la jeune femme.

– Alors c'est toi Samantha ! dit Yuma en lui jetant un regard furtif dans le rétroviseur.

Voyant son regard interrogateur, Canupa ajouta.

– Cheveyo nous a parlé de toi.

Au bout de quelques minutes, ils passèrent le panneau d'entrée de la réserve de Pine Ridge. Samantha tenta un rapide regard à l'attention de Yuma. Aussi grand que Cheveyo, il avait le visage davantage marqué, les cheveux courts et un regard incroyablement expressif. Vaguement plus âgé que lui, elle pouvait déceler un petit air de ressemblance. Sans même les connaître, la jeune femme se sentait bien… à cet instant… dans cette voiture.

Malgré la pénombre de la nuit, Samantha apercevait quelques maisons alignées de chaque côté de la route, à la manière de cottages. Aucune séparation ne semblait distinguer les maisons les unes des autres. Surprise, elle ne s'était pas attendue à découvrir comme de petits lotissements au milieu de nulle part. La voiture s'arrêta devant l'un des logements, identique aux autres. À quelques mètres, deux, trois jeunes les saluèrent. Dévisageant Samantha, ils prononcèrent quelques chuchotements.

Sur le côté, deux chevaux restaient debout, immobiles. Un vieil arbre imposait sa stature devant la petite terrasse couverte. Canupa ouvrit la double porte pendant que Yuma portait son fils toujours endormi. Le vieil homme s'assit un instant sur un banc à l'extérieur et dit quelque chose dans une langue douce et chaleureuse. Quelques instants plus tard, Canupa lui apporta une vieille pipe longue de plusieurs centimètres. Il regarda alors Samantha et tapota la place libre à ses côtés.

– Je ne vais pas te manger, dit-il avec un léger accent.

Samantha s'exécuta, quelque peu intimidée par cet homme si charismatique. Un calme incroyable, inspirant au respect, émanait de lui. Il ouvrit un sachet d'herbe qu'il sortit de sa poche. Son geste ancestral paraissait sacré. À cet instant, Yuma les rejoignit et s'assit face à eux. Un sourire au coin de la bouche, il dit à Samantha d'une voix douce.

– Puisque tu es notre invitée, il est de coutume que tu partages ce moment avec nous.

Elle lui rendit son sourire.

– Le père de Cheveyo était le frère de mon père, dit-il en levant la tête dans la direction du vieil homme. Nous sommes tous de la famille et nous vivons tous ici.

Assis à l'ouest, Tyee prit le calumet dans sa main gauche et une pincée de tabac dans la droite. Il se purifia en premier au-dessus de la fumée, tout en se frottant le corps, puis déclara d'une voix solennelle.

– Toi dont le souffle est long et qui donnes la connaissance aux hommes, regarde-nous ! Accepte notre offrande, ce tabac je te l'offre comme je t'offre ces prières…

Il se mit à parler dans son dialecte un instant puis reprit.

– Puisses-tu partager avec nous ce moment que nous t'offrons. Mitakuye Oyassin !

Il tendit le calumet à Samantha qui n'osa pas refuser, consciente que cela lui rappellerait de mauvaises expériences passées. Au bout de quelques instants, le tabac aidant, Tyee se laissa aller à quelques révélations sur l'histoire de son peuple. Membre respecté et influent au sein des Sioux Lakota Yankton, il avait reçu cette renommée après avoir longtemps lutté en tant que membre actif au sein de l'American Indian Movement, groupe de résistants indiens fondé en 1968. Cette organisation avait été créée dans le but d'obtenir la souveraineté et la reconnaissance d'une spiritualité bien vivante.

– En 1971, commença le vieil homme, j'avais trente et un ans quand on a attiré l'attention nationale en saisissant le bureau des affaires indiennes et présenté une liste de revendications au gouvernement fédéral. À cette époque, ce qu'il se passait dans la réserve ressemblait fort à une guerre menée contre nous. Des hommes armés mitraillaient des maisons de villages reculés dès la tombée de la nuit.

Il parlait d'un ton détaché, sans la moindre plainte. Il ajouta avoir été présent lorsqu'ils avaient organisé une occupation pacifique à Wounded Knee au sein de la réserve, lieu d'un massacre commis par l'armée américaine en 1890. C'était en février 1973. Ce jour-là, après soixante et onze jours d'occupation de deux cents membres de l'AIM, 130 000 balles tirées, plus de 1200 arrestations effectuées, une douzaine de blessés et la mort d'un militant Lakota, Akecheta, le deuxième frère de Tyee, de nombreux policiers et agents du FBI cernèrent les Indiens mettant fin au mouvement.

– Nous voulions protester contre le viol des traités et la corruption des responsables tribaux.

Une guerre secrète fut alors déclarée à l'AIM, la plupart des leaders de ce groupe furent mis en prison, tels que Tyee, ou contraints de vivre dans la clandestinité. La protestation avait commencé à faire connaître les enjeux de l'AIM. En 1980, la Cour suprême américaine avait statué sur la prise illégale des Black Hills. Accordant un dédommagement de plusieurs millions de dollars, les Sioux rejetèrent cette proposition.

– Nous ne voulions pas de leur argent. Si nous avions accepté, nous ne pourrions plus jamais réclamer la restitution de notre terre sacrée. Malgré les têtes sculptées des quatre présidents qui ont rompu notre traité, le mont Rushmore reste toujours notre héritage.

Samantha semblait perdue dans ses pensées lorsque le bruit d'un moteur se fit entendre. Cheveyo se gara devant la maison et sortit rapidement du véhicule en adressant un sourire ravageur à la jeune femme.

– Je vois que tu as eu droit à une petite séance de fumette, ironisa-t-il en les rejoignant.

La jeune femme sourit en se levant.

– Désolé, ça a traîné un peu, ajouta-t-il en regardant sa montre.

Il était près d'une heure du matin ! Voyant leurs mines fatiguées, il comprit très vite qu'ils avaient dû refaire le monde comme il était de coutume lorsqu'ils fumaient ensemble.

– Il est tard, ajouta Yuma en aidant son père à se relever.

Tyee adressa une poignée de main chaleureuse à Samantha avec un grand sourire espiègle.

– Bonne nuit ! ajoutèrent les deux hommes.

Cheveyo s'approcha de la jeune femme.

– On dirait qu'ils t'ont adoptée…

Ils se regardèrent un instant, muets. Malgré la fatigue qui se lisait sur son visage, il dégageait une beauté insolente. Il passa une main dans ses cheveux à présent détachés et lentement, se rapprocha d'elle. Lorsqu'il fut tout proche de Samantha, il encercla ses bras autour de sa taille. Un vertige s'empara de Samantha. Manquant de trébucher, elle fut rattrapée par Cheveyo qui la plaqua tout contre lui. Nerveuse, elle avait l'impression de redécouvrir l'amour.

– C'est l'herbe que tu as fumée qui te met dans cet état ? demanda-t-il avec une voix entrecoupée par le désir.

À quelques millimètres l'un de l'autre, elle vit son sourire irrésistible et les traits de ses yeux rieurs.

– C'est si bon que tu sois là, murmura-t-il. J'ai tellement regretté de ne pas t'avoir emmenée avec moi.

Les battements de leur cœur semblaient battre à l'unisson. Elle avait écouté ce que lui soufflait son inconscient et maintenant, elle était là, tout contre lui.

– Mon cœur est à toi. J'ai tellement attendu cet instant, tellement espéré te retrouver, te prendre dans mes bras, m'enivrer de ton parfum, t'embrasser…

Il déposa ses lèvres sur les siennes avec une infinie douceur.

– C'est tout ce que j'attendais…

La soulevant délicatement pour la porter, il l'entraîna à l'intérieur. Sans faire de bruit, ils montèrent à l'étage et entrèrent dans sa chambre où il la déposa lentement au sol. Tout en la dévisageant, il ôta sa chemise. Malgré la pénombre, Samantha voyait le dessin de ses muscles saillants, le tatouage qui couvrait une partie de son pectoral droit et celui qui disparaissait doucement sous sa hanche gauche. Il incarnait plus que tous ses fantasmes. Lentement, il fit glisser son pantalon le long de ses jambes. Vêtu d'un simple boxer noir, il était à couper le souffle. Samantha avait du mal à respirer. Le regard de Cheveyo semblait transcendé par le désir. Une main de chaque côté de la taille de Samantha, il souleva délicatement sa chemise tout en effleurant sa peau du bout de ses pouces. Samantha était aussi nerveuse que pour une première fois.

– Détends-toi, murmura-t-il au creux de son oreille.

Il passa la soie au-dessus de sa tête et la contempla un instant, s'arrêtant sur son ventre. Il posa les genoux à terre et caressa sa cicatrice du bout des doigts.

– Tu es si belle…

Les yeux brillants, il enfouit son visage au creux de sa poitrine tout en la couvrant de baisers. Envahie d'un désir insoutenable, elle laissa échapper un soupir de plaisir, jamais elle n'avait autant désiré un homme. Il se redressa lentement et fit courir ses doigts brûlants le long de son dos… la chute de ses reins… ses fesses… Samantha glissait sa main dans ses longs cheveux noirs tandis qu'un mélange d'agitation et de fureur s'emparait de son corps.

Elle le poussa de toutes ses forces sur le lit. À califourchon sur lui, elle buvait sa peau. Avec un air comblé, Cheveyo la laissait faire. Elle embrassa chaque partie de son corps, lentement, sensuellement jusqu'à lui voler un gémissement. N'y tenant plus, il la fit basculer sur le matelas tandis qu'ils s'embrassaient avec une fougue incontrôlée. Leurs souffles haletants, leurs corps impatients les emportèrent dans les méandres du plaisir.

37

Le noir régnait encore dans la petite chambre. Répandus aux quatre coins de la pièce, des vêtements gisaient sur le sol. Une tiédeur bienveillante, mélangée de brumes de parfum et d'encens, témoignait des vestiges d'une courte nuit. Recouverte d'un fin drap blanc, Abby dormait allongée sur le ventre, la tête enfouie au creux d'un oreiller, lorsque le téléphone l'extirpa violemment de son sommeil. Elle se leva, constatant par la même occasion qu'elle était seule, et décrocha son appareil en arrachant un bâillement.

– Je sais tout ! annonça sèchement une voix masculine.

– Bordel, Cole, t'as vu l'heure ! maugréa-t-elle en passant une main maladroite dans ses cheveux.

Elle avança vers le salon. Jack lui avait laissé un mot qu'elle s'empressa de lire.

« Si cette nuit est la promesse d'une deuxième chance, je me dois de ne pas refaire les mêmes erreurs et régler quelques détails au plus vite... Je t'appelle tout à l'heure. Je t'aime. Jack. »

Abby resta immobile, un grand sourire se lisait sur son visage. Il l'aime !

– Tu m'écoutes ? s'énerva Cole à l'autre bout du fil. Elle jouait double-jeu !

– De quoi tu parles ? demanda-t-elle en reprenant ses esprits.

– Sam ! Elle me trompait !

– C'est faux, Cole ! articula-t-elle après un soupir de lassitude.

– Tu veux la protéger, mais ça ne prend pas ! Je suis allé au café mexicain, hier, ce Spark est pourtant bien réel !

Ce nom claqua en plein visage de la jeune femme.

– D'où tu connais Spark ? demanda-t-elle inquiète.

– Peu importe…

– Tu lui as parlé ?

– Il n'était pas là, mais quand j'ai mentionné le nom de Sam, elle ne leur était pas inconnue...

– Cole, à qui as-tu parlé ?

– Des habitués du bistrot. Il y avait ce type assez impressionnant…

– Il était chauve, avec une grande cicatrice sur la joue ?

– Tu le connais ?

Abby laissa éclater un juron.

– Je crois que Sam est en danger !

Elle raccrocha et retourna vite dans sa chambre. Elle saisit les premiers vêtements qu'elle trouva, prit son sac et ses clés de voiture avant de claquer la porte derrière elle. Sur la table du salon, l'enveloppe contenant la vie passée de Cheveyo était toujours cachetée… à côté du mot de Jack.

38

Réserve de Pine Ridge – 8 h

Le rire d'un enfant résonnait à travers les murs de la maison, les bribes d'une voix féminine parvenaient doucement aux oreilles de la jeune femme. Samantha ouvrit un œil, puis deux, elle regarda brièvement autour d'elle et sourit. Elle s'étira tel un chat à travers les draps qui épousaient les formes de son corps. Les souvenirs de sa nuit passée lui venaient à l'esprit jusqu'à lui arracher un sourire. C'était comme si elle se sentait être une autre femme, comme si elle découvrait l'amour pour la première fois. Elle n'avait jamais aimé comme ça auparavant, jamais ressenti aussi violemment cette adrénaline monter en elle, jamais éprouvé ce désir incroyable de se fondre en lui… Maintenant, elle se sentait liée à jamais. Elle vivrait à travers lui… Il vivrait à travers elle…

Elle repensa au journal de Mandy. L'amour qu'elle décrivait pour Dimitri, les sentiments qu'elle ressentait, ses émotions si fortes et incontrôlables… Elle était en train de vivre la même fougue, la même force… et en même temps, la même peur. Une peur indescriptible qui partait dans tous les sens, une peur indomptable et en même temps, tellement excitante.

Elle eut soudain le besoin enivrant et insatiable de le voir. Avec une subite énergie lui ordonnant de sauter du lit, elle s'habilla à la hâte et sortit de la chambre. Tout en descendant les escaliers, elle touchait le mur sur lequel de vieilles photos en noir et blanc représentaient des vues diverses et variées de la réserve. Une photo attira plus particulièrement son attention. Il s'agissait d'une vue imprenable sur des plaines qui s'étendaient à perte d'horizon et où trônaient des dizaines de majestueux tipis blancs. Un ciel sombre presque orageux venait ajouter une puissance prête à se soulever.

De taille modeste et sur un étage, la maison comportait tout ce qu'il y avait de nécessaire, une cuisine ouverte sur une salle à manger disposant d'une grande table et sur la droite un coin salon avec un petit canapé et une télévision dans le renfoncement.

La jeune femme s'avança vers la cuisine, alléchée par une délicieuse odeur de crêpes.

– Tu as bien dormi ? demanda Canupa qui se retourna avec une tasse de café bien chaude à la main qu'elle lui tendit.

Samantha acquiesça, gênée à l'idée d'avoir partagé cette intimité sous le même toit que les membres de cette famille. Elle regarda un instant autour d'elle, la maison semblait si calme, puis elle arrêta son regard vers la fenêtre.

– Cheveyo est dehors avec Yuma, ajouta Canupa en s'approchant pour déposer une assiette de crêpes sur la table avec un pot de confiture.

Samantha la remercia sans détourner son regard de l'extérieur. Cheveyo et Yuma se tenaient debout à quelques mètres. Face au soleil, ils levaient les bras tout en effectuant de légers balancements. Ils passèrent alors trois giclées d'eau sur leur visage, prélevée dans une bassine posée à leurs pieds. Cheveyo faisait preuve d'une douceur incroyable et d'un calme permanent. Il lui sembla en parfaite communion avec la nature. Comme dans un dialogue silencieux entre le ciel, lui et la terre, la scène semblait si précieuse, si profonde...

– Ils font ça chaque matin, expliqua Canupa. C'est la prière du soleil.

Cheveyo semblait être un homme très proche de ses croyances, accordant une grande importance aux coutumes. Quand leurs regards se croisèrent, un courant électrique passa entre eux. Il lui sourit, elle lui répondit. Le temps s'arrêta un instant... Comme c'était bon d'aimer un homme à ce point !

– Je ne sais pas si Cheveyo t'en a parlé, mais il y a un rassemblement ce soir chez un voisin. Nous sommes tous conviés, les hommes vont aider aux préparatifs dans l'après-midi. Yuma va demander si tu peux y assister.

C'est alors que quelque chose ou plutôt quelqu'un attira l'attention de Canupa. Une femme d'une quarantaine d'années venait de rejoindre les deux hommes à l'extérieur. Elle paraissait inquiète et faisait de grands gestes avec les bras. Canupa sortit à leur rencontre suivie de Samantha.

– Que se passe-t-il ? demanda-t-elle. C'est Gabe ?

Sa voix trahissait une inquiétude naissante.

– Son fils a été interpellé par la police tribale hier soir, expliqua Yuma à sa femme. Il était en possession d'alcool et Gabe était avec lui.

La consommation d'alcool était formellement interdite dans les terres indiennes et pouvait entraîner des poursuites. Cette décision avait été prise par le conseil des chefs tribaux en raison d'une trop forte consommation réduisant les habitants de la réserve au néant. Ils tentaient d'arrêter la catastrophe même si certains sortaient du territoire pour boire en ville.

– D'après Billy, intervient l'Indienne, Gabe a l'intention de quitter la réserve.

– Mais où est-il ? s'interposa Canupa.

– Il a pris la fuite au moment de l'arrestation, personne ne l'a revu depuis.

Canupa et Yuma se regardèrent un instant. L'inquiétude se lisait sur leur visage. Yuma s'approcha de Cheveyo, ils dirent quelque chose que Samantha n'entendit pas. Leurs regards se posèrent en direction des chevaux, il en manquait un. Ils se firent des signes de tête puis Cheveyo s'approcha de Samantha pour l'emmener un peu à l'écart.

– Je vais partir à sa recherche, dit-il en caressant sa joue. Je crois savoir où il est.

Sa voix était chaude et douce.

– Reste avec Canupa, je vous tiens au courant.

Il déposa un baiser sur ses lèvres avec une douceur infinie.

Cheveyo s'arracha de leur étreinte et alla ouvrir l'enclos des chevaux. Sautant sur le dos de l'animal avec une aisance contrôlée, il partit au galop. Yuma démarra sa voiture pour partir à son tour à la recherche de son fils.

Les jeunes femmes restèrent prostrées dans la cuisine toute la matinée. Canupa tournait en rond, jetant constamment des regards furtifs sur son portable. Samantha se sentait impuissante et totalement étrangère à la situation, mais tentait de lui apporter un soutien par une oreille attentive et des mots réconfortants.

– Je ne le comprends plus, confia-t-elle. Il est si distant depuis quelque temps. Je suis en train de perdre mon fils.

L'Indienne expliqua qu'il ne supportait pas l'échec de son père et que devoir vivre chez son oncle l'avait renfermé sur lui-même.

– Cette situation devait être provisoire, mais Yuma ne trouve pas de travail. Les enfants partagent le bureau de Cheveyo à trois dans des sacs de couchage depuis quelques mois. Il n'y a même pas la place de mettre des lits.

Elle s'arrêta un instant, songeuse. Puis continua d'une voix éteinte.

– Il n'y a pas de travail ici, pas d'évolution pour les jeunes. La solution serait peut-être de quitter la réserve...

Son désarroi touchait la jeune femme.

– Ils vont le retrouver. Ne t'inquiète pas.

Takini franchit alors la porte. Tout le monde ne parlait que de l'arrestation de Billy à l'école et les commérages allaient bon train sur les intentions de Gabe.

– C'est vrai maman ? Gabe est parti ?

Le son de sa voix était doux, mais quelque peu trahi par son inquiétude. Elle paraissait si triste, ses longs cheveux lui couvraient la moitié du visage comme si elle voulait se cacher tandis qu'elle porta un regard discret sur Samantha

Canupa prit sa fille dans ses bras, et tenta de la rassurer.

– Il va revenir, murmura-t-elle en la berçant.

Elles furent soudain alertées par le bruit d'un moteur de voiture. Yuma entra dans la maison. Canupa se leva pour aller à sa rencontre, les recherches n'avaient rien donné. Il demanda si Cheveyo avait eu plus de chance, mais il n'était pas encore rentré. Ils réfléchirent un instant autour d'un café. Où pouvait bien se rendre un enfant sans repère ? Gabe n'était pas comme tous les ados de son âge. Il nourrissait depuis quelques années maintenant une haine envers une société qu'il ne comprenait pas. Quelle place avoir ? Celle d'un homme qui mettait de côté ses traditions, sa culture, son peuple pour réussir ailleurs ou celle d'un homme qui tentait de se battre pour ses croyances, la dernière chose en laquelle il croyait encore.

– Les Black Hills ! s'exclama soudain Canupa. Ça fait deux mois que tu lui dis que vous iriez camper là-bas pour voir le mémorial de Crazy Horse ! J'ai regardé dans ses affaires, des vêtements et sa toile de couchage ne sont plus là.

– Ça vaut le coup d'aller voir, dit-il en se levant.

– Je viens avec toi ! annonça Samantha sûre d'elle.

– Cheveyo n'approuverait pas, se contenta de répondre Yuma.

– À deux, nous irons bien plus vite. Et puis, je suis avec toi, je ne crains rien.

– Comme tu veux ! dit-il en sortant.

Samantha lui emboîta le pas.

39

Yuma conduisait depuis quelques minutes seulement, ils traversèrent la ville de Pine Ridge qui était plus au sud de la réserve. De certaines rues en retrait, on avait l'impression de se trouver dans un bidonville mal désaffecté, Samantha ne s'était jamais imaginé qu'elle allait trouver pareille désolation. Sacs de poubelles éventrés, seaux renversés, bidons d'essence empilés, cours mal entretenues, et malgré tout ça régnait une atmosphère particulière. Elle percevait un peuple meurtri, désemparé par la pauvreté et le manque de considération et de reconnaissance sociale.

– Personne ne semble s'intéresser à la vie que vous avez ici ? demanda la jeune femme.

Comprenant le regard égaré de Samantha, Yuma prit la parole.

– Nous n'avons pas de véritables places sociales dans la société américaine moderne.

En 1868, les Sioux furent la seule tribu à infliger une défaite à l'armée américaine. Leur chef, Red Cloud, conclut alors un traité du nom de Fort Laramie qui stipulait laisser les Indiens en paix en leur donnant un territoire aussi grand que l'État actuel du Dakota du Sud, allant de la rivière Missouri jusqu'aux Black Hills. Seulement, après la découverte de l'or en 1874, le gouvernement nous confisqua rapidement nos terres et divisa les Sioux dans plusieurs petites réserves. Les enfants devaient alors entrer en internats chrétiens. On leur interdisait la pratique de leur langue ainsi que de leurs coutumes. On les obligea à porter des uniformes et à se couper les cheveux… Dans les années 1960, le gouvernement américain avait presque réussi à anéantir le peuple des Sioux. Plus de culture sur laquelle s'appuyer, très peu de travail, des terres trop pauvres à cultiver. S'ajouta alors le plus gros fléau que notre peuple eut à combattre : l'alcool ! 77 % de la population indienne succomba à ce mal, entraînant ainsi de nombreux problèmes sociaux. Des problèmes auxquels il fallait ajouter un gouvernement corrompu, une police brutale, une grande pauvreté qui entraînaient des conditions de vie pitoyables... Pendant plus d'un siècle, nous nous sommes battus pour nous opposer et récupérer nos terres.

– Pourquoi n'avez-vous pas accepté les plusieurs millions de dollars du gouvernement Américain ? Vous auriez pu vous reconstruire ?

– Et vivre comme des Blancs ? Dans de belles maisons avec de très grandes voitures ? Ce n'est pas ce que nous voulons. Les Black Hills ne sont pas à vendre ! Si nous avions accepté, il serait impossible de récupérer ces terres. C'est un lieu sacré qu'il faut préserver. C'est l'histoire de notre peuple, le sang de nos ancêtres.

Il s'arrêta un instant de parler. Ils avaient quitté la réserve depuis plusieurs minutes maintenant, pour entrer dans les fameuses et majestueuses Black Hills. Sa voix ne le trahissait pas, il semblait calme comme si cela ne l'atteignait plus, comme s'il était plus fort.

– Imagine un peu ce que nous pouvons ressentir face à l'insulte du mont Rushmore. Ceux-là mêmes qui nous ont trahis et qui ont leurs visages gravés sur la roche de notre lieu le plus sacré.

Non loin de Rapid City, à l'est des Black Hills, se dressait la roche taillée. Sculpture monumentale en granite, le mémorial national du mont Rushmore représentait quatre des présidents les plus marquants de l'histoire américaine : George Washington, Thomas Jefferson, Theodore Roosevelt et Abraham Lincoln, chacun en fonction durant l'acquisition des terres Amérindiennes. Le tourisme étant la seconde activité économique du Dakota du Sud, le mémorial représentait plus de deux millions de visiteurs chaque année. Sujet de converse à l'égard du peuple amérindien, il représentait l'indication d'une supériorité des Blancs sur la nation indienne.

– Aujourd'hui, il y a comme une résurrection de notre culture. Il existe même des écoles indiennes où l'on enseigne notre langue et nos traditions, s'exclama-t-il enjoué en arrivant devant le mémorial de Crazy Horse. Le gouvernement ne nous rendra jamais justice, mais nous continuerons à nous battre et nous sommes plus que jamais déterminés à lutter !

En réponse au premier monument, le Grazy Horse Memorial était en construction un peu plus loin dans les Black Hills, à plus d'une dizaine de kilomètres du mont Rushmore sur la Thunderhead Mountain. Montrant le caractère sacré de la région pour les Amérindiens, le chef sioux regardait en direction de l'est par-dessus la crinière de son cheval où ses guerriers avaient trouvé la mort. Commencée en 1948, l'œuvre avait été interrompue en 1982 à la mort du sculpteur, mais ses descendants veillaient à la bonne poursuite de l'édifice.

– Cette statue devrait être la plus grande du monde aux alentours des années 2060, annonça Yuma en rigolant. Sauf si je deviens centenaire, je ne verrai malheureusement pas son apogée. Mais mon esprit et celui de beaucoup d'entre nous planeront au-dessus d'elle avec fierté.

Avec 175 mètres de long pour 172 mètres de hauteur, cette œuvre voulait démontrer à l'homme blanc que l'homme rouge avait de grands héros, lui aussi.

– Je suis journaliste et j'aimerais beaucoup faire un article sur toi, commença la jeune femme en prenant la montagne sculptée en photo.

– Je sais, se contenta-t-il de répondre. À ton avis, pourquoi crois-tu que je te dis tout ça !

Marchant au contrebas à la recherche d'un éventuel campement, Yuma ajouta.

– Tu es arrivée au bon moment dans la vie de Cheveyo. Chaque homme a besoin de son double, de la femme qui le comprendra et l'aidera à accomplir sa mission. Depuis sa sortie de prison, il est happé par tout ce qui se passe autour de son livre. Mais quand tout ça va se calmer, il faudra que tu sois près de lui pour l'aider à rebondir. Il a encore beaucoup de choses à faire !

– Pourquoi a-t-il fait de la prison ? se hasarda-t-elle à demander.

– Il ne t'en a pas parlé ?

– Je ne lui ai jamais demandé.

– Alors c'est à lui de te dire. Tout ce que je peux ajouter, c'est que tout a un but dans la vie. La prison lui a permis de renouer avec lui-même, avec sa culture et de l'amener là où il en est aujourd'hui.

40

Novembre 2006

Cela faisait un mois que Cheveyo avait été incarcéré à la prison de Californie, dans le comté de Los Angeles, en plein milieu du désert de Lancaster. Surpeuplée, le taux d'occupation de cette prison dépassait les 200 %. Cheveyo avait été placé au niveau un : des dortoirs ouverts sans périmètre de sécurité. Un de ceux-ci, un grand gymnase transformé avec des lits superposés triples, entassés en rangées étroites au milieu de la pièce, ressemblait à un bidonville moderne. Avec cent vingt détenus par dortoirs, le bruit, les cris et les agitations semblaient insupportables. Sans climatisation, l'air était chaud et stagnant. Alors que la plupart des prisonniers préféraient s'aérer dehors, certains restaient à l'intérieur pour lire. Cheveyo était au premier étage des couchettes et avait du mal à respirer. Il se sentait oppressé. Il regardait autour de lui : tous vêtus de survêtement orange et de tee-shirt blanc pour certains. Quelques hommes mimaient une bagarre à quelques mètres de là. Comment avait-il pu tomber aussi bas ?

Décembre 2006

Alors qu'un groupe de détenus regardaient un match de football américain à la télévision, chaîne votée par les différents chefs de gang, la plupart des autres préféraient lire dans leur coin. Dehors, la neige tombait et le froid gagnait l'intérieur du gymnase. Pour la énième fois, Cheveyo se sentait étouffer. Il était de plus en plus en proie à des hallucinations, une douleur insupportable l'assaillait. Des courbatures musculaires sur l'ensemble de ses membres inférieurs et des contractures abdominales lui donnaient la nausée. Une douleur physique semblait le ronger de l'intérieur. Il ne parvenait plus à déceler le réel de l'imaginaire. La déformation de ses perceptions, de ses sensations et des réalités extérieures l'entourant lui donnait le vertige. Ce soir-là, il fut pris d'importantes convulsions. Couché sur le flanc, recouvert d'une couverture jusqu'au menton, il subissait de terribles tremblements. Des spasmes secouant violemment son corps l'entraînaient vers une agonie mouvementée tandis qu'une série d'images incompréhensibles se succédaient dans sa tête. Des images qui ressemblaient à une guerre. Des hommes dont le visage était peint de noir criaient en arrachant le cuir chevelu de leurs victimes, des tirs de fusils mitraillaient dans tous les coins, des enfants se cachaient, des femmes hurlaient de peur... Puis une femme attira son attention avant de disparaître aussitôt. Ce soir-là, il s'était réveillé dans la clinique de santé de la prison. Il avait cru frôler la mort.

Janvier 2007

Un air glacial régnait dans la grande cour centrale de la prison. Sous le regard de quelques gardes armées, des détenus tentaient de se réchauffer en courant après un ballon. Sans la moindre végétation, les terrains attenants à la prison paraissaient comme morts. Clôtures électriques, graviers et poussières entouraient le périmètre. Adossé contre les parois du mur de la cour, Cheveyo réfléchissait à ce qu'il était en train de vivre. Il semblait être l'ombre de lui-même. Les ravages d'une drogue qu'il avait prise quotidiennement pendant des années lui procuraient des états de manque abominables. Quelques jours seulement après sa première grande crise, les hallucinations s'étaient multipliées, l'obligeant à rester plusieurs jours en observation dans la clinique de la prison qui ressemblait davantage à un hôpital psychiatrique pour aliénés. Ces visions insoutenables l'entraînaient dans un tout autre monde, un monde de cahots où un peuple partait délibérément vers une agonie certaine. Peuplées d'horreur et de sang, ces images, parfois entrecoupées par cette femme dont le visage paraissait si doux, le tétanisaient.

Février 2007

Malgré d'horribles odeurs de toilettes bouchées se mêlant à la sueur, les cris bestiaux de certains détenus, la violence qui régnait tout autour de lui, les têtes rasées omniprésentes, les tatouages, Cheveyo commençait à s'adapter à sa déplorable condition de vie. Le soleil semblait progressivement revenir dans son cœur. Il se sentait habité par une force, la force d'un amour qu'il voyait en rêve peut-être, mais qu'il percevait pourtant très réel. Il apprivoisait doucement ses hallucinations devenues de plus en plus insistantes et savait reconnaître les signes annonçant leur arrivée.

Il n'était plus surpris par les apparitions de cette femme maintenant familière. Les semaines passant, il se rapprochait aussi d'un homme qui l'avait pris sous son aile, Harold Little Hawk, un Amérindien Cheyenne d'une quarantaine d'années venant d'une réserve plus au nord dans le Dakota du Sud. Cet homme, dont l'apparence physique invitait au respect, l'avait d'abord incité à pratiquer la musculation. Sous la dureté de l'effort et la volonté d'aller toujours plus loin, Cheveyo oubliait ses angoisses. La douleur physique et psychique de ses manques se réduisait progressivement. Harold vivait pour sa culture et ouvrait progressivement Cheveyo à un nouveau regard sur la vie, sur le monde.

Avril 2007

Alors que certains détenus hurlaient devant leurs postes de télévision, d'autres, enthousiasmés par tout ce qui pouvait rompre la monotonie, provoquaient les membres de gangs rivaux. Une tension palpable régnait quotidiennement, alors on apprenait rapidement à toujours rester vigilant. La plupart des détenus avaient grandi dans des endroits terribles et savaient fonctionner dans un groupe aux mains du plus fort. Certains étaient de petits voleurs, des trafiquants de drogue, des escrocs, des voleurs de voitures, des chefs de gang, il était impossible de deviner ce que chacun avait fait.

Aidé d'Harold, Cheveyo se forgeait une carapace accentuée d'un physique devenant solide. Chaque journée était ponctuée d'une séance de quelques heures de musculation qui commençait à porter ses fruits. Le reste de son temps, il le passait plongé dans des lectures aussi passionnantes qu'instructives. Il ne s'était jamais réellement intéressé à sa culture ni aux croyances de son peuple. Mais aujourd'hui, il réalisait que ce pouvait être une force. Il découvrit les nombreux rituels dont jouissait sa tribu, les modes de soins auxquels ils avaient parfois recours, la proximité évidente qu'ils nouaient avec la nature. Il semblait comme fasciné par quelque chose qu'il avait toujours eu sous les yeux. Passant parfois beaucoup de temps à regarder Harold prier, il s'initia progressivement. Ces nouvelles pratiques lui procuraient un bien fou. Il semblait de nouveau connecté à lui-même. Mais ces moments de paix étaient bien vite rattrapés par le monde qui l'entourait.

Mai 2007

Se heurtant parfois à quelques insultes concernant sa religion alors que la plupart des détenus représentaient un joli mélange de la société américaine, un matin, Cheveyo répondit par la violence. Alors qu'il venait d'essuyer le défoulement de quelques Latinos avides de bagarres, il retourna à la clinique de la prison à l'agonie. C'était la première fois qu'il voyait la femme de ses visions avec un regard sain, sans être en proie à de violentes crises de démence. Une dizaine d'hommes assis sur des bancs de bois attendaient de voir un médecin. Au moins un détenu mourait chaque semaine en prison pour négligence, symptômes mal diagnostiqués ou maladies. Les besoins en soins médicaux se posaient avec acuité pour les prisonniers qui vieillissaient dix à quinze fois plus vite que les gens de l'extérieur.

Ce jour-là, pour la première fois de sa vie, Cheveyo avait tenté de défendre ses racines. Il avait écouté les paroles d'Harold : être fier d'être un Indien ! Pour la première fois, il prit un papier et un crayon pour exprimer tout ce qui lui passait à l'esprit et tenter de rassembler le fil conducteur de toutes ses visions. Sans s'en rendre compte, il commençait à réaliser ce qui allait l'aider à rebondir.

Juin 2007

Cheveyo fut reçu un matin dans le bureau du directeur. S'il continuait à bien se conduire, il pourrait sortir au début du mois d'août grâce à un allégement de sa peine. La fin de son incarcération devant se terminer en octobre, il prit cette annonce avec un grand soulagement, mêlé néanmoins d'une certaine appréhension. Qu'allait-il faire maintenant ? Cette expérience lui avait été salutaire et porteuse d'un grand changement. Il devait retourner à ses racines, sur la terre de ses ancêtres, de ses parents. Il devait définitivement tourner la page de son aventure en Californie. Laisser le passé derrière lui et construire un futur meilleur. Malgré le décès de ses parents survenu quelques mois plus tôt, il ne serait pas seul.

Août 2007

Après avoir fait ses adieux à Harold qui devait également sortir d'ici dans quelques mois, Cheveyo fut enfin libre. Regorgeant de nombreux projets, il marchait en direction de son futur. Sans même prendre la peine de retourner dans son appartement californien où peut-être certaines personnes néfastes l'attendaient, il s'engagea vers l'est avec pour seul bagage son sac d'affaires personnelles remis à sa sortie, et ses écrits.

41

Au cœur des Black Hills – 11 h

– Cheveyo a frappé à la porte un matin d'août, je ne l'avais pas revu depuis sept ans ! expliqua Yuma en marchant à travers la forêt épaisse.

Samantha méditait silencieusement tout ce qu'elle venait d'entendre.

– À l'époque, je travaillais encore. Nous habitions à quelques kilomètres d'ici. J'ai parlé de Cheveyo à mon patron, mais l'entreprise allait déjà mal et ne pouvait pas se permettre d'employer du personnel supplémentaire. Puis il a participé à quelques Sun dance.

Depuis les années 1970, les danses du soleil et autres cérémonies traditionnelles renaissaient fortement. Ainsi, chaque été se déroulaient plus d'une cinquantaine de danses du soleil, seulement sur la réserve de Pine Ridge. Ce rituel permettait de conforter leur identité et leur lien avec le grand esprit. C'est au cours de l'une d'entre elles que Cheveyo reçut la plus belle de ses visions. J'étais avec lui ce jour-là, nous entamions le troisième jour de prière. Trois jours de danses, de méditations, de jeûnes où la chaleur d'un soleil brûlant devient vite insupportable.

La danse du soleil était perçue sous plusieurs formes pour les Amérindiens : implorer la guérison d'un proche, purifier son corps, se voir accepter dans le monde des adultes… Accroché à un arbre par des cordes reliées à des morceaux d'os d'aigle plantés dans la poitrine, un combat se livrait entre le danseur et la force à vaincre, en l'occurrence l'arbre, jusqu'à atteindre la libération en arrachant leur attache. Une joie alors incomparable illuminait le visage du danseur vainqueur de son mal.

– Pourquoi vous infligez-vous de pareilles souffrances ?

– C'est un don de soi, la souffrance appelle le grand esprit et l'amène à répondre à nos souhaits en nous envoyant parfois des messages en retour. Cheveyo a vu le chemin qu'il devait prendre. Il a vu des salles remplies de personnes venues pour l'écouter. Il a compris quel était le rôle de sa vie et a décidé d'aller au bout de ce qu'il avait commencé en prison. Il savait que l'acheminement de son but se trouvait dans ses écrits. Il est donc parti un matin de novembre pour l'Oregon, sur l'un des lieux de ses visions. Nous ne l'avons pas vu pendant plusieurs mois. Il est revenu au printemps et m'a fait lire son roman... Maintenant, des gens viennent pour l'écouter parler de sa culture.

Comme l'existence semblait étrange et logique à la fois. Après la vie tumultueuse de Dimitri parmi un peuple pour lequel il combattait et qu'il avait tout juste eu le temps de découvrir, Cheveyo était né Indien pour reprendre auprès de ses frères le même combat. L'ultime combat de leur résurrection. Les rôles étaient inversés ! Aujourd'hui, Samantha en était convaincue : la vie ne s'arrête pas là !

Le téléphone de Yuma sonna soudainement, les faisant sursauter.

Cheveyo venait de retrouver Gabe.

*

Quelques instants plus tôt...

Chevauchant à travers les plaines de la réserve, Cheveyo s'était rappelé une discussion qu'il avait eue avec Gabe quelques mois auparavant.

C'était un soir du mois de septembre 2007. Cela faisait sept ans qu'ils ne s'étaient pas vus. Cheveyo avait eu du mal à le reconnaître, l'enfant avait laissé la place à un adolescent aux traits durs. À l'époque, il se souvenait d'un enfant curieux, joyeux et intrépide. Il nourrissait une soif d'apprendre et c'est tout naturellement que son grand-père Tyee l'avait initié à certaines pratiques. Il n'était pas rare au sein d'une réserve de voir participer à des rituels des jeunes d'une dizaine d'années. Gabe se joignait à de nombreux rituels de sudation appelés le rite d'Inipi ou encore Sweat Lodge. Au cours de ce rite, enveloppé par la vapeur de pierres humides et brûlantes, l'homme renaissait à une conscience nouvelle quant à son destin. Il était fréquent de voir des « lodges » derrière un garage ou dans un jardin, une tente de fortune construite avec les moyens du bord. Gabe avait très tôt ressenti le devoir de se battre pour leur cause et avait enchaîné de nombreux rituels pour trouver sa voie au cours des années suivantes. Encouragé par son grand-père qui lui avait révélé qu'il avait du sang de son oncle en lui, il avait vite éprouvé le besoin de savoir qui était cet homme dont personne ne lui avait encore parlé. Tyee lui avait raconté l'histoire de Akecheta, son deuxième frère, son action au sein de l'AIM et la cause de sa mort. Dès lors, Gabe avait changé, il s'était documenté sur l'AIM auquel il avait rapidement voué un véritable culte, au plus grand dam de son père.

Ce soir de septembre, Cheveyo avait tenté de freiner ses ardeurs.

– Tu es encore jeune Gabe ! Continue l'école pour apprendre davantage, pour ne pas finir…

– Comme toi ! avait lâché l'adolescent. Tu me donnes des conseils, mais tu es juste un ex-tôlard dont la faiblesse t'a perdu. Un jour, mon père sera fier de moi. Akecheta était un guerrier et je marcherai sur ses pas.

Akecheta ! L'homme qu'il avait toujours vénéré ! C'est donc tout naturellement en ce matin de juillet 2008 que Cheveyo l'avait retrouvé sur la tombe de son oncle enterré non loin de là.

– Je savais que je te trouverais ici ! commença-t-il d'une voix posée.

Assis au pied de la tombe, Gabe lui tournait le dos.

– Tu es venu lui dire que tu partais…

– Lâche-moi, écourta l'adolescent.

–… à Pipestone dans le Minnesota ? ajouta-t-il.

Son sac sur le dos, il se retourna alors pour lui lancer un regard surpris.

– Comment tu sais ça ?

– Je me suis renseigné, j'ai entendu que le prochain rassemblement culturel organisé par l'AIM commençait le 11 juillet dans le Minnesota.

Gabe baissait les yeux.

– Écoute, je voulais juste que tu saches une chose, l'AIM est né de la violence…

Un gémissement d'agacement sortit de la bouche du garçon.

– De la violence policière, reprit-il en appuyant chaque mot, et du désespoir muet des Indiens dans les tribunaux de

Minneapolis. L'AIM est né avec des personnes qui ont fait de la prison, avec le désir de ne pas voir les espoirs des anciens mourir avec eux. L'AIM est né parce que certains d'entre nous savaient que c'était assez, qu'il fallait connecter les réalités du passé aux promesses de demain. Il est né parce que des hommes ont eu ce courage, c'est tout ça qui fait leur force !

L'adolescent leva un regard perplexe sur son oncle.

– Je ne vais pas t'en empêcher, mais je veux juste que tu fasses les choses bien. Rentre avec moi ! Parle à tes parents ! Et suis ton chemin !

C'est en début d'après-midi que Cheveyo ramena Gabe sous le regard soulagé de ses parents. Après avoir répondu aux étreintes de sa mère, l'adolescent parla longuement avec son père. Il expliqua avoir ce besoin de rencontrer d'autres jeunes avides des mêmes intentions que lui, de se prouver qu'il pouvait aller au bout de quelque chose.

Gabe avait ce regard, celui du guerrier. Plein d'affront, il ne semblait pas connaître la peur. N'était-ce pas aussi dû à son âge insouciant ? Il croisa alors les yeux humides de sa sœur, qui lui décrocha un discret sourire complice. En s'approchant d'elle, il déposa un baiser sur son front avant de murmurer.

– Désolé, je ne voulais pas te faire peur.

Elle paraissait soulagée.

– J'aimerais te présenter quelqu'un, affirma Cheveyo en l'empoignant par le cou.

Ils avancèrent en direction de l'intérieur où Samantha était en train de jouer avec Wapa. Lorsqu'il aperçut son frère, l'enfant se leva précipitamment vers lui pour se lover dans ses bras. La jeune femme, qui leur tournait le dos, se redressa pour venir à leur rencontre. Elle plongea alors son regard dans celui de Cheveyo tout en se rapprochant de lui.

– Samantha, voici Gabe, mon neveu ! dit-il en la prenant par la taille.

Leurs regards se croisèrent alors un instant. Un instant qui parut durer une éternité. Samantha sentit son sang se glacer dans ses veines, elle ne parvenait plus à prononcer la moindre parole. Gabe sentit une tension palpable monter en lui en une fraction de seconde.

– Vous vous connaissez ? demanda Cheveyo intrigué par une telle réaction.

L'adolescent dévisageait la jeune femme comme si son destin se jouait à ce moment précis.

– Non… mentit Samantha tout en contemplant le neveu de Cheveyo qui avait tenté de l'agresser quelques heures plus tôt et qui savait qu'elle avait tué un homme.

42

À quelques mètres seulement de la maison de Cheveyo, Samantha marcha quelques instants au milieu des plaines. Un calme saisissant, mais rassurant, régnait à des kilomètres à la ronde. Elle aimait cet endroit, elle s'y sentait en paix. Une force incroyable semblait jaillir de ces terres. Elle s'assit au pied d'un immense chêne sans doute centenaire, respira à pleins poumons et ferma les yeux quelques minutes. C'est à peine si elle entendit les pas venir derrière elle.

– Je t'ai cherché partout, dit Cheveyo en s'asseyant à côté d'elle.

Samantha ouvrit un œil et sourit. Il portait de longues tresses ornées de rubans qui claquaient dans le vent. Elle se lova tout contre lui et il l'encercla de ses bras puissants et chaleureux. Ils restèrent là un instant, sans parler.

– Écoute, murmura-t-il au bout d'un moment. Tu entends ?

Tout en tendant l'oreille, elle secoua la tête.

– C'est justement ça que je veux te faire découvrir, commença-t-il d'une voix posée. Il n'y a rien et pourtant, ici, on peut tout percevoir. N'entends-tu pas le souffle du vent courir sur l'herbe, le son des feuilles qui dansent dans les arbres ? Le monde des Indiens n'est pas uniquement habité par des hommes ou des animaux, mais aussi par une force magique, invisible, qui réside dans la nature.

Voyant son visage s'ouvrir à la curiosité, il expliqua.

– Pour les Sioux, la religion fait partie intégrante de la vie de tous les jours. Ils croient que les êtres humains, tout comme le bison et les autres animaux, ont été créés par la Terre mère. Les êtres humains et la nature ne font qu'un, Mitakuye Oyassin. Il n'y a pas de différences entre le naturel et le surnaturel. Notre dieu à nous est Wakan Tanka, c'est le grand esprit. Ces mots se traduisent par « tout ce qui est sacré et mystérieux ». C'est celui par qui vient le pouvoir où tout est sacré. On dit par exemple que le voyant-guérisseur reçoit sa sagesse, son pouvoir de guérir par le Wakan Tanka. Il a créé l'univers tout en étant à la fois le soleil, la lune, les étoiles, la terre, les rochers et l'âme humaine, ce sont tous des signes de l'existence du Wakan Tanka.

Les voyants-guérisseurs étaient des hommes ou des femmes qui obtenaient leur savoir particulier en communiquant directement avec les êtres mystérieux par le biais de rêves et de visions. Ils agissaient en tant que médiums à travers lesquels le pouvoir du Wakan pouvait circuler. Cheveyo était un homme passionné par sa culture et aimait par-dessus tout la transmettre aux personnes qui souhaitaient écouter. Samantha comprit que les Sioux transmettaient leurs connaissances, leurs rituels et leurs croyances de génération en génération ainsi que leur histoire et leur code d'éthique sous forme de contes. Les aînés rassemblaient les jeunes autour du feu et leur apprenaient les fables et les légendes. Les Sioux croyaient en la nature immortelle de l'âme humaine. L'esprit des êtres chers ne faisait alors plus qu'un avec le Wakan Tanka, partout et en tout.

Alors qu'en 1883, le gouvernement américain proclamait le Code des crimes contre la religion limitant la liberté religieuse des Sioux et interdisant leurs pratiques et leurs rituels traditionnels, aujourd'hui, ils rejetaient le christianisme des écoles missionnaires et des églises pour revenir à la religion de leurs ancêtres. Autrefois illégale, la Danse du Soleil était redevenue un rituel essentiel. La langue sioux, à nouveau enseignée à certains enfants et aux aînés, recommençait à rassembler les jeunes pour leur transmettre leurs histoires.

– Nous allons renaître ! annonça fièrement Cheveyo. Je veux en parler pendant que l'on s'intéresse à moi. Je dois le dire, c'est mon rôle, mon chemin.

– Celui que tu as vu dans tes visions, dit-elle songeuse.

– Qui t'a parlé de ça ? demanda-t-il en caressant ses cheveux.

Elle lui expliqua la discussion qu'elle avait eue avec Yuma et Cheveyo répondit.

– Et ton rôle à toi est d'écrire tout ça.

Il se releva et tendit la main à Samantha.

– Suis-moi, il est l'heure de rencontrer Richard.

Richard Two Bulls vivait avec sa femme sur les terres de ses ancêtres. Arrière-petit-fils d'un grand guerrier sioux Oglalas, il avait naturellement hérité de cette maison. Agrandie et améliorée avec l'aide de ses deux fils, l'habitation était entourée d'un grand champ arboré. Au loin, la grandeur des Black Hills rappelait à quel point l'homme était petit. Un ciel étrangement sombre commençait à laisser planer une ambiance orageuse. Après une chaleur écrasante, une pluie menaçait de tomber à tout moment.

Cheveyo attira Samantha à l'arrière de la maison de Richard. Une grande tente avait été dressée au fond de son terrain, juste à l'entrée d'une petite forêt. Des hommes et des femmes parlaient un peu partout et de nouvelles personnes arrivaient encore. Il chercha Richard du regard et le reconnut à ses lunettes et à sa moustache. Il était en train de diriger un groupe d'hommes pour positionner l'orientation de l'entrée d'un imposant tipi. Richard fit un signe à Cheveyo en désignant la forêt et, s'étant approché, dit d'une voix rieuse.

– Qu'est-ce que tu fais ici, le rituel a commencé, va ! annonça-t-il en élançant son bras. Je vais m'occuper de cette charmante jeune femme qui t'accompagne.

Cheveyo regarda Samantha qui paraissait amusée par le comportement de cet homme d'un naturel bon vivant. Elle paraissait à l'aise, cela l'emplissait de bonheur. Lui envoyant un magnifique sourire, elle imita le geste de Richard en rigolant.

– Je n'en ai pas pour longtemps, lui dit-il.

Richard, accompagné de la jeune femme, alla retrouver un ancien chef traditionnel du nom d'Achak, ce qui signifiait esprit. Assis à l'écart, il semblait perdu dans ses pensées. En le voyant, Samantha ne put retenir son étonnement. Le vieil homme portait sur son visage toute la souffrance de son peuple. Malgré un regard resté espiègle, il semblait prendre la vie avec détachement. Ses nombreuses rides témoignaient de son vieil âge et ses longs cheveux blancs rendaient hommage aux anciennes coutumes. Agenouillé à même le sol, il les invita à en faire autant. Richard expliqua à la jeune femme que les vieux Indiens se tenaient parfois à même le sol plutôt que de rester séparés des Forces de la Vie, ce qui, d'après eux, permettait de penser plus profondément, de sentir plus vivement et de se croire plus proche de toutes les forces vivantes qui les entouraient.

– Le vieux Lakota est un sage. Il pense que le cœur de l'homme éloigné de la nature devient dur, provoque l'oubli du respect et amène donc à ne plus respecter l'homme. C'est pourquoi ils veulent maintenir les jeunes sous l'influence de la nature.

Le vieil homme les invita à rester fumer un instant. Son calumet paraissait ancien, il était décoré de plumes et de rubans. Il prononça quelques mots dans une langue douce et chaleureuse, le grain de sa voix était rocailleux et chaud à la fois. Son visage ne témoignait aucune expression, mais il semblait sensible et satisfait de partager avec eux ce rassemblement. Quelques instants plus tard, Richard repartit à ses occupations.

Samantha aperçut Canupa avec quelques femmes près d'un feu de bois, elles préparaient des grillades. Heureuse de la voir, l'Indienne lui offrit une boisson fraîche.

– Cheveyo n'est pas avec toi ? demanda-t-elle.

– Je crois qu'il est parti prier…

Canupa lui adressa un large sourire. Elles s'installèrent un moment sur un banc, face au tipi dont la toile venait de finir d'être posée. Elle alluma alors un petit bouquet de sauge et exhala la fumée purificatrice. Elle le tendit à Samantha qui tenta d'en faire autant.

– Ce n'est pas le hasard qui vous a fait vous retrouver Cheveyo et toi, ni le hasard que tu sois dans le monde de l'édition et qu'il publie un livre. Tout cela était écrit.

Elle prit alors la main de la jeune femme et déclara solennellement.

– Il ne faudra jamais arrêter ce que vous êtes en train de construire. Promets-le-moi ! Une occasion pareille ne se présente pas deux fois.

Troublée et surprise, Samantha se contenta d'acquiescer. Le soleil, qui tentait de percer à travers les nombreux nuages, descendait progressivement derrière les Black Hills, offrant un ciel orangé. Samantha avança d'un pas lent droit devant, sans vraiment savoir où elle allait. Au milieu de toute cette effervescence, les préparatifs touchaient à leur fin. Progressivement, quelques personnes entraient dans le tipi. Au bout de quelques instants, elle se retrouva près de trois huttes de fortune dressées au milieu d'un énorme feu de bois. Elle avança encore, instinctivement guidée. Elle sentait sa présence, devinait son odeur, lorsqu'elle l'aperçut pointer son visage hors de la tente. Comme la plupart des hommes autour de lui, il était vêtu d'un caleçon. Son visage était rougi par la chaleur et son corps humide de transpiration, il se frictionna énergétiquement avec sa serviette qu'il encercla autour de sa taille. Le sourire prononcé jusqu'aux joues, il s'avança à vive allure pour prendre Samantha dans ses bras. Tout en caressant son torse, elle découvrit plusieurs petites entailles qui provoquèrent son étonnement. Elle ne les avait pas remarquées la veille.

– Que t'est-il arrivé ? demanda-t-elle en les touchant du bout des doigts.

Les blessures semblaient dater de plusieurs mois déjà.

– C'est un rituel d'offrande à Wakan Tanka.

Comme elle l'avait déjà entendu, les Indiens priaient ou imploraient en offrant toujours quelque chose en échange à leur Tout-Puissant, et bien souvent, il s'agissait d'automutilation. Quelle meilleure offrande que celle de son propre corps ?

– Pendant mes premières visions, je croyais que je perdais la tête, expliqua-t-il en marchant main dans la main. Puis j'ai fini par comprendre que j'entendais vraiment les esprits. Ce n'était pas des hallucinations. J'ai commencé à croire en mes visions, à rassembler toutes ces images…

– Et que lui demandes-tu en échange de ces souffrances ?

– De protéger ceux que j'aime, de me guider, de m'encourager à suivre mon chemin… ou simplement, de m'aider à honorer ma promesse.

271

– Quelle promesse ?

– Celle de les vénérer chaque jour si, en échange, je te retrouvais…

Samantha s'arrêta un instant et plongea son regard dans ses yeux noirs.

– Je t'ai vue dans mes visions, tenta-t-il d'expliquer. J'ai vu ta souffrance. Tu ne te pardonnes pas un acte passé, tu t'es retrouvée dépendante d'un mal palliatif. Je t'ai vue te perdre… à vouloir te détruire.

Elle retira sa main de celle de Cheveyo. Stupéfaite, elle le regardait avec une mine décomposée. Que savait-il d'autre ?

– N'aie pas peur, tout ça va changer…

Le grand tipi se remplissait progressivement pour devenir rapidement complet. Richard remercia chacun d'être venu et fit un bref discours de présentation de la soirée. Deux journalistes du Minnesota étaient venus pour l'occasion.

– La Californie nous est également représentée ce soir, dit-il en désignant Samantha.

Richard salua la présence du chef Achak et de deux autres anciens venus pour l'occasion puis commença son discours.

– Notre philosophie est avant tout basée sur le respect, celui de son frère, de la nature, la reconnaissance. C'est dans la nature que nous voyons la présence d'esprit qui nous guide à travers les différents moments de la vie. Nos coutumes et croyances ne sont pas si différentes des autres civilisations. Aucune religion ne prêchera que l'homme doit dominer la nature. Nous écoutons autour de nous pour découvrir ce qui unit les animaux, les plantes et l'homme. Notre vie est certes rythmée par les fêtes religieuses, mais nos danses témoignent simplement de toute l'importance que nous accordons à nos racines et aux attaches qui les lient à l'environnement. Des questions commencèrent à jaillir de la part de l'un des journalistes lorsque Richard reprit la parole :

– Après la mort, nous choisissons la forme sous laquelle nous voulons revenir en devenant un esprit. L'un qui aime les arbres dira : « je serais un cèdre et la tribu pourra se servir de moi ». Un autre qui aime marcher dans la montagne dira : « je vais me transformer en cerf comme ça, ils pourront utiliser mes bois, mon cuir, mes sabots, manger ma chair ». Tous les esprits reviennent ainsi, sous une forme ou sous une autre. Et l'important pour eux, c'est de servir aux autres générations, car nous faisons partie d'une même famille. Mitakuye Oyassin !

Encore ces mots ! Que voulait-il dire ? Face à de nombreuses questions insolites, le chef Achak s'exclama :

– Si je devais changer quelque chose, je m'adresserais aux Occidentaux et je leur conseillerais de réfléchir à leurs erreurs et je leur dirais de se ressourcer à leur propre histoire. Aujourd'hui, les Indiens sont catholiques et protestants, mais la majorité d'entre nous a gardé un profond respect pour certains lieux sacrés. Ils associent encore des croyances de leurs ancêtres à leur religion. Les animaux, les plantes et les hommes étaient frères de sang. Les Shamans connaissaient tous les secrets de l'univers. Ils veillaient à ce que l'harmonie du monde soit respectée.

Vint alors une question sur l'origine de leur peinture ancestrale de la part de l'un des journalistes. Ce fut alors Tyee qui prit la parole :

– La peinture sur les visages et les corps est une pratique qui réunit communication sociale et liberté individuelle d'expression. La tradition du maquillage continue aujourd'hui dans les réunions. En dansant, l'Indien fait le lien entre son passé tragique et son avenir incertain. Plus de mille réunions se tiennent chaque année aux États-Unis. On danse, on concourt pour des prix, on se rencontre entre tribus, le tout dans le chant, la danse et la fête.

Puis un débat entre deux journalistes sur la pauvreté fit éclore une nouvelle réflexion. Le confinement dans des réserves avec des rations de misère avait engendré le chaos. L'alcoolisme s'était installé dès les premiers contacts avec les blancs, des hommes et parfois des clans entiers avaient été pris au piège de ce fléau, provoquant des conséquences irrémédiables et souvent la faim. Survint alors progressivement la perte des valeurs tribales, une violence naissante contre les proches et bien souvent contre l'alcoolique lui-même, ainsi que la perte du dynamisme et des valeurs morales. Des centres d'accueil avaient été créés pour ces personnes et animés par des bénévoles qui appuyaient leurs thérapies sur la culture et la spiritualité Lakota. C'est alors que venait s'installer un nouveau but pour ces alcooliques : l'implication de la lutte contre ce fléau à travers pow-wow et autres danses. Mais le dysfonctionnement de cette nation était principalement fondé sur une politique d'assimilation à la culture des blancs.

– Certains enfants Lakotas ont été soumis à la perte de leur culture, éloignés durant des années de leurs familles, certains battus, humiliés, privés d'affection et ne connaissant que la violence et la honte, commenta Richard.

Un ancien prit alors la parole.

– Nous, Indiens, sommes pris dans un engrenage. Comment peut survivre un traditionaliste vivant en réserve depuis toujours lorsque le seul moyen de trouver un emploi est de la quitter et ainsi, devoir s'assimiler à la société blanche ? D'où le besoin de certains responsables tribaux de tenter de créer des

274

moyens de vie sur notre terre afin de rendre notre peuple indépendant.

– Un tourisme maîtrisé, l'élevage pourraient être des réponses, ajouta Cheveyo.

De nombreuses initiatives avaient été prises par les Lakotas eux-mêmes, comme par exemple, mettre l'accent sur les valeurs traditionnelles envers les jeunes d'aujourd'hui. Tyee prit la parole.

– C'est en 1981 que je suis parti dans les Black Hills avec les Sioux Oglala de l'AIM. C'était la première fois que nous reprenions pied sur notre ancien territoire. Nous voulions en faire un lieu de vie traditionnelle, mais le camp n'a pas fonctionné longtemps, donnant lieu à des difficultés matérielles qui forcèrent à l'abandon. Cependant, l'été, certains de nos jeunes réapprennent leur culture en écoutant la parole des anciens, s'initiant à la danse et la musique traditionnelle.

Tout cela menait à dire qu'il semblait nécessaire de revenir à une forme de justice traditionnelle, à savoir la réparation et la réconciliation qui assuraient une paix constante au sein des nations indiennes.

– L'esprit n'est jamais né, l'esprit ne cessera jamais et il n'eut pas de temps où il n'était pas. Fin et commencement sont des rêves, prononça le chef Achak d'une voix grave pour clore le débat.

Il s'agissait d'un proverbe sioux vieux de plusieurs siècles qui résumait la détermination et la force qu'aura toujours la nation amérindienne. À ces mots, Samantha éprouva un vif frisson. Cette phrase lui semblait familière.

Des hommes se levèrent et sortirent de la tente pour s'aérer. Cheveyo regarda Samantha un instant. Il pouvait lire dans ses yeux. Un intérêt certain semblait l'envahir, son regard brillait.

Son carnet était recouvert de notes diverses. Elle semblait comme chez elle.

– Peux-tu m'aider à interviewer Achak ? lui demanda-t-elle. Parle-t-il notre langue ?

Un sourire satisfait au coin de la bouche de Cheveyo en montra long sur son admiration.

– Qu'y a-t-il ? sourira-t-elle.

– Je crois que tu te débrouilles très bien toute seule.

Il expliqua à la jeune femme qu'il allait aider Richard à ranger afin de laisser la place aux anciens. Un moment intime et privilégié où ils priaient et fumaient entre eux.

– Ensuite, nous partagerons tous ensemble le repas, celui qui n'en a pas eu l'occasion pourra aller prier dans la loge de sudation s'il le souhaite. Ça te dirait de tenter l'expérience ?

Samantha regarda Cheveyo intriguée.

– Je ne sais pas…

– Richard est d'accord, ajouta-t-il. Je serai avec toi !

Piquée par la curiosité, elle acquiesça.

Pendant que certains hommes et femmes s'affairaient à faire place nette dans le tipi, Samantha ressentit le besoin de s'éloigner quelques instants. Ce monde était si loin du sien, mais en même temps si proche ! Cet univers jusque-là inconnu semblait être une révélation ! Elle marchait droit devant elle, l'esprit ailleurs, à plusieurs mètres de la maison de Richard. Quelques voitures étaient garées à la queue le long de la petite route de terre. Elle avait tant d'informations en tête, tant d'échanges, tant d'espoir et de joie dans le cœur. Il fallait qu'elle mette tout ça par écrit. Son carnet était plein, mais elle en avait un autre dans son sac. Elle se dirigea vers la voiture de Yuma pour le récupérer. Alors qu'elle fouillait désespérément à la recherche de son calepin, elle s'étonna de le trouver si léger. Elle ouvrit alors la grande poche intérieure, sentant le stress la gagner, et constata avec fracas que son arme n'était pas là.

Saisie d'une panique incontrôlable, elle chercha dans les moindres recoins du véhicule. Peut-être était-elle tombée par inadvertance ? Même si elle ne croyait pas trop en cette hypothèse, elle alla même jusqu'à fouiller dans le coffre. En deux ans, cela ne lui était jamais arrivé ! Elle avait toujours prêté une attention particulière à cette arme, vérifiant souvent jusqu'à plusieurs fois par jour si elle était bien là. Seulement, ces derniers jours, elle avait relâché sa vigilance. Totalement envahie par l'esprit de Cheveyo et de son peuple, elle avait perdu toute précaution. Elle sortit à la hâte de la voiture et courut en direction de la maison de Richard. C'est alors qu'elle aperçut Gabe qui revenait également du parking. Lorsqu'il croisa son regard, l'adolescent hésita quelques secondes à vouloir faire demi-tour. Mais il se décida finalement à venir à sa rencontre. Il s'arrêta devant la jeune femme. Fixant le sol, il n'osait pas la regarder.

– Désolé pour hier, j'ai déconné, dit-il à voix basse en apercevant une poignée de jeunes se rapprocher des voitures.

Il paraissait sincère et vraiment gêné de la situation.

– On va passer un marché, je ne dis rien sur ce que tu as voulu faire et toi, tu ne dis rien sur ce que tu as vu, déclara-t-elle en faisant référence à son arme. J'ai juste voulu te faire peur, tu comprends ?

Gabe hocha la tête.

– Je n'ai jamais voulu tuer cet homme, ajouta-t-elle. Il s'est jeté sur ma voiture… Je n'ai rien pu faire…

Le regard surpris, le jeune homme la regarda, intrigué.

– Vous ne lui avez pas tiré dessus ? Mais vous saviez qui c'était ?

Il sembla alors embarrassé.

– Non, je ne l'ai jamais su.

Un silence s'installa, Gabe semblait vouloir lui dire quelque chose.

– Qu'est-ce qu'il y a ? demanda Samantha.

– Je reviens de la maison, Takini m'a appelé. Un homme cherche Cheveyo, une arme dépassait de son pantalon. Je l'ai fait partir, mais il faut que j'en parle à mon oncle.

– Je viens avec toi.

43

Entortillant ses doigts dans ses fins cheveux blonds, son esprit ne parvenait pas à se concentrer. Un rapide coup d'œil vers la baie vitrée tout en mordillant un stylo, tout paraissait si calme dehors. Après avoir tenté pendant plusieurs minutes d'écouter la réunion de travail à laquelle elle avait été conviée par son patron, Abby sortit discrètement. Réajustant sa jupe, elle serra ses notes fortement contre son ventre. La jeune femme traversa le couloir à la hâte sans s'apercevoir qu'une employée arrivait dans sa direction les bras chargés de dossiers qui s'envolèrent sous le choc de leur bousculade.

– Hé ! Vous ne pouvez pas faire attention ?

De petite taille et impeccablement vêtue, son regard était rehaussé d'une paire de lunettes noires qui lui donnait un air austère. Sans dédaigner regarder Abby, elle s'agenouilla pour ramasser les feuilles dispersées sur le sol.

– Surtout ne m'aidez pas ! s'écria-t-elle en voyant Abby partir.

Elle appuya sur le bouton de l'ascenseur et se jeta presque à l'intérieur. L'image que lui renvoyait le miroir l'effraya. Les yeux cernés, le visage creusé, elle paraissait fragile. Après avoir reçu l'appel de Cole, elle s'était empressée de prendre sa voiture avec l'intention de se rendre à Los Angeles. Elle avait roulé de longues minutes tout en ruminant le passé. Cette nuit d'été 2006, elle s'était rendue au café mexicain dans l'espoir de parler à Lena, cette fille que Samantha avait recherchée après avoir découvert sa photo dans la poche de son agresseur.

N'ayant pas dormi de la nuit, elle avait ruminé inlassablement ce que lui avait confessé Cole. Elle poussa énergiquement la lourde porte et inspira profondément. Un rapide coup d'œil à sa montre, il n'allait plus tarder. Elle s'assit sur un banc, incapable de retourner à l'intérieur lorsqu'elle vit enfin arriver sa voiture. La jeune femme se leva immédiatement et monta dans le véhicule qui venait de s'arrêter devant elle. Jack se pencha pour l'embrasser lorsqu'il vit l'expression de son visage.

– Qu'est-ce qui se passe ? demanda-t-il.

– Il faut que je te parle, Jack…

Ils roulèrent quelques mètres à travers l'avenue principale où se trouvait le Sacramento Bee. À proximité d'un petit parc, à l'intersection de deux grandes rues délimitées par des palmiers vertigineusement hauts, ils décidèrent de s'arrêter. À cette heure de la journée, il y avait peu de monde. L'excessive température de l'extérieur rendait l'air irrespirable dans la vieille voiture de Jack. Ils marchèrent un instant à travers le parc pour s'asseoir sur un banc ombragé par le feuillage d'un arbre immense.

– Tu te souviens de l'été 2006 ? demanda-t-elle d'une voix hésitante.

– Bien sûr que je m'en souviens, dit-il d'un ton ironique. C'est quand même à partir de cette histoire que nous avions rompu, j'te rappelle.

Abby regarda Jack droit dans les yeux. Avait-elle le droit de le mettre à nouveau dans une situation délicate vis-à-vis de son travail ?

– Ça ne s'est pas arrêté là… C'est même à ce moment-là que tout a commencé…

*

Au même moment...

Assis sur l'un des tabourets du bar, Spark faisait tourner son double whisky d'un mouvement de mains lent et régulier. Le léger tintement des glaçons l'aidait à se concentrer sur toutes les pensées qui lui venaient à l'esprit. Lui qui avait attendu de longs mois la sortie de prison de Cheveyo, il avait cherché sa trace pendant longtemps. Aidé par la parution de son roman qui faisait parler de lui, il n'avait pas eu de mal à obtenir des informations de son éditeur. Il l'avait retrouvé en Oregon, mais avait rapidement perdu sa trace.

Aujourd'hui, une nouvelle opportunité s'offrait à lui et une personne pouvait savoir mieux que quiconque où se trouvait Cheveyo à l'heure actuelle. Il saisit son portable et composa un numéro qu'il connaissait bien.

– Tu te souviens de ce service que tu me dois ? demanda-t-il d'un ton dur.

À l'autre bout du fil, une voix féminine dont la respiration se fit plus courte répondit. Des palpitations de plus en plus rapides, un emballement incontrôlable... Elle savait qu'il allait un jour l'appeler, qu'elle allait devoir payer d'une manière ou d'une autre.

– J'ai besoin que tu me dises où il est...

*

Un campement de fortune venait d'être dressé à quelques mètres du tipi. Une odeur de feu de bois et de grillades parvenait progressivement à leurs narines. Samantha plissa les yeux à la recherche de Cheveyo pendant que Gabe partit de son côté. La nuit commençait doucement à tomber ce qui rendait toute visibilité moins bonne. Sur la droite, un stand de boissons regroupait de nombreuses personnes. Parmi elles, Cheveyo buvait un verre de limonade. Samantha avança d'un pas rapide lorsqu'elle s'aperçut qu'il n'était pas seul... Il parlait à une femme. La discussion semblait animée. Deux hommes devant elle l'empêchaient de voir cette personne. Samantha se détourna et aperçut son profil, elle était à quelques mètres d'eux lorsqu'elle sembla la reconnaître. Elle chercha dans sa mémoire. Ses longs cheveux noirs... ses yeux bleus... la forme de son visage... Elle avait tant de fois scrupuleusement détaillé cette femme sur cette photo, cette photo qu'elle avait récupérée de la poche de son agresseur...

Juillet 2006

Les jours s'étaient lentement écoulés après l'agression dont Samantha avait été victime. De longues et terribles journées, enfermée, la seule idée de sortir la tétanisait. D'interminables journées de déprime, à devoir accepter d'avoir ôté la vie d'un homme. D'interminables journées de peur. La peur que la police vienne frapper un matin à sa porte, la peur qu'une personne l'ait vue, qu'une caméra l'ait filmée, qu'une preuve ait été retrouvée. Un matin, ses craintes se confirmèrent lorsqu'elle reçut une lettre anonyme où quelques mots avaient été écrits, quelques mots qui avaient laissé planer une effroyable angoisse.

« Je sais ce que tu as fait »

Samantha n'en avait jamais parlé à quiconque. Et surtout pas à Abby qui risquait d'alerter Jack à tout moment. Les jours et les nuits se suivirent sans qu'elle ne parvienne à se rassurer.

Un matin, une nouvelle lettre accentua sa peur où cinq petits mots résonnèrent longtemps dans son esprit : « *Il va falloir payer maintenant.* »

Qui était cette personne ? Était-elle dangereuse ? Allait-elle lui faire du mal ? Samantha ne contrôlait plus sa vie, elle était prise dans un engrenage qui l'effrayait.

C'est après mûre réflexion qu'elle décida d'acheter une arme. Un Glock 17 calibre 9 mm, une arme de poing dont la facilité d'utilisation et la prise en main pour un débutant se faisaient naturellement. Ainsi, elle attendit des jours et des jours, dans une angoisse terrifiante, un nouveau signe de cet inconnu. Ses cauchemars se faisaient de plus en plus nombreux. L'homme qu'elle avait tué la hantait. Des images toutes plus horribles les unes que les autres la persécutaient. Après des nombreuses recherches vaines sur cet homme, elle s'était raccrochée à la seule piste qu'elle avait : la fille de la photo, Lena ! Qui était-elle ? Sa petite amie ? Sa femme ? La mère de ses enfants ? La possibilité de comprendre l'histoire de l'homme qu'elle avait tué se résumait à travers cette photo. Elle devait la rencontrer, apprendre à la connaître, l'amener à lui parler de son agresseur. Elle en avait besoin ! Il y avait le nom du café où elle travaillait sur son badge. Samantha décida de sortir de sa torpeur, et d'affronter ses démons. Après avoir désespérément cherché le café où travaillait Lena, en vain, pendant plusieurs jours, Samantha jeta son dévolu sur le 639 South Spring Street à Los Angeles. Dans une ambiance des années 90, de sombres boiseries apportaient un côté intime et chaleureux à ce café. Il était plus de 16 h lorsqu'elle entra dans cet endroit. La lointaine musique de The Cure ajoutait une atmosphère décontractée. La salle était presque vide à cette heure de la journée, deux serveurs débarrassaient les tables inoccupées lorsque Samantha décida de s'asseoir. Elle avait couru toute la matinée et n'avait pas encore pris le temps de manger. Le nez dans la carte, elle n'entendit pas les pas venir vers elle.

– Vous avez choisi ? demanda une voix féminine.

Samantha leva les yeux vers son interlocutrice et manqua de s'étouffer. Lena se tenait devant elle. Elle portait le même uniforme que sur la photo. Ses longs cheveux étaient noués dans une haute queue de cheval. Les mêmes boucles d'oreilles, le même maquillage... Cependant, une expression différente durcissait ses traits. Elle ne parvenait pas à détacher son regard de ses yeux sombres. Reprenant vite ses esprits, elle demanda d'une voix éraillée.

– Une part de gâteau aux noix de pécan, s'il vous plaît.

– Vous désirez une boisson avec ?

Sa voix paraissait douce. Elle regarda ses doigts courir sur son bloc-notes, ils étaient rongés jusqu'à la peau. Elle ne possédait pas d'alliance.

Voyant qu'elle avait du mal à choisir, Lena ajouta.

– Nous avons un large choix de boissons chaudes, café, américano, cappuccino, chocolats chauds, thé...

Plus troublée qu'elle ne l'aurait imaginée, Samantha ne parvenait pas à retrouver ses esprits. Elle qui avait souhaité cet instant depuis plusieurs jours, elle ne savait maintenant plus quoi faire.

– Que me conseillez-vous ? demanda-t-elle hésitante.

– Un moka, c'est un mélange de café et de cacao. Personnellement, c'est celui que je préfère, ajouta-t-elle avec un sourire.

Samantha se laissa guider. Tout en la regardant partir, elle se demanda ce qu'elle espérait en venant ici. Cette situation lui parut soudain absurde. Elle regarda autour d'elle, trois étudiantes griffonnaient sur des cahiers tout en défendant chacune leurs idées. Au loin, un homme buvait un café avec son téléphone à la main. Le L. A. café était le genre d'endroit où il était agréable de se laisser aller. Ouvert 24 h sur 24, on pouvait prendre son petit déjeuner tout comme son dîner. À l'extérieur, une petite terrasse couverte permettait de profiter de l'air agréable de Los Angeles.

– Et voici votre moka !

La jeune femme se pencha au-dessus de Samantha qui perçut une légère odeur de tabac mêlé d'un parfum de vanille. Elle se redressa avec une légère grimace tout en se maintenant le ventre. C'est avec effroi que Samantha constata qu'elle était enceinte ! Son sang ne fit qu'un tour !

– Vous allez bien ? demanda Lena au bout d'un moment. Vous êtes toute pâle.

Samantha la regarda, les yeux larmoyants. Elle tenta de dire quelque chose, mais le son de sa voix était étouffé dans sa gorge.

– J'aurai dû vous proposer un double expresso, murmura-t-elle.

– Je suis désolée… Tenez, il est pour vous, dit-elle en poussant la boisson vers Lena.

– Merci, mais je ne peux pas… déclara-t-elle, embarrassée.

– J'insiste ! C'est celui que vous préférez, non ?

– Oh et puis zut, vous avez raison. Mon service est fini depuis dix minutes. Je peux ? demanda-t-elle en désignant la chaise pour s'asseoir face à elle. J'ai des crampes dans le ventre depuis une heure…

Samantha acquiesça.

– Vous êtes enceinte de combien ?

– J'entre dans mon cinquième mois.

Lena la regarda un instant.

– Vous n'arrivez pas à en avoir ?

– Pardon ?

– Excusez-moi, je me mêle de ce qui ne me regarde pas. C'est votre réaction en voyant mon ventre… dit-elle en buvant une gorgée de sa boisson chaude.

– J'ai fait une fausse couche il y a quelques mois.

– Je suis désolée.

Elle semblait sincère.

– Votre petit ami est heureux de votre grossesse ? tenta-t-elle de demander comme une première réponse à ses questions.

– Il est mort.

Ses mots, bien qu'elle les supposât, résonnèrent un moment dans son esprit. Elle avait tant souhaité s'être trompée de personnes.

– Je ne vais pas garder ce bébé, murmura-t-elle au bout d'un long instant. Je n'ai pas les moyens de l'élever seule. Excusez-moi, je ne sais pas pourquoi je vous dis tout ça.

Elle se releva péniblement et ajouta.

– Merci pour le moka !

Ce jour-là, Samantha rentra chez elle totalement déboussolée. Comme un énième coup de massue, elle trouva une nouvelle lettre anonyme. Samantha l'ouvrit d'une main tremblante et lut : « *Le silence s'achète.* »

La paranoïa remplaça rapidement la peur. C'était un cauchemar ! Sa vie ne semblait plus lui appartenir. Elle n'eut pas longtemps à attendre avant de connaître les instructions du maître chanteur. Ainsi, elle devait se rendre dans un café de Los Angeles avec la somme de 10 000 dollars. Si cet argent était le prix de son silence, Samantha s'exécuta. C'était donc quelques jours plus tard qu'elle remit l'enveloppe au gérant du bar en repartant aussi vite qu'elle était entrée. Avec le souhait de ne plus jamais entendre parler de cet homme, elle démarra rapidement. Néanmoins, une peur permanente ne la quitta jamais. Ses mains se faisaient chaque matin hésitantes lorsqu'elle devait ouvrir sa boîte aux lettres. Son cœur se mettait à tambouriner violemment lorsqu'un inconnu s'approchait trop près d'elle, mais elle avait appris à vivre comme ça.

Les jours passèrent, Samantha repensait souvent à Lena, à ce qu'elle lui avait fait à elle et son bébé... Savait-elle seulement ce que faisait son petit ami ? Lui avait-il parlé de tout ça ? Avait-il désespérément commis ce geste pour apporter une plus grande sécurité à sa future famille ? Tant de questions sans réponses.

Chaque samedi, Samantha se rendait au café pour voir Lena. Elles nouèrent très rapidement un lien particulier. Samantha voulait la convaincre de garder son enfant et Lena voyait en Samantha une oreille attentive qui ne la jugeait pas. Sans famille, elle vivait dans un minuscule appartement avec le strict nécessaire. Samantha comprit très vite qu'il fallait qu'elle aide cette jeune femme, voyant là comme une occasion de se racheter du crime qu'elle avait commis. Ainsi, en août, elle commença par l'emmener faire du shopping, elles multiplièrent très vite les sorties, cinés, restos... Une complicité nouvelle s'installait progressivement entre elles. En septembre, elle lui acheta un lit pour le bébé après avoir finalement convaincu Lena de le garder. La future maman commença à arrêter de fumer, à mettre de l'argent de côté grâce aux nombreux coups de main que donnait Samantha.

Mais un matin de fin septembre, alors qu'elle entamait son septième mois de grossesse, elle fut prise de violentes contractions. La visitant à l'hôpital peu après, Samantha apprit qu'elle avait dû accoucher d'un enfant mort quelques jours plus tôt. Persuadée que cet accident était dû au traumatisme de la perte de son petit ami, Samantha ne put s'empêcher de se sentir responsable et ne parvint pas à se pardonner cette nouvelle mort. Ce fut le début de leur descente aux enfers. Lena se remit à fumer et Samantha en fit autant. En novembre, Samantha reçut une deuxième demande de rançon, c'est impuissante qu'elle s'exécuta. Dans l'hiver, Lena contacta des personnes qu'elle semblait bien connaître pour lui donner des amphétamines. Connus pour être de puissants stimulants du système nerveux, les nombreux effets de l'ecstasy pouvaient apparaître au bout d'une demi-heure. Cette sensation de bien-être et d'euphorie semblant être de trop courte durée, Lena s'attaqua à d'autres drogues telles que le LSD dont les effets étaient plus longs. Voyant le semblant de bonheur dans lequel baignait Lena et tétanisée par la troisième demande de rançon de son maître chanteur, Samantha eut très vite le désir de suivre son amie. C'est en février 2007 que Samantha prit sa première dose, aidée par Lena... LSD, cocaïne, héroïne, les mois se suivaient, elles sombraient ensemble dans une dépendance totale et incontrôlable. Au début, l'euphorie entraînait des fous rires, un bonheur total qui leur permettait d'apaiser leur conscience, mais progressivement les crises d'hypotension, les nausées, les vomissements les amenèrent vers un état de léthargie. En avril, elles enchaînèrent crack, rails de coke dont l'effet se faisait sentir au bout de deux minutes. La descente entraînait alors un état dépressif et une anxiété qui pouvaient être apaisés par une prise d'héroïne. Mais une forte dépendance physique et un problème d'accoutumance rendaient un sevrage long et douloureux. Samantha découchait de plus en plus de son domicile conjugal, loin de penser au bébé qui grandissait dans son ventre et qu'elle était en train de tuer. Elle semblait liée par une force invisible à cette jeune femme à qui elle avait tout pris.

C'est en juin 2007, quelques jours après la perte de son bébé, que Samantha toucha le fond. Une quatrième demande de rançon l'acheva. Puisant depuis plusieurs mois dans l'héritage de ses parents, elle craignait que Cole ne se rende compte de quelque chose. Le caractère hallucinogène de certaines drogues engendra des crises psychotiques telles que la paranoïa et la dépression chez la jeune femme. C'est à partir de là qu'elle souhaita être en relation directe avec le trafiquant de drogue qui fournissait Lena depuis des mois, du nom de Spark.

En septembre 2007, Samantha paya les nombreux achats de drogues et dettes que Lena ne pouvait plus payer. Elle se fournit chaque semaine auprès de cet homme pendant plusieurs mois puis en décembre tout s'arrêta brutalement lorsque Cole l'enferma de force dans un centre de désintoxication. Les semaines qui suivirent furent les plus dures, les plus douloureuses et les plus irréelles que Samantha eût à connaître. Les semaines qui suivirent furent celles où elle crut qu'elle allait mourir…

Elle ne reçut plus de lettres anonymes.

Elle n'eut plus de contact avec Lena.

44

Pine Ridge – 1er juillet 2008

Samantha regardait de loin la scène qui s'offrait à ses yeux. Une crainte indescriptible s'insinuait progressivement en elle... Le passé était en train de rattraper le présent. Le souvenir de Lena, qu'elle avait gardé dans un recoin de sa mémoire, faisait à nouveau surface. Elle s'était longtemps demandé ce qu'elle était devenue. Avait-elle décroché de la drogue ? Avait-elle changé de vie ?

L'imaginer lui était douloureux. Une vague de souvenirs, tous plus insupportables les uns que les autres, remontait doucement à son esprit. Sa lente dérive, sa descente aux enfers, ses états de manque, son agonie irréelle, l'impression d'être spectatrice d'une vie qui ne lui appartenait plus... Aujourd'hui, Lena était devant ses yeux, devant Cheveyo qu'elle semblait connaître depuis longtemps. Ils parlaient, proches l'un de l'autre. Lorsqu'elle posa doucement ses mains sur son ventre, il la prit dans ses bras. La tête baissée, il lui releva pour plonger son regard dans le sien. C'est à ce moment-là qu'elle laissa sortir son chagrin, bercée par le réconfort de Cheveyo.

Cela faisait plus de deux ans qu'ils ne s'étaient pas vus, Cheveyo était troublé. Sa venue lui ramenait de nombreux souvenirs. Ceux d'un temps passé, d'un temps insouciant, dévastateur... pour elle... pour lui... Ce plongeon lui parut brutal. Elle ramenait avec elle leurs moments de perdition, mais aussi, leurs actes irréfléchis, leurs comportements inexpliqués, leurs allures provocantes et arrogantes. Un temps auquel il ne s'apparentait plus aujourd'hui.

– J'ai voulu venir te voir plus d'une fois en prison, dit-elle entre deux sanglots. Mais c'était au-dessus de mes forces, je suis désolée…

Un parfum de vanille, l'odeur de ses cheveux, tout lui rappelait douloureusement le passé. Elle se redressa alors de ses bras pour plonger ses yeux inquiets dans le regard sombre de Cheveyo. Puis elle affirma d'une voix ferme et déterminée.

– Il ne va plus tarder maintenant… Il faut que tu partes…

Comme sorti d'un épais nuage, Cheveyo croisa brusquement le regard de Samantha. Elle avait le visage pâle, son regard paraissait éteint… plongé dans le vide. Il s'approcha alors de la jeune femme, conscient que la vue de cette scène l'inquiétait. À quelques centimètres d'elle, il tenta de prendre sa main lorsqu'elle recula d'un pas.

– Comment connais-tu Lena ? bredouilla-t-elle en le dévisageant soudain.

Ses yeux brillaient d'une émotion intense.

– Helena et moi, nous nous connaissons depuis de longues années.

Il ne semblait pas surpris que Samantha connaisse son prénom, elle en était profondément étonnée. Savait-il ce qu'elle avait traversé avec elle ? Savait-il qu'elle avait vécu ses pires moments en sa compagnie ? Lui avait-elle déjà mentionné son nom ?

– Vous semblez si… proches… murmura-t-elle songeuse.

Sa phrase lui sembla douloureuse.

– Il faut que tu saches que…

Samantha fit un geste brusque dans sa direction, elle ne voulait pas en entendre davantage.

– Il faut que j'aille prendre l'air !

Déjà, elle se retourna et avança d'un pas décidé, lorsqu'il annonça.

– Helena était la petite amie de mon ami d'enfance, Yahto. Il a été tué en 2006...

Elle s'arrêta un instant comme paralysée puis essaya d'avancer tant bien que mal, un pied après l'autre, sans se retourner. Son cœur s'était figé. Outre le fait d'avoir tué un homme, elle devait également vivre avec le secret d'avoir renversé le meilleur ami de l'homme qu'elle aimait !

Samantha avançait d'un pas hésitant à travers la pénombre d'une nuit bien avancée. Elle ne cessait de se répéter la phrase de Cheveyo. Bouleversée, elle ne savait pas où elle allait, mais ne souhaitait pas s'arrêter. Pourquoi le monde était-il parfois si petit ? Durant ces quelques mois auprès de Lena, elle n'avait jamais trouvé le courage d'aborder ce sujet avec elle. Le sujet de l'homme qu'elle avait perdu et qui semblait l'avoir meurtrie à jamais. Des images revenaient s'insinuer dans son esprit. Cet homme... Yahto... étendu sur le sol. Ses longs cheveux noirs baignant dans son propre sang. Comment pourrait-elle regarder Cheveyo maintenant qu'elle avait tué celui qu'il considérait comme son frère ?

Tout se bousculait dans sa tête.

Elle ne voyait plus rien autour d'elle.

C'est sans s'en rendre compte qu'elle tomba au sol... assommée par un objet dur...

45

C'est après avoir attentivement écouté toute l'histoire d'Abby que Jack fit le lien. Il hésita un instant puis regarda attentivement la jeune femme tout en réfléchissant. Il était plus tard, il se trouvait à l'autre bout de la ville, mais il demanda.
– Tu me fais confiance ? Nous avons peut-être encore le temps. Suis-moi !

Il y a plusieurs mois de cela, Mickael Bornman, inspecteur de police au sein du même commissariat que lui, travaillait sur une affaire de trafic de drogue qui traînait en longueur. Jack se souvenait avoir été réquisitionné pour tenter d'identifier des empreintes. Mettant rapidement tout le monde au parfum, Mickael avait espéré obtenir les preuves qui lui manquaient pour le condamner. Mais Spark était rusé. Dans le milieu depuis une vingtaine d'années, il avait su se constituer un important réseau de dealers et était aujourd'hui à la tête d'une entreprise soigneusement étudiée. Joueur invétéré de poker, il s'était longtemps servi de cette planque pour mieux s'implanter. C'est au sein d'une boîte de nuit de Los Angeles qu'il officiait. Connu et craint de beaucoup de clients, il se servait bien souvent d'un état de dépendance causé par les drogues, et pouvait entraîner ses proies jusqu'au fond. Trois suicides avaient été constatés au cours de l'enquête de Mickael. Bouclés comme étant causés par les méandres de la drogue, tous se rejoignaient pourtant vers un même homme. D'autres, emprisonnés pour vols à l'étalage ou cambriolages n'osaient pas avouer qu'il les avait poussés à commettre ces actes sous peine de représailles. Appuyés par l'aide et le témoignage d'Abby, ils épluchèrent les relevés téléphoniques de Samantha sur les deux dernières années. En fidèle amie et sans doute quelque peu aiguillée par un petit ami flic, Abby avait gardé quelques échantillons de sachets de drogues qui contenaient les empreintes de Spark. C'est sans attendre d'auditionner les différents témoins et membres de ce réseau ni que Spark ne prenne la fuite, rapidement alerté par ce qui se déroulait, que Bornman et son équipe partirent au domicile du dealer pour le cueillir en plein milieu de la nuit. Nullement impressionné et désireux de garder sa fierté, Spark s'était fait passer les menottes sans dire un mot.

– Il va falloir nous accompagner au commissariat, Mademoiselle, dit-il à Abby.

Mickael Bornman se frottait les mains. Une jouissance incontrôlée se lisait sur son visage.

– C'est du bon boulot, lança-t-il à Jack avec une tape sur l'épaule. Je n'oublierai pas de mentionner ton nom dans le dénouement de cette affaire.

Ils se serrèrent vigoureusement la main avant que Bornman ne s'éloigne.

– Je t'accompagne, murmura Jack au creux de l'oreille d'Abby.

Dans son regard, elle put lire une grande fierté qui emplit son cœur d'un immense bonheur.

– Tu m'as impressionné, dit-il avec un grand sourire. Le coup des empreintes, c'est fort !

– J'ai eu un bon professeur, ironisa-t-elle. Et puis je te devais bien ça…

Ils se regardèrent un instant, complices.

Des heures d'auditions allaient sans doute attendre Abby, mais elle était soulagée. Maintenant, son amie ne craignait plus rien…

46

Réserve de Pine Ridge
Mercredi 2 juillet 2008 – 1 h du matin...

Les voitures avaient presque toutes quitté le parking provisoire autour de la maison de Richard. Alors que l'air était bon, au loin, quelques hommes fumaient encore tout en parlant pendant que d'autres démontaient le tipi. Richard remerciait les gens d'être venus pendant que Tyee s'entretenait avec Achak. La plupart des femmes étaient reparties coucher les enfants épuisés par toute cette effervescence. Après s'être activé pendant de nombreuses minutes pour ranger tables et chaises, Cheveyo aperçut Canupa en train de rassembler les restes des grillades dans une assiette. Il s'approcha d'un pas rapide et demanda si elle avait vu Samantha.

– Non, pas depuis un moment... dit-elle le visage fatigué. Des hommes sont allés à la loge de sudation il y a plusieurs minutes de ça. Elle est peut-être avec eux ?

Bien que l'idée le surprenne, il s'y dirigea. Mais il savait au fond de lui qu'il ne la trouverait pas là-bas, elle aurait pris le temps de lui en parler. Il traversa les quelques mètres de bois, laissant les étoiles guider ses pas. Il n'y avait personne à l'horizon. De faibles braises veillaient encore un feu sur le point de s'éteindre. Lorsqu'il entendit des sons de voix se rapprocher, il arriva devant les tentes de fortune. Trois hommes venaient de sortir de la loge, la peau luisante. Cheveyo demanda à l'un d'entre eux s'il avait vu la jeune Californienne. Il paraissait totalement ailleurs.

– Il n'y a pas de femmes ici, dit-il le regard vitreux.

Cheveyo fit demi-tour, son pas s'accéléra. Il commençait à être de plus en plus inquiet. Elle ne connaissait pas les lieux, et n'avait sans doute pas beaucoup de repères dans ce noir. Où pourrait-elle être ? Il réfléchit quelques instants, lorsqu'une voix familière l'appela. Yuma venait de sortir de la deuxième loge. Se frictionnant le visage avec sa serviette, il avança d'un pas rapide à sa rencontre.

– Je t'ai cherché partout tout à l'heure !

– Tu n'as pas vu Sam par hasard, elle n'est nulle part…

Son regard était inquiet. Il passa sa main sur son menton tout en effectuant une grimace.

– Quoi ? s'impatienta Cheveyo.

– J'ai croisé Nayati tout à l'heure…

Sa phrase resta en suspens un instant.

– Chev, attends !

Il courut dans sa direction avec sa serviette autour de la taille. Plongeant son regard dans celui de son cousin, il ajouta d'une voix lente.

– Il est passé chez toi tout à l'heure. D'après Gabe, il est assez énervé et… il a une arme…

47

Samantha

Elle se réveilla au beau milieu d'une forêt. Assise au pied d'un très vieux chêne, ses mains étaient attachées dans son dos. Saisie d'une violente douleur à la tête, elle tenta de bouger les bras, ce qui lui arracha une grimace. Elle regarda autour d'elle pour tenter de comprendre. Mais le noir rendait la tâche impossible. Elle essaya de se redresser lorsqu'un homme arriva derrière elle. Quelques flambeaux étaient disposés tout autour de l'arbre, et dans la pénombre de la nuit, elle avait du mal à distinguer son visage. Ses cheveux étaient courts, bien que très noirs. Il s'approcha lentement d'elle, ce qui provoqua un mouvement de recul chez la jeune femme. Elle pouvait sentir son souffle chaud contre son visage. Sur ses joues, deux traits noirs avaient été peints.

*

Cheveyo

Il gara sa voiture à l'orée d'une forêt et sortit en courant à travers les bois. Une peur incontrôlable le paralysait lentement. L'idée que Samantha puisse être en danger lui était insupportable. Une multitude de souvenirs s'insinuaient dans son esprit. Des souvenirs d'une époque lointaine où ils étaient encore trois copains d'enfance. Yahto, Nayati et lui. Unis comme les doigts de la main, jouant ensemble depuis leur plus tendre enfance. C'est à leur adolescence qu'ils avaient passé ce pacte autour du vieux chêne. Mêlant leur sang comme des frères d'armes, ils s'étaient promis de toujours être là les uns pour les autres. Aujourd'hui, cette époque était définitivement terminée. Yahto était mort et il ne savait pas jusqu'où Nayati était capable d'aller pour se venger.

*

Samantha

Elle crut que son cœur allait exploser lorsqu'elle vit l'arme de cet homme pointer dans sa direction. Caressant ses cheveux du bout de son revolver, il sourit d'un air menaçant. Satisfait de pouvoir savourer ce moment.

– Tu as acheté mon silence, mais il va falloir payer maintenant...

Stupéfaite, elle dévisagea l'homme qui semblait être l'auteur de ses lettres.

– Qu'est-ce que vous voulez ? tenta-t-elle d'articuler malgré la panique qui l'assaillait.

– C'était mon ami autrefois...

– Vous voulez le venger en me tuant ?

– Ce n'est pas toi que je vais tuer... dit-il en regardant l'homme qui arrivait face à lui.

Cheveyo arrivait d'un pas décidé à l'encontre de Nayati. À quelques mètres l'un de l'autre, ils se regardèrent un instant. Son regard se détourna une seconde pour plonger dans celui de Samantha. Ils pouvaient lire chacun la peur dans les yeux de l'autre.

– Relâche-la ! Elle n'a rien à voir dans cette histoire !

– Elle en fait bien plus partie que tu ne crois Chev.

– Elle n'y est pour rien dans tout ça, annonça Helena qui était derrière les pas de Cheveyo.

Samantha, tout comme Nayati, fut étonnée par ces mots. Était-elle au courant de tout ?

– Bonjour, Sam ! articula-t-elle. Ça fait longtemps.

Un nœud dans sa poitrine se resserra. Allait-elle être dénoncée ce soir ? Helena avait-elle tout deviné sur ses intentions, sur leurs rencontres préméditées ?

– Tu as déjà oublié que Chev a tué l'homme que tu aimais ? s'énerva Nayati contre Helena.

– Tais-toi ! cria Helena. Tu ne sais pas de quoi tu parles !

48

Octobre 2002

Partis depuis plus d'un an, les trois amis d'enfance tentaient de survivre au milieu de Los Angeles. Happés par la misère et l'humiliation, ils multipliaient les nuits d'hiver interminables et horriblement froides. C'est à la croisée du luxe et de la drogue qu'ils essayaient de se faire une place. Là où tant de personnes avant eux avaient réussi. Là où de nombreuses étoiles s'étaient révélées. Ils savaient qu'ils pouvaient y arriver aussi. Les vols commencèrent doucement pour tenter de se nourrir. Vols de sacs à main, de portefeuilles, Nayati excellait dans ce domaine. Puis un soir, l'entrée dans une boîte de nuit de Los Angeles bouleversa à jamais leurs vies. Sexe, alcool et drogues semblaient être les maîtres mots de cette vie nocturne. Mais parmi toute cette déchéance, ils firent la rencontre d'une jeune Américaine du nom d'Helena. De longs cheveux noirs ornaient merveilleusement son visage, elle avait des yeux d'un bleu indigo à faire pâlir n'importe quel homme. Nayati et Yahto tombèrent immédiatement sous son charme. Se battant les moindres occasions de lui offrir un verre, mais il semblait que la perfide jeune femme se prêtait à des jeux bien plus dangereux. Les nuits s'enchaînèrent, les confessions affluèrent, rapidement les jeux de séductions s'accentuèrent et bientôt la promesse que la roue allait bientôt tourner.

Au début de l'année 2003, les trois hommes passaient toutes leurs soirées dans cette boîte de nuit, persuadés que leurs vies pouvaient changer ici même. Le vol d'argent se faisait plus précis, plus calculé. À tour de rôle, ils s'entraînaient à escroquer de vieilles personnes démunies pour pouvoir payer leur consommation d'alcool. À cette époque, ils étaient comme obsédés par leur désir de réussite, totalement aveugles à leurs méfaits. Ils ne considéraient plus ce qui différenciait le bien du mal. Ils étaient passés de l'autre côté. Les fêtes de fin d'année s'étaient passées dans la débauche et l'alcool. Helena et Yahto se rapprochaient dangereusement, provoquant la jalousie de Nayati qui augmentait par la même occasion sa consommation d'alcool. De son côté, Cheveyo goûtait à une vie nouvelle bien que complètement surréelle. Il profitait de chaque instant de cette liberté qu'il avait tant chérie et peu importe ce que cela lui coûtait. Rapidement, il découvrit le pouvoir d'attraction qu'il exerçait sur certaines femmes et multiplia les conquêtes d'un soir. Désormais, formant une équipe de quatre personnes, Helena leur expliqua toutes les combines à connaître, les personnes à côtoyer, les attitudes à avoir... Puis, c'est un soir de janvier, au détour d'une soirée bien trop arrosée, que la jeune femme leur proposa une première pilule d'ecstasy.

Les mois passant, Helena succombait pour de bon au charme de Yahto, Nayati se perdant dans les méandres de la boisson et Cheveyo s'abandonnant aux multiples plaisirs de la séduction. Aux premiers jours du printemps, leurs persévérances semblaient enfin payer. Au fond de la salle, une porte avait longtemps intrigué Nayati. Il ne tarda pas à comprendre que des parties chevronnées de poker s'y déroulaient chaque soir. Rapidement, une envie insatiable de participer le gagna, seulement, on ne rentrait pas n'importe comment dans ce cercle privé. Mise en confiance, Helena accepta de les recommander pour faire partie d'une table. Était-ce la chance, ce soir-là, qui leur souriait enfin lorsqu'ils gagnèrent suffisamment d'argent pour s'offrir une nuit à l'hôtel ? Où était-ce celle du débutant ? Dans l'été qui suivit, la roue avait bien tourné. Helena leur avait apporté une aide précieuse. Passant toutes leurs journées chez la jeune femme, ils puisaient de nombreuses techniques dans les livres et vidéos de joueurs rusés. Au sein de la boîte de nuit, ils multipliaient les parties. Une attention particulière leur avait été accordée, les habitués semblaient vouloir les affronter. Les videurs les reconnaissaient. Ils se faisaient pas mal d'argent et Nayati leur dégota même un appartement dans les quartiers d'Inglewood au cœur de Los Angeles. La vie leur semblait belle. De nombreuses portes s'ouvraient à eux. Les trois Indiens, comme ils étaient surnommés, respiraient enfin une belle reconnaissance et une certaine revanche sur la vie.

Au cours de l'hiver, Helena et Yahto s'essayèrent à diverses drogues sur mesure, des drogues de synthèse créées pour contourner les lois antidrogue en modifiant la structure chimique de stupéfiants existants. Ainsi, ils prirent de nombreux hallucinogènes, stimulants tels que les amphétamines, kétamine, MDMA… Cette année-là, Noël fut riche et plein d'excès en tout genre. Mais Cheveyo n'en oublia pas moins ses parents. Même s'il n'était pas très fier de tout ce qu'il avait fait pour en arriver là, aujourd'hui sonnait comme une renaissance. Ainsi, chaque jour, il mettait de l'argent de côté pour leur offrir un meilleur train de vie.

Les mois s'enchaînèrent avec la même chance insolente. C'est au début de l'été 2004 qu'ils furent autorisés à jouer contre l'un des piliers du lieu, Spark. Un habitué visiblement respecté et très influent. Sa gueule cassée et sa tête rasée inspiraient plus à la prudence qu'au respect. Il semblait faire partie intégrante de la gérance du lieu, mais les trois amis comprirent rapidement qu'il était le dealer attitré de la plupart des personnes présentes. Alors qu'ils consommaient quotidiennement certaines drogues, depuis maintenant plusieurs mois, les trois hommes ne s'étaient encore jamais aventurés vers les pentes dangereuses des drogues les plus dures. Jusqu'au jour où Spark leur fournit des joueurs qu'ils déplumèrent en une soirée et qu'ils fêtèrent cette énième victoire contre un cadeau : leur tout premier rail de coke... Ils se regardèrent un instant, fiers et inquiets à la fois puis inspirèrent à tour de rôle la poudre. Ils étaient maintenant dans la cour des grands ! Le deal était simple, Spark trouvait le client, les trois amis devaient lui soutirer un maximum d'argent, et chacun se prenait sa marge.

Ce fin stratagème dura plusieurs mois, Spark chérissait les trois hommes, leur offrant toute sorte de cadeaux pour la plupart volés : montres de luxe, téléphones dernier cri, cocaïne, héroïne... Après avoir investi dans l'immobilier pour chacun d'entre eux, Yahto offrit de nombreux bijoux à Helena en guise d'un amour éternel. Nayati se pavanait à bord de son bolide hors de prix. Cheveyo jouait de son succès pour attirer les femmes les plus inaccessibles et offrit fièrement une maison à ses parents sans jamais leur expliquer d'où venait tout cet argent. Au printemps 2005, leurs vies avaient pris un tournant irréel. Jusque dans leurs rêves les plus fous, ils n'avaient pas osé imaginer pareille réussite. Mais la roue allait de nouveau tourner et ils allaient bientôt être pris à leur propre jeu.

Toujours plus avides de sensations fortes, ils multipliaient les doses de drogue jusqu'à devenir totalement dépendants de leurs injections intraveineuses, jusqu'à jouer avec la mort. C'est ce qui faillit arriver à Nayati si Yahto n'avait pas été là.

Attablés au côté de Spark qui leur préparait un « speed ball », Cheveyo et Nayati trépignaient d'impatience après avoir déjà tenté l'expérience quelques jours plus tôt. Satisfait des effets escomptés, Nayati avait prié son ami de renouveler l'expérience. Le « speed ball » était un mélange de cocaïne et d'héroïne, une concoction potentiellement mortelle. La cocaïne agit comme un stimulant qui augmente le rythme cardiaque, les effets disparaissant rapidement. L'héroïne enchaînait en ralentissant le cœur. Avec de sérieuses difficultés à respirer, quelques heures plus tard, Nayati faisait une overdose à retardement. Le stimulant avait cessé d'agir et redoublait les effets de l'héroïne. Alors que Cheveyo n'était pas rentré de la nuit, Yahto arriva à l'hôpital à temps pour sauver son ami. Ce jour marqua le début de leur descente aux enfers…

En proie à des hallucinations de plus en plus fortes, la prise quotidienne de l'héroïne qu'ils n'arrivaient plus à arrêter leur apportait des troubles de l'humeur et de concentration. Petit à petit, les parties de poker devenaient plus courtes en faveur de leurs adversaires. Ces échecs consécutifs n'échappèrent pas à Spark qui leur mit rapidement la pression.

En novembre 2005, ils commencèrent à perdre de l'argent. En décembre, ils perdirent plus qu'ils n'avaient gagné en deux ans. En janvier 2006, après avoir revendu tout ce qu'ils avaient gagné, ils réussirent à emprunter de l'argent à Spark en prétextant une mauvaise passe. Se gardant de dire qu'il avait acheté une maison à ses parents, Cheveyo revendit sa voiture et son appartement. Mais les choses ne s'arrangèrent pas. La forte accoutumance de ses deux drogues devenait chaque jour un peu plus violente. Ils ne pouvaient plus faire marche arrière. La prise de l'héroïne par voie intraveineuse induisait une alternance entre un intense effet euphorisant et un état de manque, alors que la cocaïne provoquait des douleurs thoraciques insupportables. Les crampes, les tremblements, les saignements de nez, les contractions de la pupille... tous ces signes les rendaient plus faibles. À cela s'ajoutaient une dépendance psychique irréelle, des troubles du sommeil, de l'humeur, mais aussi du système nerveux. Des sentiments de panique et de persécution s'accompagnaient pour certains de paranoïa et d'actes violents. Réduits à être obligés de consommer pour éviter l'état de manque, ils n'étaient plus que les ombres d'eux-mêmes. Mais lorsque le manque devenait omniprésent, la perte de contrôle semblait inéluctable.

Les quelques mois qui suivirent s'enchaînèrent à une vitesse incontrôlée. Cette descente les plongea rapidement vers une voie sans issue...

Février 2006

Après un retour brutal à la case départ, les trois amis devaient encore beaucoup d'argent à Spark. Une fois la décision prise d'arrêter de jouer au poker pour ne pas risquer de perdre encore plus d'argent, ils devaient trouver une solution rapide pour épurer leurs dettes.

– Je vous laisse un mois ! avait renchéri Spark. Si d'ici là, vous n'avez pas l'argent, considérez-vous comme des hommes morts.

Sa phrase laissa planer une frayeur palpable entre les trois amis. Comment avaient-ils pu en arriver là ?

– On n'a pas le choix, avait commencé Nayati. Il faut recommencer ce que l'on faisait avant de connaître tout ça...

Chacun savait très bien ce que cela voulait dire. Helena ne cessait de se confondre en excuses, elle regrettait amèrement de leur avoir présenté Spark.

Alertée par des nausées et un retard de plusieurs jours, elle décida un matin qu'il fallait qu'elle sache. C'est en pleurant qu'elle fit un test de grossesse et qu'elle apprit qu'elle était enceinte...

Mars 2006

Ils organisèrent méthodiquement la manière dont ils allaient procéder pour commettre un nouveau braquage. Pour cela, ils devaient réapprendre les gestes, le comportement, les attitudes à avoir. Après avoir trouvé leur victime, ils se procurèrent trois armes, « juste pour faire peur » disait Nayati. Ils avaient repéré une maison ni trop luxueuse ni trop modeste sur les hauteurs de Hollywood. À cette heure de la mi-journée, il n'y avait personne. Cagoulés, Nayati et Cheveyo pénétrèrent à l'intérieur pendant que Yahto guettait à l'extérieur. Le vol dura quelques minutes seulement. Se dirigeant directement dans la chambre, ils prirent quelques bijoux et un peu de liquide. La recette n'avait pas été à la hauteur de leur espérance.

– À ce train-là, il faudrait en faire tous les jours, râlait Yahto.

– Il faut s'attaquer à plus gros.

– Qu'est-ce que tu suggères ? demanda Cheveyo à Nayati.

– Les commerces, les banques, ça pourrait être beaucoup plus rapide.

Il laissait planer un silence plombant au-dessus de sa tête

– Qui me suit ?

Les deux hommes hochèrent la tête. Helena les écoutait, enfoncée au fond de son fauteuil, tétanisée à l'idée que ça tourne mal...

Avril 2006

Ils avaient ensuite repéré une vieille station-service où il y avait beaucoup de clients et donc beaucoup d'argent. C'est après avoir passé des nuits à étudier leurs rôles respectifs qu'ils sautèrent le pas. Une boule au creux de l'estomac, Cheveyo sentait son cœur prêt à exploser quand Nayati gara la vieille voiture d'Helena à l'arrière des pompes à essence. Il détestait devoir faire ça, mais il n'avait plus le choix et n'avait pas le droit à l'erreur. Tous les trois se regardèrent un instant avant de descendre en courant. Ils pénétrèrent dans le local tout en brandissant leur arme et criant de toute part d'ouvrir la caisse.

– Doucement les gars, calma un homme d'une cinquantaine d'années.

Derrière son comptoir, il s'avança pour laisser la place à Nayati puis recula de quelques pas, toujours sous la surveillance de Yahto. Voyant la caisse ouverte avec une série de billets, Nayati ne put s'empêcher de rire nerveusement. L'homme ne bougeait pas et semblait attendre que tout soit fini. Cheveyo fit signe à Yahto de baisser son arme. Occupé à remplir ses poches, Nayati finit par redresser la tête devant tant de calme. Il observa ses deux amis à tour de rôle, lorsqu'il comprit en une fraction de seconde. Le gérant s'accroupit pour attraper une arme qu'il cachait soigneusement sous une étagère. Les secondes qui suivirent s'enchaînèrent sans qu'ils aient le temps de réagir. Un coup de feu retentit, Yahto s'écroula au sol. Les deux amis s'empressèrent de venir à son secours, Nayati ouvrit le feu à son tour pour couvrir Cheveyo pendant l'évacuation de son ami. Ils grimpèrent dans la voiture pour démarrer à vive allure. Des hurlements et des injures retentirent.

– Qu'est-ce qui t'a pris, bordel ? hurlait Nayati à Cheveyo. Vous deviez le tenir en joue !

Yahto gémissait à l'arrière tout en se vidant de son sang. Il roulait bien au-delà des limites autorisées en direction des urgences. Lorsqu'il se gara devant l'hôpital, Cheveyo murmura.

– C'est trop tard… Il est mort…

Mai 2006

La mort de Yahto provoqua la dissolution du groupe. Ils venaient d'atteindre le point de non-retour. Helena traversa une période de dépression tandis que Nayati était pris d'une vive colère. De son côté, Cheveyo ne cessait de culpabiliser, comment avait-il pu être aussi naïf ? Sans même leur laisser le temps de faire leur deuil, Spark les réattaqua de plus belle.

– Je ne vous lâcherai pas, avait-il dit devant Helena en pleurs. Vous êtes encore deux, il va falloir faire vite. Le temps passe et je ne suis pas d'une nature très patiente.

Une fois Spark parti, Nayati exprima son désir de faire cavalier seul.

– Chacun de notre côté, nous pourrons braquer deux fois plus vite.

Sa voix, sévère et quelque peu arrogante, ne laissait place à aucune émotion. Cheveyo acquiesça et le laissa s'en aller.

Nayati réapparut trois jours plus tard. Il venait de commettre deux braquages et paraissait plus motivé que jamais. De son côté, Cheveyo ramena un peu d'argent après un vol à l'étalage.

– C'est tout ce que tu as trouvé ? s'était énervé Nayati. Écoute, maintenant, c'est chacun pour soi, je paye mes dettes et tu payes les tiennes !

Helena qui avait été témoin de la scène s'écria :

– Il faut arrêter tout ça ! Vous voulez mourir vous aussi ?

Sa voix tremblait, elle semblait tétanisée. Nayati la contempla un instant et annonça :

– Désolé Helena, mais ça ne te regarde plus.

Il prit son sac et partit pour ne plus jamais revenir. La jeune femme regarda Cheveyo.

– Tu vas partir toi aussi ?

– On n'a pas le choix, c'est mieux comme ça. Il faut que tu reprennes ta vie. Arrête la drogue. Trouve-toi un boulot, tu es jeune, tu es belle. Une vie meilleure t'attend quelque part.

Ses mots avaient été prononcés avec la plus grande douceur. Il l'embrassa sur la joue et s'en alla à son tour, la laissant seule avec sa détresse. Elle se lova dans l'épais canapé comme un fœtus tout en posant sa main sur son ventre et éclata en sanglots.

Juin 2006

Cheveyo était seul maintenant. Seul avec ses démons, ses souvenirs, sa culpabilité… Il tenta de se roder sur les différentes manières de pouvoir récolter de l'argent rapidement. Il opta un temps pour les braquages de bijouterie de luxe. Mais après avoir failli se faire prendre, il préféra se rabattre sur le vol de sac à main. Novice dans ce domaine et à présent seul, il semblait complètement dérouté et anéanti. Il repensa à l'époque où il vivait encore chez ses parents. N'ayant pas le courage d'affronter leur regard, il ne les avait pas vus depuis plusieurs années. Il s'était contenté de leur envoyer un peu d'argent et de leur offrir cette maison. Cette maison qu'il n'avait jamais voulu revendre et qui leur aurait peut-être évité ce qu'ils avaient traversé. Il n'osa jamais retourner voir Helena, elle devait rester loin d'eux, les oublier. Son désir était de la préserver, agissait-il correctement ? Il ne savait pas grand-chose de tout ça. Il avait entendu que le temps apaisait les chagrins… mais apaisait-il la douloureuse disparition d'un être cher ? Aujourd'hui, il devait regarder devant, il devait rembourser Spark pour être de nouveau un homme libre et c'est durant l'été 2006 qu'il commit des dizaines de vols jusqu'à se faire prendre par la police de Los Angeles avant la fin du mois d'août.

Bien qu'il ait presque renfloué sa dette, il n'eut jamais l'occasion de finir de rembourser totalement Spark et ne sut jamais si Nayati y était parvenu.

49

Réserve de Pine Ridge — 2008

La nuit propageait un épais rideau noir au milieu de ces contrées sauvages. Les plaines s'étendaient jusqu'à se fondre au cœur de la pénombre. Les étoiles déployaient un doux jeu de lumière rassurant. Au loin, on devinait l'ombre magistrale de la cime des montagnes. Un silence pesant animait chacune des personnes présentes à l'évocation de ces lointains souvenirs pourtant si présents et douloureux. Nayati baissa les yeux. Son retour sur les terres où il avait grandi l'ébranlait. Il n'était jamais revenu. Un flot de pensées ravivait sa mémoire. Les regards se croisaient sans que personne ne se parle.

Cheveyo observa Samantha. Elle paraissait étonnée et les dévisageait à tour de rôle. Ses yeux croisèrent un instant ceux de Cheveyo. En larmes, elle cherchait désespérément à lire une réponse en lui. Submergée par un flot de pensées, elle comprit qu'elle s'était fourvoyée, se faisant ses propres idées. Helena s'approcha lentement de Nayati.

– Nous étions tous responsables de la mort de Yahto, murmura-t-elle d'une voix douce. C'est nous tous qui l'avons tué.

Nayati se détourna et avança d'un pas lent vers Samantha.

– Lève-toi, dit-il d'une voix autoritaire.

Cheveyo émit un mouvement qu'Helena arrêta prudemment. Nayati coupa les cordes et lui assainit un coup de crosse sur la tête avant de la repousser violemment. Ses jambes ne la supportant plus devant tant de douleur, Samantha s'effondra au sol. Face à ce geste, Cheveyo ne put retenir sa rage. Il courut dans la direction de Nayati, mais l'arme brandie juste devant lui l'arrêta net.

– Je t'ai longtemps cherché, Chev, jura-t-il entre ses dents. Tes parties de cache-cache étaient amusantes, mais n'ont pas eu raison de nous.

– C'est toi qui as prévenu Spark ?

– J'ai payé mes dettes il y a longtemps maintenant... et toi, où en es-tu ?

Samantha écoutait d'une oreille après être restée inconsciente quelques secondes. Reprenant doucement ses esprits, elle accueillit avec mépris les révélations de Nayati pendant qu'Helena s'avançait pour se mettre au côté de Cheveyo.

– J'ai payé ses dettes !

Tous les regards se braquèrent vers la jeune femme. Nayati baissa son arme.

– Une amie m'a aidé, dit-elle en regardant discrètement Samantha.

Les deux jeunes femmes se dévisagèrent une seconde. Devant ce relâchement général, Nayati s'avança droit devant Cheveyo d'un pas décidé. Il s'écria en brandissant directement son arme sur le front de son ancien ami.

– À cause de toi, ma vie est un cauchemar !

Profitant de l'attention générale posée sur Nayati, Samantha se redressa péniblement et courut dans sa direction dans un geste de désespoir et de survie. En une fraction de seconde, tout bascula. Surpris, Cheveyo n'osait plus bouger devant la scène qu'il avait devant les yeux. Cette action inutile valut à Samantha de se retrouver maintenue contre son agresseur avec l'arme douloureusement appuyée contre ses tempes.

– Tu es vraiment prête à donner ta vie pour lui alors qu'il a failli prendre la tienne ? ironisa-t-il. Regardez-vous ! C'est pathétique.

– Je ne comprends pas, ajouta Samantha.

– Souviens-toi, un soir d'été 2006... Tu n'as jamais su qui t'avait fait ça. Était-ce Yahto ? Une autre personne ?

Elle eut soudain le souffle court. Un puissant martèlement au creux de ses tempes l'assourdissait, les battements de son cœur s'affolaient dangereusement. Perdue dans la vague de ses pensées qu'elle ne maîtrisait plus, elle repensa soudain à cette photo qui avait tout déclenché ! Que faisait-elle dans la poche d'un inconnu si ce n'était pas Yahto ? La vision de l'homme étendu à ses pieds refit surface, ses longs cheveux noirs...

– Elle ne sait pas que c'était lui ! s'écria une jeune voix masculine derrière eux.

Les regards se portèrent tous dans la même direction, vers celle de cet adolescent. Gabe brandissait une arme dans la direction de Nayati. Ils n'étaient qu'à quelques centimètres l'un de l'autre et Samantha put reconnaître l'objet qui lui appartenait.

L'intervention de Gabe sema le trouble autour de lui. Cheveyo profita de ce relâchement pour saisir l'arme du jeune homme qui céda immédiatement devant le regard de son oncle. Samantha dévisageait Cheveyo. Elle ne pouvait croire ce qui était en train de se tramer dans son esprit. Ses longs cheveux noirs... ses mains puissantes... son corps gisant sur le sol... la photo de la petite amie de son copain d'enfance dans sa poche... Tout tournait autour d'elle... Elle manquait d'air, un nœud au fond de sa gorge devenait douloureux. Son corps ne lui répondait plus, les jambes ne la soutenaient plus. En une fraction de seconde, elle s'effondra retenue par Nayati qui manqua de trébucher avec elle. Déstabilisé, il ôta son arme de la tête de la jeune femme pour tenter de se rééquilibrer.

– Ne fais pas ça Chev ! cria Helena en le voyant profiter de l'occasion pour brandir l'arme devant son ancien ami. C'est le retour direct en prison pour perpétuité.

N'ayant pas d'autre choix que de maintenir Samantha contre lui pour s'en servir comme bouclier, Nayati ne parvenait pas à brandir son arme face à lui. Pour la première fois, on pouvait lire de l'inquiétude dans ses yeux sombres.

– Pense à ce que tu as vu, ce qui t'attend, poursuivit Helena d'une voix nerveuse. Il y a eu assez de crimes !

Il fallait agir vite ! Cheveyo poussa un hurlement de rage tout en jetant son arme au sol. Il courut droit sur Nayati pour le percuter de plein fouet. Sous la violence de l'impact, ils tombèrent violemment dans l'herbe. Propulsée au sol, Samantha s'affola lorsqu'elle vit les deux hommes s'affronter. Un coup de feu retentit résonnant aux quatre coins de la prairie. Samantha cria. Helena retint son souffle. Un deuxième coup de feu s'enchaîna. La rapidité des événements rendait toute visibilité impossible. Un silence effrayant s'imposa. Quelques secondes suspendues dans l'air du temps… Quelques secondes gravées à jamais… irrémédiables…

50

Samantha se leva, fébrile, regardant Gabe qui venait de tirer sur Nayati après que ce dernier ait ouvert le feu. Les yeux rivés sur les deux hommes, la jeune femme n'osait plus respirer. Helena s'approcha d'un pas lent, une main sur la bouche. Le corps inerte de Nayati recouvrait celui de Cheveyo. Aucun ne bougeait...

Des larmes coulaient le long des joues de Samantha qui les regardait de toute sa hauteur. Gabe s'approcha et tâta le corps sans vie de Nayati avec son pied. Touché dans le dos, la balle avait vraisemblablement atteint un organe vital. Il était mort sur le coup. Il venait de tuer un homme. Cette idée le paralysa sur place. Reprenant progressivement ses esprits, Helena s'approcha et fit un signe de tête pour tenter de le repousser. Son corps était lourd, ils le retournèrent pour le faire basculer sur l'herbe humide. Lorsque le corps de Cheveyo fut découvert, Samantha ne put s'empêcher de revivre cette horrible scène du passé. Elle s'agenouilla tout près de lui. Il était allongé sur le ventre, ses cheveux lui cachaient le visage. La main posée sur son épaule, la jeune femme ne détectait pas le moindre signe de vie. Elle enfouit son visage dans ses cheveux et en huma le parfum. Essuyant ses larmes de sa main, elle mêla le sang de Cheveyo à son visage. Sentant cette odeur âcre, elle retourna la paume de sa main tremblante pour apercevoir le liquide rougeâtre la recouvrir. Sans le poids du corps de Nayati, un léger mouvement souleva le dos de Cheveyo. Devant ce signe de vie, Gabe s'empressa de le retourner avec toute la précaution nécessaire. Quelques secondes passèrent, tous trois à l'affût d'une respiration, d'un geste. Soudain, un sursaut fit tressaillir le corps de Cheveyo. Une grimace se dessina sur son visage. Il ouvrit un œil puis l'autre. Regardant tout autour de lui, il comprit ce qui venait de se passer. Un râle étouffé sortit du fond de sa gorge, laissant éclater sa colère. Appuyant doucement sous son poitrail, il serra les dents face à sa souffrance. La balle s'était vraisemblablement logée dans sa côte droite. Sa vie n'était plus en danger. Il gémit de douleur en voulant se redresser et fut immédiatement calmé par la main de Samantha.

Il plongea son regard dans le sien. Son émotion fut si intense qu'il saisit la tête de la jeune femme de ses deux mains pour l'attirer vivement à lui. Leurs bouches se cherchèrent dans un égarement incontrôlé. Leurs souffles étaient courts... leurs gestes brusques... leurs yeux égarés... Des larmes coulaient le long de leurs joues. Ils oubliaient tout autour d'eux. Plus rien ne comptait. Plus rien ne semblait avoir de l'importance. L'essentiel était là, à cet instant présent, dans le creux de leurs mains. Sa peau, ses joues, son cou... Elle ne cessait de le toucher pour s'assurer qu'il était bien vivant. Il la serra de toute sa force. Ils restèrent ainsi un instant comme hors du temps.

– C'est toi que j'ai renversé cette nuit-là ?

La question jaillit douloureusement de la bouche de Samantha. Cheveyo hocha la tête tout en baissant son regard honteux.

– J'ai fait beaucoup de vilaines choses dans le passé, murmura-t-il. Je suis désolé de t'avoir fait tant souffrir.

Samantha le regardait, incapable de prononcer le moindre mot. Sa voix était chaude, avec cette incroyable faculté de panser ses douleurs comme l'effet d'un calmant.

– Pendant ces mois enfermés entre quatre murs, tu m'es apparue dans mes visions, commença-t-il d'une voix faible. Tu semblais si perdue toi aussi... J'avais l'impression d'être lié à toi par une force invisible. Tu hantais mes nuits, mes jours. Je mangeais avec toi, je pleurais avec toi, je priais avec toi. Tu faisais partie intégrante de ma vie. Quand j'ai compris un peu plus tard qui tu étais, je ne savais plus quoi faire. Je me suis tournée vers ma religion qui m'a soufflé d'aller jusqu'au bout de mon histoire... ton histoire... Alors je suis venue te chercher pour t'entraîner dans mon monde et te faire comprendre. Tu devais te rendre compte par toi-même que tu n'y étais pour rien. Depuis trop longtemps, je t'ai empêché d'avancer vers ton propre chemin. Maintenant, tu es libre de tout ça, libre de ta culpabilité, libre de moi...

À demi sous le choc, à demi effondrée, mais aussi, à demi soulagée, elle comprit alors qu'elle n'avait jamais tué. Elle n'avait jamais ôté la vie. Cette révélation lui soulagea le cœur. Elle voulait pouvoir respirer à nouveau pleinement, mais quelque chose l'en empêchait. Samantha releva doucement son visage pour le forcer à la regarder.

– Tout ça est derrière toi maintenant. Laisse le passé où il est.

Elle caressa son visage en souriant. Posant son front contre le sien, elle murmura.

– Je ne veux pas être libre de toi.

Il se redressa et la dévisagea. Elle lui sourit.

– Je ne peux pas, ajouta-t-elle. Mitakuye Oyassin ne veut-il pas dire que nous sommes tous reliés ?

Pour toute réponse, il répondit à son sourire.

Épilogue

Quelques mois plus tard

La neige tombait abondamment depuis plusieurs heures maintenant. Assise sur un large fauteuil noir, Samantha regardait par la grande baie vitrée. Dehors, les gens s'activaient pour rentrer chez eux. Le crépuscule commençait à tomber, offrant un ciel empli d'étoiles. Un jeu de lumière incroyable éclairait la ville de Sacramento. Samantha aimait cet endroit. Chaleureuse et verdoyante, cette ville respirait la vie dans les moindres coins de rue. Malgré la perpétuelle agitation des habitants, les heures innombrables d'embouteillages et la pollution incroyable, elle s'y sentait bien. Ayant vécu ici durant plus de vingt ans, elle s'était approprié chaque rue, chaque commerçant. Elle était chez elle.

– Voici ton contrat, Sam !

Angela se tenait devant elle, un large sourire aux lèvres.

– Tu peux le lire à tête reposée et revenir plus tard.

– Ce n'est pas la peine, je te fais confiance.

Elle sortit un stylo de sa poche et apposa immédiatement sa signature. Elle regarda le papier entre ses mains et relut le titre du document : « Contrat d'édition ».

Elle sourit, heureuse de se retrouver du côté prisé des auteurs pour la première fois. L'idée de ce livre témoignage sur les habitants des réserves indiennes actuelles s'était fait naturellement. Johnsson avait apprécié son travail et c'est sur son conseil qu'elle avait décidé de poursuivre ses recherches. Riche d'une multitude de notes d'hommes sages, Samantha avait décidé de se munir de son carnet et son stylo pour interviewer plus de monde. Elle avait fait un travail très détaillé. Son livre rassemblait près d'une trentaine de témoignages agrémentés de photos. Les anciens étaient une mine inépuisable d'informations précieuses sur l'histoire de ce peuple. Aussi appelés les gardiens de la terre sacrée, ils représentaient les dernières voix de la sagesse indienne bien qu'aujourd'hui assurée par une relève de plus en plus réelle et active.

– Je dois te laisser, j'ai encore beaucoup de boulot avant de rentrer.

Les deux femmes s'embrassèrent tout en se serrant dans les bras l'une de l'autre.

– Merci pour tout, murmura Samantha au creux de son oreille.

Angela caressa ses longs cheveux.

– Regarde ce que tu es devenue. Je suis si fière de toi.

Elle l'embrassa et repartit à ses occupations. Appuyée contre la vitre du salon d'accueil désert, Samantha regardait, rêveuse, tomber la neige.

– Tu es prête ?

Le son de sa voix l'enveloppa soudain d'une douceur incroyable. Ses bras puissants l'entourèrent voluptueusement. L'un contre l'autre, elle percevait l'odeur de sa peau qui l'enivrait. Ce léger parfum qui mettait tous ses sens en émoi. Elle se retourna pour faire face à Cheveyo. Le plus extraordinaire lorsque l'on aime à ce point, c'est de ressentir à chaque instant ce délicieux vertige nous envahir de la tête au pied, cette adrénaline jaillir du creux des reins, cette joie incontrôlée exploser lorsque les regards se croisent. Leurs corps se lovèrent l'un contre l'autre pour s'épouser le plus naturellement du monde.

– Tu as signé ?

– C'est fait, jubila-t-elle. Rentrons à Pine Ridge.

– Tu veux dire chez nous !

Ils se regardèrent un instant, le cœur débordant d'amour.

Après un court séjour à l'hôpital, Cheveyo était ressorti le cœur léger. La femme qu'il aimait marchait à ses côtés, il n'y avait plus la moindre ombre autour d'eux, plus le moindre secret, plus la moindre peur. Il la regardait marcher élégamment, l'allure gracieuse, les cheveux volants aux vents. Elle tourna le visage face à lui pour lui décrocher son plus beau sourire. Elle était sublime. Il souriait. Elle rayonnait. Il était fou amoureux.

Les jours s'étaient enchaînés pendant qu'il reprenait des forces. Samantha était aux petits soins pour lui. Le mois d'août brûlait d'une chaleur écrasante lorsque Cheveyo convia Samantha à participer à la danse du soleil que préparait Richard.

– Tu veux vivre l'expérience ?

Voyant sa mine ahurie au souvenir des souffrances que certains indiens s'affligeaient lors de cette cérémonie, il ajouta en riant.

– Je ne vais pas te demander ça, je veux juste que tu vives la loge de sudation afin de mieux comprendre certaines choses…

Ce jour-là fut le plus incroyable de toute sa vie ! Avec Cheveyo à ses côtés, assise au milieu d'autres hommes dans cette petite tente de fortune, elle écoutait leurs prières. Une chaleur irrespirable l'étourdit rapidement pour la plonger dans un demi-sommeil. Durant ce court instant, elle n'était plus là. Son esprit voguait au milieu des immenses étendues de prairies. Au loin, elle aperçut une jeune femme écrire, des pages et des pages s'envolaient à la brise légère du vent. Tel un oiseau, elle suivit les feuilles parsemées d'encre noire pour s'arrêter à nouveau devant cette même jeune femme qui les rattrapait au vol. Une à une, elle les mettait dans un livre. Cette femme, c'était elle ! Une vague de vent l'entraîna encore pour la déposer telle une feuille dansant dans l'air devant un homme. Lui tournant le dos, ses longs cheveux noirs virevoltaient dans le vent chaud de l'été. Une brise de parfum lui arracha un frisson et Cheveyo se retourna. Il lui adressa un sourire tout en lui tendant la main. Et ensemble, ils marchèrent au milieu de ces terres sacrées.

– Ma place est ici, avec toi, avait-elle murmuré lorsqu'elle reprit toute sa lucidité. « L'esprit n'est jamais né, l'esprit ne cessera jamais et il n'y eut pas de temps où il n'était pas…

–… fin et commencement sont des rêves », poursuivit Cheveyo.

Se lovant contre lui, elle ferma les yeux. Avec un sourire sur les lèvres, Cheveyo la regarda tendrement et resserra son étreinte.

– C'était écrit.

Je tiens à remercier mes proches et amis,
Anthony pour cette couverture
www.lumières-intemporelles.com
Mathilde pour son aide et sa patience,
Chacun d'entre vous, lecteurs, pour votre soutien.

www.ingramcontent.com/pod-product-compliance
Lightning Source LLC
Chambersburg PA
CBHW071533260626
47170CB00002B/610